Conteúdo digital exclusivo!

Cadastre-se e transforme seus estudos em uma experiência única de aprendizado!

Acesse agora

Portal:
www.editoradobrasil.com.br/apoema

Código de aluno:
1606441A1823262

Lembre-se de que esse código é pessoal e intransferível. Guarde-o com cuidado, pois é a única forma de você utilizar os conteúdos do portal.

APOEMA CIÊNCIAS 6

ANA MARIA PEREIRA
- Mestre em Educação
- Licenciada em Ciências Biológicas
- Professora do Ensino Fundamental, do Ensino Médio e do Ensino Superior

ANA PAULA BEMFEITO
- Doutora em História das Ciências e das Técnicas de Epistemologia
- Mestre em Ensino de Ciências e Matemática
- Bacharel em Física e licenciada em Matemática
- Professora do Ensino Superior e de cursos de pós-graduação

CARLOS EDUARDO PINTO
- Mestre em Ciências do Meio Ambiente
- Licenciado em Química
- Professor do Ensino Médio e do Ensino Superior

MIGUEL ARCANJO FILHO
- Mestre em Ensino de Ciências e Matemática
- Licenciado em Física
- Professor do Ensino Médio, do Ensino Superior e de cursos de pós-graduação

MÔNICA WALDHELM
- Doutora e mestre em Educação
- Licenciada em Ciências Biológicas
- Professora do Ensino Fundamental, do Ensino Médio, do Ensino Superior e de pós-graduação em Ensino de Ciências

1ª edição
São Paulo, 2018

Dados Internacionais de Catalogação na Publicação (CIP)
(Câmara Brasileira do Livro, SP, Brasil)

Apoema: ciências 6 / Ana Maria Pereira... [et al.]. – 1. ed. – São Paulo: Editora do Brasil, 2018. – (Coleção apoema)

Outros autores: Ana Paula Bemfeito, Carlos Eduardo Pinto, Miguel Arcanjo Filho, Mônica Waldhelm.

ISBN 978-85-10-06942-7 (aluno)
ISBN 978-85-10-06943-4 (professor)

1. Ciências (Ensino fundamental) I. Pereira, Ana Maria. II. Bemfeito, Ana Paula. III. Pinto, Carlos Eduardo. IV. Arcanjo Filho, Miguel. V. Waldhelm, Mônica. VI. Série.

18-20986   CDD-372.35

Índices para catálogo sistemático:
1. Ciências : Ensino fundamental 372.35
Maria Alice Ferreira - Bibliotecária - CRB-8/7964

© Editora do Brasil S.A., 2018
Todos os direitos reservados

Direção-geral: Vicente Tortamano Avanso

Direção editorial: Felipe Ramos Poletti
Gerência editorial: Erika Caldin
Supervisão de arte e editoração: Cida Alves
Supervisão de revisão: Dora Helena Feres
Supervisão de iconografia: Léo Burgos
Supervisão de digital: Ethel Shuña Queiroz
Supervisão de controle de processos editoriais: Marta Dias Portero
Supervisão de direitos autorais: Marilisa Bertolone Mendes

Supervisão editorial: Angela Sillos
Consultoria Técnica: Debora de Fatima Almeida e Ricardo Lourenço Rosa
Edição: Ana Caroline Rodrigues de M. Santos
Assistência editorial: Vinícius Leonardo Biffi
Auxílio editorial: Luana Agostini
Apoio editorial: Amanda Jodas, Camila Beraldo, Flávio Uemori Yamamoto, Juliana Bomjardim, Murilo Tissoni e Renan Costa Petroni
Coordenação de revisão: Otacilio Palareti
Copidesque: Gisélia Costa, Ricardo Liberal e Sylmara Beletti
Revisão: Alexandra Resende, Andréia Andrade, Elaine Silva e Martin Gonçalves
Pesquisa iconográfica: Daniel Andrade e Rogério Lima
Assistência de arte: Letícia Santos
Design gráfico: Patrícia Lino
Capa: Megalo Design
Imagem de capa: Wlad74/Dreamstime.com
Ilustrações: Adriano Loyola, Conexão, DAE/Cristiane Viana/Pixar, Danillo Souza, David Katzenstein, Dawidson França, Dênis Cristo, Fábio Nienow, Formato Comunicação, Ilustra Cartoon, Jane Kelly/Shutterstock.com (ícones seções), Luis Moura, Luiz Lentini, Osni Oliveira, Paula Haydee Radi, Paulo César Pereira, Paulo Nilson, Raitan Ohi, Studio Caparroz, Tatiana Kasyanova /Shutterstock.com (textura seção Documentos em foco), Vagner Coelho
Produção cartográfica: DAE (Departamento de Arte e Editoração), Maps World, Sonia Vaz, Alessandro Passos da Costa, Tarcísio Garbelini
Coordenação de editoração eletrônica: Abdonildo José de Lima Santos
Editoração eletrônica: MRS Editorial
Licenciamentos de textos: Cinthya Utiyama, Jennifer Xavier, Paula Harue Tozaki e Renata Garbellini
Controle de processos editoriais: Bruna Alves, Carlos Nunes, Jefferson Galdino, Rafael Machado e Stephanie Paparella

1ª edição / 1ª impressão, 2018
Impresso na BMF Gráfica e Editora

Rua Conselheiro Nébias, 887
São Paulo, SP – CEP 01203-001
Fone: +55 11 3226-0211
www.editoradobrasil.com.br

APRESENTAÇÃO

Este livro trata de vida! Em suas formas variadas e em suas múltiplas relações.

Ao observar fenômenos que ocorrem em seu corpo, em sua casa, em seu planeta; ao ver máquinas e outros recursos tecnológicos funcionando, no campo ou na cidade; e ao tentar entender como e por que eles funcionam, você perceberá a importância de aprender Ciências. Além disso, um cidadão como você, que deseja entender as mudanças na sociedade em que vive e o impacto que a ciência tem sobre a sua vida e sobre toda a Terra, com certeza vai querer informar-se e debater assuntos como aquecimento global, alimentos transgênicos, aids, fontes alternativas de energia, entre outros, que trataremos nesta coleção.

Nossa intenção é fazer deste encontro, entre a ciência e você, uma experiência prazerosa e motivadora, articulando o que aprenderá aqui com seu dia a dia. Para isso, contamos com seu esforço e sua participação. Viaje conosco pelos caminhos da investigação e da experimentação.

Um grande abraço.

Os autores

SUMÁRIO

▄▄▎ UNIDADE 1 – Materiais e suas misturas 8

CAPÍTULO 1 – A água no ambiente 10
Água e os seres vivos 11
Experimentar – Existe água na melancia e na batata? 12
Experimentar – Como podemos verificar se as plantas transpiram? 13
Ambiente em foco – Seres vivos e ambientes quentes 14
Estados físicos da água 15
Experimentar – Você sabe como a água circula em nosso planeta? 16
• Como a água circula na natureza? 17
Viver – Como usamos a água 18
Distribuição de água na Terra 19
Ambiente em foco – Águas subterrâneas em risco 20
Atividades 21

CAPÍTULO 2 – Misturas no dia a dia 22
Propriedades dos materiais 23
Experimentar – Qual é a densidade da água e do óleo de cozinha? 24
As substâncias e os materiais na natureza 25
Classificação das misturas 26
Experimentar – Dissolve ou não dissolve? 26
Viver – Água mineral 28
Atividades. 30

CAPÍTULO 3 – Misturando e separando 32
Técnicas de separação de misturas 32
• Misturas heterogêneas 33
  Filtração 33
  Decantação 34
Pontos de vista – O flúor e a saúde humana 38
Observar – Separação de objetos por diferença de densidade 40
• Misturas homogêneas 40
  Evaporação 40
  Destilação simples 41
  Destilação fracionada 41
De olho no legado – Que mistura: as histórias curiosas da química 42
Atividades 43
Caleidoscópio – Tratamento de água na história 44
Retomar **46**
Visualização **48**

▄▄▎ UNIDADE 2 – Um mundo de materiais 50

CAPÍTULO 4 – Os materiais se transformam 52
Experimentar – A mistura de dois materiais pode produzir uma substância nova? 53
Transformações da matéria 53
• Transformações químicas 54
  Indícios de uma transformação química 55
Observar – Ferrugem 56
Saúde em foco – O perigo de comer alimentos estragados 57
  Combustão 58
  As reações químicas no dia a dia 59
De olho no legado – Início da história dos metais no Brasil 60
Atividades 61

CAPÍTULO 5 – Materiais sintéticos 62
A indústria química 63
A indústria farmacêutica 63
De olho no legado – Revolução Industrial no Brasil 64
Saúde em foco – Fleming e a penicilina 65
Experimentar – Extraindo substâncias 66
Saúde em foco – Medicamentos genéricos 67
Indústria de alimentos 68
• Alimentos e má nutrição 68
Viver – Alimentos e Brasil 69
A indústria petroquímica 70
• Plásticos 71
  Descarte de plásticos 72
Atividades 73

CAPÍTULO 6 – A sociedade e seus materiais 74
Um mundo de descobertas 75
Viver – Contrastes entre o campo e a cidade ... 75
• Moradia 76
  Vida sedentária 77
Modelar – Casas de pau a pique 78
• Materiais de construção 79
  Indústria de cimento 79
  Indústria de ladrilhos 79
  Indústria de tintas 79
• Novos materiais 80
Lixo 81
Viver – Consumismo 81
Viver – Reaproveitamento 82
Conviver – Brasil recicla 280 mil toneladas de latas de alumínio e mantém índice próximo a 100% 84
Viver – A política dos cinco R's 85
Com a palavra, a especialista – Flavia de Almeida Vieira 86
Atividades 87
Retomar **88**
Visualização **90**

UNIDADE 3 – Percepção e interação com o ambiente **92**

CAPÍTULO 7 – O mundo dos seres vivos **94**

A biodiversidade e os diferentes níveis de organização dos seres vivos 95

Viver – O que é vida? 96

• Níveis de organização dos seres vivos 96

Biologia em foco – Vírus é um ser vivo? 99

De olho no legado – A importância do microscópio e a teoria celular 100

Células procariotas e células eucariotas 102

Observar – Células de elódea 102

• Célula animal e célula vegetal 103

   Membrana celular 103

   Citoplasma e suas organelas 104

   Núcleo 105

• A divisão celular 105

Modelar – Células procariotas e eucariotas ...106

Os tecidos, órgãos e sistemas 107

Ecossistemas, comunidades e biomas 109

• Biomas 111

Viver – Brasil: um país megadiverso 112

Classificar para melhor conhecer 113

Viver – A classificação e a preservação da biodiversidade 114

Conviver – Por que dar nome às coisas? 115

As interações na busca de alimento 116

• Consumidores. 117

• Decompositores. 117

• As cadeias alimentares. 118

• Ocupando diferentes papéis – as teias alimentares. 118

Observar – Esquematizando uma teia alimentar 119

Atividades 120

CAPÍTULO 8 – Percebendo o ambiente **122**

A adaptação da espécie humana ao ambiente 122

• Outras adaptações importantes 123

Sistema nervoso 124

• Neurônios 125

   Transmissão do impulso nervoso 126

• Estrutura do sistema nervoso 126

   Sistema nervoso central 127

De olho no legado – Estudos em neurociências 128

   As meninges 130

   Sistema nervoso periférico 130

Viver – Os reflexos 131

Sistema sensorial 132

Os olhos e a visão 134

• Estruturas dos olhos 134

• A visão 136

Viver – O cinema e os óculos 3-D 138

   Os cuidados com os órgãos da visão 139

   Alguns problemas de saúde visual 139

   Modelar – Câmera escura 140

Saúde em foco – Daltonismo/Cuidados com os olhos 141

A audição e as orelhas 142

• Estrutura da orelha 142

• Funcionamento da orelha - audição 144

• A orelha e o equilíbrio 145

• Cuidados com os órgãos auditivos 145

Viver – Poluição sonora 146

Paladar e olfato 147

• Paladar 147

• Olfato 148

   Sentindo o cheiro 148

• A atuação do olfato em conjunto com o paladar 149

Tato 150

Conviver – Lendo com a ponta dos dedos 151

Inclusão em foco – Tecnologia assistiva 152

Viver – Alterações na percepção do ambiente e consciência – as drogas 153

Conviver – Os efeitos das drogas no organismo 155

Atividades 156

CAPÍTULO 9 – Vida em movimento **158**

Locomoção – ossos e músculos 158

• Sistema ósseo 159

• Esqueleto humano 160

   A cabeça 161

   O tronco 161

   Os membros 162

• Tecido ósseo 163

Experimentar – Desmineralizando ossos 163

Saúde em foco – Osteoporose 164

• Tipos de ossos 165

Observar – Ossos 165

• Os ossos longos 166

• Cartilagens 166

Saúde em foco – Transplante de medula óssea 167

• Como o esqueleto se movimenta 168

   Articulações móveis 168

   Articulações semimóveis 169

   Articulações imóveis 169

Observar – Podemos dobrar e torcer nosso corpo? 169

• Curvaturas na coluna 170

Sistema muscular 171

• Tipos de músculos 173

• Propriedades dos músculos 174

• As doenças e os músculos 174

Saúde em foco – Vacinação contra poliomielite 175

Viver – Locomoção 175

Com a palavra, o especialista – Cláudio Gil Soares de Araújo.....................176

Conviver – A acessibilidade é um direito........177

Atividades 178

Caleidoscópio - Visão 180

Retomar **182**

Visualização **184**

■■■ UNIDADE 4 – A Terra no Universo 186

CAPÍTULO 10 – Estrutura da Terra 188

A superfície da Terra 189

• A superfície e o interior do planeta 190

  Vulcões 191

De olho no legado – Você já ouviu falar em Arqueologia? 191

Estrutura interna da Terra 192

• Características das camadas da Terra.....................193

• Exploração subterânea 194

Conviver – Pesquisa profunda 194

• Estrutura e composição da atmosfera terrestre 195

  Pressão atmosférica 195

Experimentar – A presença da pressão atmosférica 197

• As camadas da atmosfera 198

  Troposfera 198

  Estratosfera 198

  Mesosfera 198

  Termosfera 199

  Exosfera 199

Viver – Um salto de 39 quilômetros 199

• Biosfera: onde há vida.....................200

Atividades 201

CAPÍTULO 11 – Solo, subsolo e vida 202

Onde pisamos 202

Conviver – Investigação geológica.....................204

Os minerais 206

• As gemas 206

De olho no legado – Eureka! 207

Experimentar – Identificando minerais 208

Tipos de rochas 209

• Rochas magmáticas.....................209

• Rochas metamórficas.....................209

• Rochas sedimentares 210

• O ciclo das rochas 211

Pontos de vista – Mineração: benefícios e malefícios para a sociedade.....................212

Viver – Mineração.....................214

As rochas e a história da Terra 215

• Os fósseis e as rochas.....................218

Paleontologia em foco – Como se formam os fósseis?.....................219

Atividades 220

CAPÍTULO 12 – Um planeta chamado Terra.......222

Observando o Sol, a Terra, a luz e a sombra..222

• A história do formato da Terra.....................223

Experimentar – A sombra do meio-dia.....................225

Ciência em foco – Mulheres na ciência 227

• Olhando para o céu 228

Viver – Satélites.....................229

• Olhando para o chão 230

Conviver – Outras ideias sobre a forma da Terra 234

Atividades 235

Retomar **236**

Visualização **238**

Referências **240**

UNIDADE 1

Antever

Observe a imagem do copo de água no canto inferior da página. Talvez você não imagine os caminhos que a água percorreu para chegar até ali. Provavelmente ela foi coletada em um rio e conduzida até estações de tratamento onde foi purificada, tornando-a própria para consumo, direcionada para um reservatório elevado e distribuída à população.

Se conhecermos todos os processos que ocorrem com a água para chegar até nossa residência, nos lembraremos de que esse recurso natural é essencial à vida, mas é esgotável. Esse conhecimento nos ajudará a refletir sobre nossas ações para evitar o desperdício ou a contaminação da água.

1 Há alguma diferença entre a água do mar, a água mineral e a água que bebemos?

2 Qualquer rio ou corpo-d'água pode ser utilizado por uma estação de tratamento para que a água seja distribuída à população?

3 Considerando que a água do rio pode ter galhos, folhas e outros objetos sólidos, como você acha que esses materiais são retirados em uma estação de tratamento de água?

4 Cite três formas de evitar o desperdício de água.

A água proveniente de reservatórios (rios, represas etc.) é captada e passa por uma série de etapas em uma estação de tratamento para que no final a população tenha acesso à água potável. Imagem aérea da represa do Jaguari. Joanópolis (SP), 2017.

Materiais e suas misturas

CAPÍTULO 1

A água no ambiente

Piraputangas no Rio Olho d'Água. Jardim (MS), 2011.

A fotografia mostra um local muito visitado por turistas por causa das águas cristalinas. Como a água é transparente, é possível observar peixes e outros seres vivos. Você já viu peixes e outros animais em algum rio, lago ou mar?

O Brasil tem grande quantidade de água doce. De acordo com a Agência Nacional de Águas (ANA), temos cerca de 12% da disponibilidade de água doce do planeta. No entanto, a distribuição desse recurso natural não é uniforme no país. Alguns estados, como os da Região Norte, concentram grandes volumes dessa água doce.

Além de rios, lagos e oceanos, onde mais podemos encontrar água na natureza?

A água é um dos principais componentes da biosfera e está presente na maior parte da superfície do planeta. O surgimento e a manutenção da vida na Terra estão relacionados à existência de água.

Água e os seres vivos

Às vezes nos esquecemos da importância da água para a vida. Além de fazer parte da constituição dos seres vivos, sem água, diversos processos vitais que conhecemos não ocorreriam.

Todos os seres vivos precisam de água para sobreviver.

Se todos os seres vivos têm água no corpo, será que ela também compõe os alimentos? Como você pode descobrir se há água na melancia ou na batata?

O que você faria para saber se esses alimentos contêm água?

As imagens desta página não estão representadas na mesma proporção.

11

Experimentar

Existe água na melancia e na batata?

Representação simplificada em cores-fantasia e tamanhos sem escala.

Material:
- copo de plástico transparente;
- gaze;
- pedaço de melancia;
- ½ batata crua;
- 1 colher de café;
- sal;
- folhas de papel-toalha.

Procedimentos

1. Embrulhe o pedaço de melancia com a gaze e certifique-se de que não fique nenhuma parte descoberta.
2. Torça a gaze espremendo a fruta em um copo.
3. Aperte o máximo que puder e repita o procedimento algumas vezes revezando-se nessa tarefa.
4. Estenda a gaze apoiada em uma folha de papel-toalha e comparem o que sobrou nela com o volume do líquido obtido no copo.
5. Anote no caderno as diferenças observadas no decorrer do procedimento com a melancia.
6. Pegue a metade da batata e pressione-a com uma folha de papel-toalha, sem amassá-la.
7. Coloque a batata sobre o papel-toalha, faça uma pequena cavidade com o dedo ou uma colher e adicione uma colher cheia de sal na cavidade.
8. Aguarde alguns minutos e anote no caderno o que observar na atividade.

Responda às questões a seguir.

1. Que resultados você obteve com a melancia? E com a batata?
2. A melancia e a batata têm água em sua composição? Como você chegou a essa conclusão?

As partes comestíveis da maioria das frutas geralmente contêm em torno de 80% de água. Alguns legumes como o aipo e o pepino podem ter 95% de água.

A quantidade de água é diferente em cada ser vivo. Nos seres humanos, por exemplo, a porcentagem de água no corpo é cerca de 60%. Nas águas-vivas, essa quantidade é 95%.

O pepino é um vegetal que chega a ter 95% de água em sua composição.

A água-viva chega a ter 95% de água em seu corpo.

A água que perdemos para o ambiente por meio da urina, da transpiração e das fezes precisa ser reposta pela ingestão de líquidos e de alimentos. Quando a quantidade de água perdida é maior do que a ingerida, há um quadro de desidratação.

Sede exagerada, dores de cabeça, boca e pele seca são alguns sinais de desidratação leve. Se não tratada, o quadro pode se agravar e resultar até em morte.

Assim como ocorre com os animais, as plantas também podem desidratar. Elas absorvem a água do solo e a transportam até as folhas. Quando absorvida, a água é utilizada em diversas funções vitais do organismo, como transporte de nutrientes e sais minerais e na fotossíntese. Grande parte da água é eliminada para a atmosfera pela transpiração.

As sequoias podem medir mais de 100 m de altura. Em uma árvore desse porte circulam, em média, 500 litros de água por dia.

As imagens desta página não estão representadas na mesma proporção.

Como podemos verificar se as plantas transpiram?

Material:
- 1 vaso pequeno contendo uma planta com 2 ou mais ramos e muitas folhas;
- 2 sacos incolores, secos e sem furos;
- barbante;
- fita adesiva.

Procedimentos

1. Cubra com um saco plástico uma das ramificações da planta cheia de folhas.
2. Amarre bem o saco com o barbante e coloque o vaso em um local iluminado pela luz solar.
3. Encha com ar o outro saco e amarre bem sua borda. Não sopre dentro do saco.
4. Coloque esse saco próximo ao vaso de modo que ele receba a mesma iluminação.
5. Espere 15 minutos e observe o interior dos dois sacos. Anote suas observações no caderno.
6. No final da atividade, desamarre os dois sacos plásticos e retire o plástico da planta.

Responda às questões a seguir.

1. Você percebeu alguma diferença no interior dos dois sacos plásticos? Como explica isso?
2. Se fosse utilizada outra espécie de planta, o resultado seria diferente? Por quê?
3. Se cobríssemos com saco plástico um ramo da planta cheio de folhas e outro com poucas folhas e amarrássemos a borda de cada saco, que resultados você esperaria obter? Justifique.

A água também desempenha importantes funções no corpo dos animais. Ela é fundamental para a circulação sanguínea, pois é um dos principais componentes do sangue, que transporta nutrientes e gás oxigênio para todas as partes do corpo. Por meio da circulação sanguínea também são retirados materiais tóxicos do organismo. Os animais também precisam da água para produzir os diversos líquidos que participam da digestão dos alimentos. Ela também é importante para a excreção, ou seja, para transportar para fora do corpo os materiais que devem ser eliminados. No desenvolvimento do embrião de animais como répteis, aves e mamíferos, a água do **líquido amniótico** é fundamental, pois protege o embrião de desidratação e de choques mecânicos.

> **Glossário**
>
> **Líquido amniótico:** líquido contido na bolsa amniótica e que protege o embrião ao longo da gestação.

Ambiente em foco

Seres vivos e ambientes quentes

Todos os animais necessitam de água para sobreviver, mas alguns estão mais adaptados à escassez de água.

Camelos e dromedários passam até 20 dias sem beber água. Seus pelos formam uma camada densa, que protege a pele da luz solar; consequentemente, o corpo aquece menos e só quando chega a cerca de 40 °C (temperatura muito alta para nós, seres humanos), eles começam a perder água pelo suor. As corcovas em suas costas não armazenam água, como algumas pessoas imaginam, mas gordura. Essa característica possibilita que o animal suporte longos períodos sem se alimentar.

Na região do semiárido brasileiro também há espécies adaptadas a temperaturas acima de 25 °C e com pouca chuva ao longo do ano. É o caso de lagartos (diferentes espécies de calangos), asa-branca e carcará (aves) e cascavel.

Dromedários são exemplos de seres vivos adaptados à escassez de água.

A asa-branca está adaptada a climas com pouca chuva.

① Asa-branca é também o nome de uma música brasileira conhecida internacionalmente e que tem como tema uma região específica do Nordeste. Pesquise em livros e na internet a letra dessa canção e escreva um pequeno resumo identificando a região e o assunto abordado na música.

② Além dos animais indicados no texto que são adaptados a temperaturas altas e pouca chuva, há também espécies de plantas que sobrevivem nessas regiões. Cite o nome de pelo menos uma espécie. Se necessário, pesquise em livros e na internet para responder.

Estados físicos da água

Os diversos materiais que compõem tudo o que existe na natureza podem se apresentar nos estados **sólido**, **líquido** ou **gasoso**. Nas condições ambientais da superfície da Terra, alguns materiais, como o cobre e o ouro, estão no estado sólido; outros são encontrados no estado gasoso, como os gases oxigênio e nitrogênio. Há também aqueles que estão no estado líquido, como a água.

A água, nas condições ambientais de nosso planeta, pode ser encontrada nos três estados físicos.
- Sólido: no gelo das geleiras, no granizo, na neve e na geada.
- Líquido: nas nuvens, nos oceanos, nos lagos, nos rios, no subsolo.
- Gasoso: no ar atmosférico na forma de vapor-d'água.

As imagens desta página não estão representadas na mesma proporção.

O vapor-d'água é invisível. Não o confunda com a fumaça que você vê saindo do bico da chaleira, essa fumaça é formada por gotículas de água líquida em suspensão. Diferentemente do que muita gente pensa, a geada não "cai" do céu. É o vapor-d'água presente no ar que se condensa e depois congela em contato com superfícies frias, como lataria de carros, vidraças de janelas, plantações etc.

Quando retiramos alguns cubos de gelo do congelador e os colocamos em um copo, após certo tempo veremos que o gelo derrete até virar água líquida. Se aquecermos essa água em uma panela, após algum tempo não restará mais água líquida na panela, ou seja, ela desapareceu porque virou vapor-d'água e foi para a atmosfera.

Essas transformações são chamadas de **mudanças de estado físico** da matéria. Podemos esquematizar a mudança de estado físico da água e de qualquer outro material como mostrado a seguir.

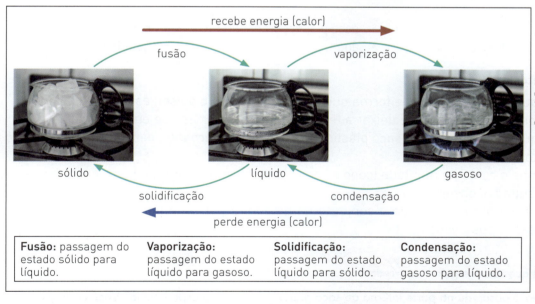

Observe que a mudança de temperatura pode alterar a forma que a água se apresenta na natureza, isto é, o estado físico da substância água.

Para que haja fusão e vaporização, é necessário fornecer energia (na forma de calor) à água, ou seja, aquecê-la. No processo inverso, ou seja, na solidificação e na condensação, é preciso retirar energia (na forma de calor) da água, isto é, resfriá-la.

15

Na passagem do estado líquido para o estado gasoso, dois tipos de vaporização se destacam: a evaporação e a ebulição.

A evaporação da água ocorre na superfície do líquido, em diversas temperaturas e é um processo lento. A ebulição da água ocorre na temperatura de 100 °C e **pressão atmosférica** ao nível do mar. Nesse processo, a água passa do estado líquido para o gasoso de forma muito mais rápida e acompanhada de bolhas.

Em locais situados acima do nível do mar, a água ferve em temperaturas mais baixas. Isso ocorre porque, com o aumento da altitude, o ar se torna mais **rarefeito** e a pressão atmosférica diminui, o que altera a temperatura de ebulição.

A temperatura na qual um material passa do estado sólido para líquido é denominada temperatura de fusão ou ponto de fusão. No caso da água ao nível do mar, a fusão ocorre a uma temperatura de 0 °C. Já a temperatura na qual um material passa do estado líquido para gasoso é denominada temperatura ou ponto de ebulição. Ao nível do mar, a ebulição da água ocorre a uma temperatura de 100 °C, como já vimos.

Glossário

Ar rarefeito: ar com menor concentração de gases.
Pressão atmosférica: pressão exercida pelo ar sobre todos os corpos na superfície da Terra.

A toalha aberta seca mais rapidamente do que uma toalha enrolada, pois a superfície de contato com o ar é maior.

Experimentar

Você sabe como a água circula em nosso planeta?

Material:
- terra;
- copo de vidro transparente;
- saco plástico transparente;
- água;
- barbante;
- geladeira.

Procedimentos

1. Coloque a terra no copo de forma que ocupe cerca de 1/5 de seu espaço.
2. Adicione água ao copo até deixar a terra bem molhada (mas não encharcada).
3. Coloque o copo dentro do saco plástico e feche-o com barbante, deixando espaço para o ar dentro do saco.
4. Exponha o conjunto montado (copo e saco plástico) ao Sol por uma hora. Anote no caderno os resultados observados.
5. Após esse tempo, coloque o conjunto na geladeira por uma hora. Anote no caderno os resultados observados.

Responda às questões a seguir.

❶ O que você observou na parte interna do saco plástico ao final do experimento? Você pode explicar o que ocorreu?

❷ Quais mudanças de estado da água você observou no experimento?

Como a água circula na natureza?

A quantidade de água na Terra é sempre a mesma. No entanto, em razão das mudanças de temperatura, correntes de ar etc., seu estado físico se altera, possibilitando que ela circule na natureza. Esse ciclo envolve os três estados físicos da água e é denominado **ciclo da água**. Observe o ciclo da água representado na ilustração a seguir.

Esquema com concepção artística dos elementos, sem reproduzir cores naturais ou seguir a proporção real entre as dimensões.

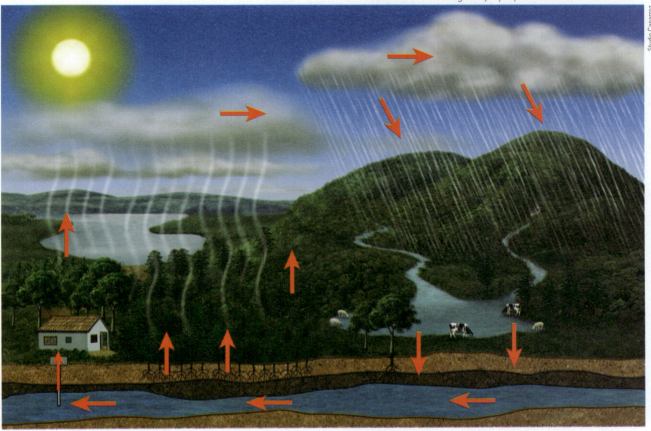

Representação esquemática do ciclo da água na natureza.

Durante o dia, o Sol aquece a água da superfície terrestre e a formação de vapor aumenta. Quando o vapor-d'água entra em contato com as camadas mais frias da atmosfera, ocorre condensação e ele volta ao estado líquido. Assim, as gotículas de água se concentram formando as nuvens. O vapor-d'água, quando resfriado, pode também formar neblina (nevoeiro), aquela "nuvem" que se forma perto do solo.

Quando há muito acúmulo de água nas nuvens, as gotas tornam-se cada vez maiores e a água precipita, ocorrendo a chuva. Em regiões muito frias da atmosfera, a água passa do estado gasoso para o estado líquido e, rapidamente, para o sólido, podendo formar neve ou granizo (pequenos pedaços de gelo).

A água da chuva se infiltra no solo formando ou renovando reservas subterrâneas de água doce, os aquíferos. As águas subterrâneas emergem para a superfície da terra e formam as nascentes dos rios. Assim, o nível de água de lagos, açudes, rios etc. é mantido.

Parte da água do solo é absorvida pelas raízes das plantas. Por meio da transpiração das plantas, a água é eliminada na forma de vapor para o ambiente. Na cadeia alimentar, as plantas transferem para os animais que as consomem a água de seus frutos, raízes, sementes e folhas.

Além do que ingerem pela alimentação, os animais obtêm água bebendo-a diretamente. A água desses animais retorna para o ambiente pela transpiração, respiração, urina e fezes.

Em nosso planeta, o ciclo da água é permanente, como você viu no esquema acima.

Viver

Como usamos a água

No decorrer do século XX, a população da Terra aumentou muito. O consumo de água se elevou e continua aumentando a cada dia, mas a quantidade de água disponível para consumo diminuiu. Em algumas partes do planeta já há escassez desse líquido tão importante.

Em nosso planeta há, aproximadamente, 3% de água doce, e grande parte dessa água encontra-se em geleiras, icebergs e subsolos muito profundos. Isso significa que a água para consumo do ser humano é um recurso limitado e de custo elevado.

A água é também considerada um recurso limitado por causa de sua má distribuição pelo mundo. Há lugares com escassez de água e outros em que ela surge em abundância.

Além disso, os efeitos da poluição e a destruição da natureza têm diminuído a oferta de água doce disponível. Essa poluição, causada pelo descarte inadequado de materiais (domésticos, industriais e agrícolas), contamina rios e pode causar doenças como cólera, febre tifoide, disenteria, amebíase, entre outras. Muitas pessoas estão sujeitas a essas e outras doenças porque moram em locais em que não há água tratada ou rede de esgoto.

Situação atual

No Brasil, 43% da população possui esgoto coletado e tratado e 12% utilizam-se de fossa séptica (solução individual), ou seja, 55% possuem tratamento considerado adequado; 18% têm seu esgoto coletado e não tratado, o que pode ser considerado como um atendimento precário; e 27% não possuem coleta nem tratamento, isto é, sem atendimento por serviço de coleta sanitário.

Atlas Esgotos: despoluição das bacias hidrográficas. Agência Nacional de Águas (ANA). Disponível em: <http://atlasesgotos.ana.gov.br/>. Acesso em: 30 ago. 2018.

Segundo resultados da última Pesquisa Nacional de Saneamento Básico – PNSB 2008, a quase totalidade dos municípios brasileiros tinha serviço de abastecimento de água em pelo menos um distrito (99,4%). Dos 5564 municípios existentes no país, em 2008, apenas 33 não dispunham de rede geral. Desses, 63,3%, ou seja, 21 municípios, estão localizados na Região Nordeste, com destaque para o Estado da Paraíba com 11 municípios.

[...]

Após sua captação, a água a ser disponibilizada deve receber algum tipo de tratamento para adequá-la aos padrões mínimos de consumo, de forma a garantir a saúde e o bem-estar da população. Em 2008, em todas as regiões do País a água disponibilizada à população por meio de rede geral recebeu algum tipo de tratamento. Na Região Norte, entretanto, o avanço alcançado no percentual de água tratada distribuída à população que passou de 67,6%, em 2000, para 74,3%, em 2008, não foi suficiente para que esta região se aproximasse dos índices nacionais, pois o percentual de água distribuída que não recebe nenhum tipo de tratamento, 25,6%, ainda permanece bem acima dos 7,1% que representam a média nacional.

IBGE. Atlas de saneamento, 2011. Disponível em: <https://biblioteca.ibge.gov.br/visualizacao/livros/liv53096_cap2.pdf>. Acesso em: 30 ago. 2018.

Usar a água de forma econômica e sem desperdícios é, portanto, uma questão urgente. Nossas atitudes também podem colaborar para a conservação da água. Devemos sempre economizar a água tratada, não descartar o lixo de forma inadequada e respeitar os horários de coleta, entre outras ações. A postura de cada cidadão reflete na cidade como um todo e, se cada um fizer sua parte, muitos problemas serão resolvidos. Assim, é importante educar as pessoas para formar a consciência ecológica, viver em harmonia com a natureza e promover a convivência solidária.

Agora responda:

1. De que maneira você acha que seria possível despertar na população de sua região o interesse por essas questões? Discuta com os colegas e o professor e planejem, juntos, essa intervenção.

Distribuição de água na Terra

Você sabe como a água está distribuída em todo o planeta?

Ao observar um mapa-múndi, podemos perceber que grande parte da superfície terrestre é coberta por mares e oceanos.

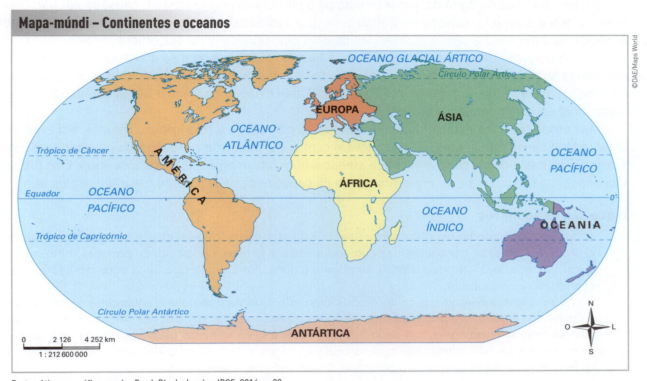

Fonte: *Atlas geográfico escolar*. 7. ed. Rio de Janeiro: IBGE, 2016. p. 32.

Toda a água do planeta Terra faz parte da **hidrosfera**, que é constituída de água doce (rios, lagos, cachoeiras, águas subterrâneas e geleiras) e de água salgada (mares e oceanos).

Analisando a distribuição de água em nosso planeta, podemos constatar que a maior parte da hidrosfera – cerca de 97,3% – é de **água salgada**. O restante, 2,7%, corresponde à **água doce**. Há também água na forma de vapor.

A água de rios e lagos é denominada água doce para diferenciá-la da água de mares e oceanos. Essa classificação está baseada na quantidade de sais minerais dissolvidos; a água doce contém, em quantidades muito pequenas, sais e outros materiais dissolvidos nela.

A água salgada é imprópria para consumo humano e para a irrigação. Por não disporem de água doce em quantidade suficiente, é comum, em algumas regiões a prática de dessalinização, isto é, processo de retirada de sais da água do mar para torná-la **potável**. Esse processo, contudo, é muito caro e exige equipamentos complexos.

Os aquíferos, formados por águas subterrâneas, e as geleiras constituem os maiores reservatórios de água doce do planeta. Da água doce obtemos a água potável, isto é, a água própria para consumo.

Fonte: Departamento de Águas e Energia Elétrica. Disponível em: <www.daee.sp.gov.br>. Acesso em: 7 set. 2018.

Glossário

Água potável: é a classificação dada a uma amostra de água de acordo com parâmetros definidos por lei e que não oferece qualquer risco à saúde.

19

Ambiente em foco

Águas subterrâneas em risco

A contaminação da água doce que circula pelo planeta é cada vez maior, causada por agrotóxicos e fertilizantes químicos usados na agricultura, por resíduos de processos industriais, por esgotos domésticos e por lixões, sem esquecer dos dejetos químicos de produtos empregados na mineração.

Com a poluição das águas de superfície, a humanidade passou a se abastecer em grande parte das águas subterrâneas. Um bilhão e meio de habitantes de centros urbanos do mundo dependem totalmente delas para sobreviver. No Brasil, 80% das cidades do Centro-Sul já são abastecidas por águas tiradas das profundezas do solo.

Mas essas reservas estão diminuindo em todo o planeta de forma impressionante, em especial no Oriente Médio e na África. Elas não se renovam com a velocidade da extração feita pelo ser humano. Na Europa, 50% das cidades convivem com a ameaça, num futuro próximo, de falta de água. Elas precisam dos depósitos sob a terra e os exploram acima da capacidade de reposição natural que eles têm.

O que são os aquíferos

[...] Eles são grandes depósitos subterrâneos de água alimentados pelas chuvas que se infiltram no subsolo. Por sua vez, alimentam mananciais de água na superfície e formam lagoas, rios ou pântanos. Não custa recapitular: só cerca de 3% de toda a água do planeta é doce. Mais ou menos a terça parte disso (30,1%) existe em reservatórios no subsolo.

Muitas pessoas pensam que os aquíferos são grandes bolsões subterrâneos encapados em rocha e cheios de água. Não é assim na maioria das vezes. A água costuma preencher os espaços entre os sedimentos arenosos, como se fosse em uma tigela com areia e água misturados, ou se infiltra pelas fraturas, ou rachaduras, das rochas – pense em uma imensa esponja que absorve a água e você vai ter a ideia mais próxima do que é um aquífero. Apenas em alguns casos a água fica armazenada em bolsões. [...]

Jurema Aprile. Aquífero Guarani: águas subterrâneas também em risco. UOL Educação, 2 fev. 2006. Disponível em <http://educacao.uol.com.br/disciplinas/geografia/aquifero-guarani-aguas-subterraneas-tambem-estao-em-risco.htm>. Acesso em: 30 ago. 2018.

[...] Uma nova e recente descoberta vem ampliar ainda mais o poder brasileiro quando o assunto é disponibilidade de água. Trata-se do Aquífero Amazonas, um reservatório transfronteiriço de água subterrânea, que o Brasil divide com o Equador, Venezuela, Bolívia, Colômbia e Peru.

Sua extensão é de quase quatro milhões de quilômetros quadrados (3 950 000) sendo constituído pelas formações dos aquíferos Solimões, Içá e Alter do Chão. Com uma extensão três vezes maior que o aquífero Guarani, o Amazonas é uma conexão hidrogeológica, com grande potencialidade hídrica, mas ainda pouco conhecida.

[...] Os estudos até agora realizados atestam que a qualidade química da água do Sistema Aquífero Amazonas é boa. Entretanto, vem correndo risco de contaminação devido ao fato de, em alguns locais, o nível da água ser raso e pelo alto potencial de contaminação provocada por poços mal construídos, ausência/inadequação de proteção sanitária e carência de saneamento básico.

[...]

Ministério do Meio Ambiente. Disponível em: <www.mma.gov.br/informma/item/6237-brasil-estuda-aquifero-tres-vezes-maior-que-o-guarani>. Acesso em: 30 ago. 2018.

---

1. Que informação semelhante há nesses dois textos?
2. Como você pode explicar a um colega que acabou de iniciar o 6º ano do Ensino Fundamental o que é um aquífero?
3. Identifique nos textos as principais causas de poluição.

1 Observe o esquema das mudanças de estado físico da água.

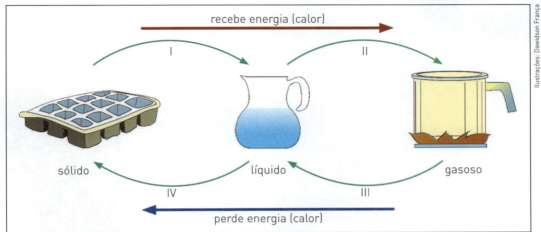

Representação simplificada em cores-fantasia.

a) Identifique as mudanças indicadas pelas setas I, II, III e IV.

b) Diga que mudança de estado físico ocorre em cada situação a seguir.

- O vapor-d'água forma nuvens.
- A roupa molhada seca no varal.
- A água congela.
- O gelo derrete no copo.

2 Por que podemos afirmar que a ebulição e a evaporação são tipos de vaporização?

3 Em determinadas regiões de nosso país, a população sofre, em algumas épocas do ano, com problemas de saúde relacionados à baixa quantidade de vapor-d'água no ar (baixa umidade relativa do ar). É comum as pessoas colocarem bacias com água ou toalhas molhadas nos quartos antes de dormir. Explique como esse procedimento ajuda a reduzir o problema.

4 Leia a seguir frases sobre situações que envolvem mudanças de estado físico da água e responda as questões.

a) Você tomou um banho bem quente. O espelho do banheiro ficou completamente embaçado com inúmeras gotículas de água. Por que isso aconteceu?

b) Em uma cidade litorânea, a temperatura da água que passa para o estado gasoso ao ser fervida em uma chaleira é a mesma temperatura da água que evapora da roupa no varal? Justifique sua resposta.

5 Sabe-se que a água é um recurso importante para a vida e seu uso deve ser consciente para evitar desperdício. Observe as imagens a seguir e, com base nelas, indique algumas medidas para diminuir o gasto de água.

21

CAPÍTULO 2
Misturas no dia a dia

No capítulo anterior você estudou que a água cobre boa parte da superfície terrestre; ela compõe rios, oceanos, lagos, geleiras e está presente no ar, no solo e nos seres vivos. Esse recurso natural, fundamental para manutenção da vida, tem a capacidade de dissolver inúmeros materiais. Graças a essa característica da água, no corpo humano os nutrientes e gases (oxigênio e gás carbônico) são transportados no sangue e produtos de excreção são eliminados do organismo.

A água, no entanto, não dissolve os materiais na mesma proporção. Alguns deles se dissolvem mais do que outros e há aqueles que não são dissolvidos.

Você conhece materiais que não se dissolvem em água?

Quando adicionamos um material em outro, obtemos uma **mistura**.

As imagens desta página não estão representadas na mesma proporção.

Muitos materiais se dissolvem na água.

No dia a dia, misturamos diferentes materiais.

Além dos exemplos das imagens, que outras misturas comuns encontradas no seu dia a dia você pode citar?

Propriedades dos materiais

Ao fazer um pão, o padeiro primeiro prepara uma massa (a matéria) do pão. Em seguida, separa uma porção dessa massa (o corpo) para confeccionar o pãozinho (o objeto). O pão produzido terá características diferentes de outros pães, dependendo dos ingredientes, da receita do pão e dos equipamentos utilizados.

As imagens desta página não estão representadas na mesma proporção.

Pães feitos com massas diferentes têm características diferentes.

As características observadas em qualquer material são chamadas de **propriedades**. Elas podem ser classificadas em gerais e específicas.

As **propriedades gerais**, como massa e volume, são características comuns a todos os materiais e não permitem identificá-los. Por exemplo, se sabemos que um objeto tem 1 quilograma, não é possível descobrir de qual material ele é feito.

Além de massa e volume, há outras propriedades comuns aos materiais, veja o quadro a seguir.

Propriedades gerais	Características
extensão	Toda matéria ocupa um lugar no espaço.
impenetrabilidade	Dois corpos não ocupam o mesmo lugar no espaço.
compressibilidade	A matéria diminui seu volume sob a ação de uma força.
elasticidade	A matéria retorna ao volume original após ter sido comprimida.
divisibilidade	Toda matéria pode ser dividida em partes menores.

As **propriedades específicas** são características de cada material e o conjunto delas possibilita a identificação do material.

Todas são panelas, mas o material de cada uma delas é diferente; portanto, suas características também são diversas.

23

Há várias propriedades específicas da matéria. Algumas delas encontram-se no quadro a seguir.

Propriedades específicas	Características
temperatura de fusão	Temperatura na qual um material passa do estado sólido ao estado líquido.
temperatura de solidificação	Temperatura na qual um material passa do estado líquido ao estado sólido.
temperatura de ebulição	Temperatura na qual um material passa do estado líquido ao estado gasoso.
condutividade	Capacidade de conduzir eletricidade.
magnetismo	Capacidade de ser atraído por um ímã.
dureza	Resistência ao risco.
maleabilidade	Capacidade de ser moldado.
ductilidade	Capacidade de ser transformado em fio.
densidade	Relação entre a massa e o volume do material.

Entre as propriedades específicas da matéria usadas no estudo das Ciências, as mais utilizadas são as temperaturas de fusão e de ebulição – abordadas no capítulo anterior – e a densidade.

A densidade é uma propriedade que independe da porção do material, isto é, podemos utilizar uma pequena amostra ou uma amostra maior e o valor será o mesmo. Essa propriedade relaciona a massa do material e o volume ocupado por ele.

Qual é a densidade da água e do óleo de cozinha?

Material:

- 2 provetas de plástico de 10 mL;
- 2 conta-gotas;
- balança;
- água;
- óleo de cozinha.

Procedimentos

1. Em uma balança, meça a massa das duas provetas vazias e anote o resultado no caderno.
2. Em uma das provetas, adicione 2 mL de água com auxílio do conta-gotas.
3. Meça a massa da proveta com água e anote o resultado.
4. Repita os procedimentos 2 e 3 utilizando diferentes volumes de água (por exemplo, 3 mL, 5 mL e 8 mL).
5. Utilize a outra proveta para repetir os procedimentos (2, 3 e 4), mas substitua a água por óleo de cozinha.

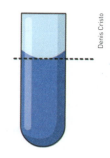

Denis Cristo

Responda às questões a seguir.

1 Calcule o valor de densidade (massa do líquido ÷ volume do líquido) da água e do óleo. Os valores de densidade da água variaram para cada medida de volume? E os valores de densidade do óleo?

2 Se você jogar um material sólido que não se dissolve em um recipiente com água, ele pode flutuar ou afundar nesse líquido. Se a densidade do material for maior que a da água, ele afundará; e se for menor, ele flutuará. Considere uma bolinha de gude com densidade 2,5 g/mL, esse objeto irá afundar ou boiar na água?

Qualquer material encontrado tanto na Terra como fora deste planeta é formado por uma substância ou por uma mistura de substâncias. Podemos definir **substância** como uma porção da matéria que tem um conjunto de propriedades específicas bem definidas e características. Eventualmente, duas substâncias diferentes podem ter algumas propriedades específicas iguais, mas nunca todas elas. Caso todas as propriedades de duas substâncias sejam iguais, então, na verdade, trata-se da mesma substância.

As substâncias e os materiais na natureza

As imagens desta página não estão representadas na mesma proporção.

Muitos moradores de grandes centros urbanos imaginam que a água e o ar dos lugares distantes desses centros são puros. Será que isso corresponde, de fato, à realidade?

Cachoeira no Rio da Prata: árvores, folhagens e águas límpidas do rio compõem a paisagem. Parque Nacional da Chapada dos Veadeiros, Cavalcante (GO), 2018.

A pureza de um material é um conceito relativo. Em algumas situações utilizamos esse adjetivo para indicar algo limpo ou sem poluentes (ar puro, água pura). Mas, atenção, não confunda "água pura" com "água potável". Lembre-se de que a água é classificada como potável quando for própria para consumo. A água de um rio sem poluentes visíveis ainda pode conter microrganismos que causam doenças. Em outras situações, utilizamos o termo **puro** para indicar que o objeto contém apenas uma substância – um anel de ouro puro, por exemplo.

Frasco com água utilizada na manutenção da bateria de determinados tipos de trator. Essa água é chamada de destilada porque passa por um procedimento específico que retira as substâncias dissolvidas nela. Esse procedimento será retomado no próximo capítulo.

Na natureza, os materiais dificilmente são encontrados na forma de **substâncias puras**. Tanto os materiais que encontramos na natureza quanto os produtos que consumimos são, na realidade, uma **mistura de substâncias**. A obtenção de substâncias puras é feita em laboratórios e indústrias.

Além de ter um conjunto de propriedades físicas constantes, as substâncias puras caracterizam-se por manter a mesma constituição em todo o material considerado.

25

Classificação das misturas

Que tipos de misturas existem? Será que materiais sólidos como sal ou areia sempre se dissolvem quando misturados a um líquido? E um líquido pode se dissolver em outro líquido?

Para responder a essas questões vamos fazer um procedimento experimental utilizando materiais do cotidiano: sal, areia, água e óleo.

Dissolve ou não dissolve?

Material:

- 4 copos de plástico transparente;
- 2 colheres;
- 1 frasco conta-gotas com óleo;
- sal;
- areia;
- água;
- folhas de papel-toalha;
- caneta marcadora.

Procedimentos

1. Utilizem a caneta marcadora para numerar os copos plásticos de 1 a 4.
2. Coloquem água nos copos de 1 a 4 até a metade de cada um.
3. Reservem o copo 1, que ficará apenas com água. Nos outros copos, adicionem:
   - no copo 2, vinte gotas de óleo;
   - no copo 3, uma colher de sal;
   - no copo 4, uma colher de areia.
4. Anotem ou desenhem no caderno o aspecto de cada copo após a adição dos materiais.
5. Em seguida, mexam com uma colher as misturas dos copos 2 a 4.
6. Anotem ou desenhem no caderno o aspecto de cada copo.
7. Aguardem uns 10 minutos e observem novamente os copos 2 a 4.

Responda às questões a seguir.

① Por que foi necessário reservar o copo 1?

② Houve alguma alteração no aspecto das misturas? Quais?

③ Com base nos resultados obtidos, analise se o parágrafo abaixo é correto e justifique sua resposta.

> O sal é solúvel na água, mas a areia não. O óleo e a água formam uma mistura em que é possível observar nitidamente, após certo tempo, esses dois componentes. Na mistura de areia e água também é possível visualizar seus componentes após certo tempo.

④ Considere a seguinte situação: no copo 1, com água, foi adicionado areia, sal e óleo. Após a reunião desses materiais e passado certo tempo, qual seria o aspecto visual da mistura?

Uma mistura caracteriza-se por ser composta de duas ou mais substâncias. No cotidiano, é comum nos depararmos com uma diversidade de misturas. Elas são encontradas em medicamentos, cosméticos, produtos de limpeza, alimentos, na água etc. Podem estar "prontas" ou ser preparadas por nós.

Diferentemente das substâncias, as misturas não têm propriedades específicas constantes. Por exemplo, as temperaturas de fusão e de ebulição não ocorrem em um ponto ou valor específico, mas em uma faixa de temperatura.

Você deve ter observado que em algumas misturas não é possível identificar visualmente os componentes que as formam. Não podemos enxergar o açúcar dissolvido em água, por exemplo. Em outros casos, é possível identificá-los, como quando adicionamos terra na água.

De acordo com o aspecto visual, podemos classificar as misturas em homogênea e heterogênea.

Mistura de terra e água.

As **misturas homogêneas** apresentam aspecto uniforme em toda sua extensão, ou seja, ponto a ponto. Em contrapartida, as **misturas heterogêneas** apresentam mais de um aspecto em sua extensão, são multiformes ponto a ponto.

Em uma mistura heterogênea, cada região que apresenta os mesmos aspectos é denominada **fase**. Na prática, pode-se encontrar uma diversidade de tipos de mistura, cada uma com uma quantidade de fases diferentes.

As misturas heterogêneas também podem ser classificadas segundo o estado de agregação das diferentes fases. Veja, no quadro a seguir, alguns exemplos.

As imagens desta página não estão representadas na mesma proporção.

TIPO	SISTEMA	NÚMERO DE FASES
SÓLIDO + LÍQUIDO	água/areia	duas fases = mistura bifásica
LÍQUIDO + LÍQUIDO	óleo/vinagre	duas fases = mistura bifásica
SÓLIDO + SÓLIDO	granito	três fases (O granito é composto de três tipos de rocha: quartzo, feldspato e mica.) = mistura trifásica

27

Há um número expressivo de acidentes envolvendo produtos de limpeza domésticos. Ainda é muito comum, nos dias atuais, o ato de misturar diferentes produtos para potencializar a limpeza. Essas misturas, no entanto, são bastante perigosas e não devem ser feitas, pois oferecem risco à saúde.

Pais, mães e outros adultos não devem misturar diferentes produtos de limpeza, pois esta ação pode oferecer riscos à saúde.

Quando uma mistura apresenta mais de uma fase é classificada em bifásica, trifásica, tetrafásica ou polifásica, de acordo com a quantidade de fases que há nela.

As misturas homogêneas – que têm apenas uma fase (por isso, chamadas monofásicas) – são denominadas **soluções**. Nas soluções, de modo geral, o componente em menor quantidade é chamado de **soluto** e ele está dissolvido em um componente que se encontra em maior quantidade, denominado **solvente**. Uma solução pode conter muitos solutos dissolvidos no mesmo solvente. É o caso da água mineral, que contém diversos tipos de sais minerais e até gases dissolvidos nela.

Embora a maioria das misturas homogêneas (soluções) estejam no estado líquido, há também soluções gasosas e soluções sólidas. Por exemplo, o ar que respiramos é uma mistura homogênea de várias substâncias gasosas como nitrogênio, oxigênio e outros. Já uma liga metálica, como o latão, é uma solução sólida dos metais zinco e cobre.

O quadro a seguir reúne alguns exemplos de misturas encontradas no nosso cotidiano e relaciona as respectivas composições, ou seja, os componentes da mistura.

Mistura	Composição
joia de ouro	ouro e outros metais como cobre e prata
água do mar	água e vários sais minerais dissolvidos
vinagre	principalmente água e ácido acético
leite de magnésia	água e hidróxido de magnésio
álcool hidratado	álcool e água
bronze	cobre e estanho

Água mineral

A ingestão de água ao longo do dia é uma das recomendações mais básicas para manutenção da saúde e hidratação do corpo. A quantidade recomendada de água por dia varia bastante de pessoa para pessoa e tem a ver com o nível de atividade física do indivíduo, a temperatura ambiente, o nível de umidade do ar e outras condições físicas de cada um.

Uma certeza é: beber água regularmente é fundamental para saúde, afinal mais da metade do seu corpo, cerca de 60%, é composta por água.

Para pessoas que costumam ou precisam beber água em garrafa, uma dúvida comum é qual a diferença entre as opções disponíveis no mercado.

[...]

Água mineral, adicionada de sais ou com sabor? Entenda. Portal Anvisa. Disponível em: <http://portal.anvisa.gov.br/noticias/-/asset_publisher/FXrpx9qY7FbU/content/agua-mineral-adicionada-de-sais-ou-com-sabor-entenda/219201>. Acesso em: 1 set. 2018.

Muitas pessoas acham que toda água engarrafada é mineral, mas na realidade há diferenças na origem, composição e tratamento. Apesar de sutis, e não serem bem esclarecidas nos rótulos e embalagens, essas divergências podem alterar a qualidade da água que consumimos e produzir efeitos em nosso organismo.

No Brasil, há água de três tipos regulamentadas para serem envasadas e comercializadas, segundo a Agência Nacional de Vigilância Sanitária (ANVISA): água mineral natural, água natural e água adicionada de sais.

[...]

Água Mineral Natural

Obtida diretamente de fontes naturais ou por extração de águas subterrâneas, esse tipo de água naturalmente possui sais minerais presentes em sua composição. Para ser considerada uma água mineral natural os sais minerais não podem ser adicionados artificialmente e precisa passar por uma série de testes realizados pela ANVISA e outros órgãos de fiscalização. O objetivo é comprovar a quantidade mínima de sais minerais contidos na água e os limites máximos para substâncias que podem ser nocivas ao ser humano.

Para ser aprovada para envase no Brasil, é obrigatório que a água mineral natural extraída de uma fonte passe por um período de testes mínimo de dois anos.

Água adicionada de sais

É a água para consumo humano envasada contendo um ou mais dos compostos previstos no regulamento da ANVISA. Não deve conter açúcares, adoçantes, aromas ou outros ingredientes. É uma água que pode ou não ser de uma fonte natural.

A principal diferença entre água mineral natural e água adicionada de sais minerais é que a água adicionada em seu processo de envase recebe um enriquecimento de sais minerais previsto pela ANVISA e em proporções determinada por profissional habilitado de acordo com as características específicas da água em questão. [...]

Água mineral ou adicionada de sais? Veja a diferença. TNH1. Disponível em: <www.tnh1.com.br/noticia/nid/agua-mineral-ou-adicionada-de-sais-veja-a-diferenca>. Acesso em: 1 set. 2018.

Rótulo de uma garrafa de água mineral comercial. As informações relacionam os componentes da mistura e as respectivas quantidades.

Representação simplificada em cores-fantasia.

Leia os textos e responda às questões.

1. Quais são os tipos de água engarrafada que são comercializados?
2. Você costuma observar os rótulos de água engarrafada? Em caso positivo, você já viu esses tipos de água?
3. Como você faria para ajudar os consumidores a identificar o tipo de água contida em determinada garrafa?

Atividades

1 No verso de uma embalagem de suco em pó consta a seguinte informação:

> **Modo de preparo**
> - Adicione 1 colher de sopa cheia de açúcar em 1 litro de água gelada.
> - Mexa bem até dissolver todo o açúcar.
> - Acrescente o conteúdo deste envelope na água e agite até dissolvê-lo completamente.

a) Considerando apenas a primeira etapa de preparo do suco, a mistura formada é homogênea ou heterogênea?

b) Se uma pessoa ao ler a embalagem desse produto se confundir com a quantidade de água e acrescentar todo o suco em pó e o açúcar em 1 copo com água (200 mL), o que é esperado que ocorra? Justifique sua resposta.

2 Leia o texto a seguir e responda o que se pede.

Vazamento de óleo na Bacia de Campos (RJ), 2011.

Uma resolução do Conselho Nacional do Meio Ambiente (Conama) que permite a queima controlada de óleo após vazamentos no mar foi publicada nesta sexta-feira [06/10/2017] no Diário Oficial e entrou em vigor.

De acordo com a resolução, a técnica será usada como um "esforço de proteção ambiental e uma forma de tentar minimizar prejuízos à saúde pública", mas dependerá de uma autorização prévia do Instituto Brasileiro do Meio Ambiente e dos Recursos Naturais Renováveis (Ibama).

A queima será permitida, no entanto, apenas quando outras intervenções não forem aplicáveis e/ou efetivas [...].

Trata-se como óleo [...] - petróleo e seus derivados, incluindo óleo cru, óleo combustível, resíduos de petróleo e produtos refinados [...].

Carolina Dantas e Marina Franco. Nova regra permite queima de óleo em casos de vazamento no mar. G1, 6 out. 2017. Disponível em: <https://g1.globo.com/natureza/noticia/nova-regra-permite-queima-de-oleo-em-casos-de-vazamento-no-mar.ghtml>. Acesso em: 31 ago. 2018.

a) Por que observamos uma mancha de óleo sobre a água quando ocorre um vazamento?

b) A queima de óleo em alto mar gera prejuízos para o ecossistema local e para seres vivos distantes do vazamento. Pesquise em livros ou na internet e indique os impactos ambientais negativos desse tipo de ação.

3 Observe a imagem dos recipientes a seguir e classifique as misturas em homogêneas ou heterogêneas.

Representação simplificada em cores-fantasia.

I II III

4 Associe cada mistura representada na atividade anterior com as indicações a seguir.

a) Gelo e água gaseificada.

b) Granito, gelo, água e óleo.

c) Água, gelo e óleo.

5 Que opções a seguir representam uma mistura homogênea? Pode haver mais de uma.

a) lágrima
b) granito
c) suor
d) leite
e) lama
f) água mineral

6 Para verificar a veracidade de um anel de ouro, o proprietário mediu a massa do anel, que tem 2 g, e comparou a cor da aliança com uma peça autêntica de ouro.

Pela análise dos testes e dos resultados obtidos, é possível afirmar que o anel é feito somente de ouro? Justifique sua resposta.

7 Um analista recebeu um frasco de uma substância líquida com o rótulo apagado. Considerando somente as propriedades indicadas abaixo, quais delas são recomendadas para identificar corretamente a substância contida no frasco?

  a) massa
  b) temperatura de ebulição
  c) densidade
  d) transparência
  e) temperatura de fusão
  f) volume

8 O quadro a seguir apresenta as temperaturas de fusão de diferentes metais que, teoricamente, poderiam ser usados na fabricação de panelas.

Metal	Temperatura de fusão (°C)
estanho	232
zinco	420
alumínio	660
cobre	1080
ferro	1535

Supondo que a temperatura da chama de determinado fogão pode alcançar até 800 °C, recomenda-se utilizar panelas de:

  a) cobre e ferro;
  b) alumínio e cobre;
  c) zinco e alumínio;
  d) estanho e zinco;
  e) alumínio e ferro.

9 O texto a seguir se refere à resposta de uma pergunta feita por uma leitora: "Por que existe ouro branco e ouro amarelo?".

  Originalmente, o ouro é amarelo. Mas, por ser um metal muito maleável, precisa ser misturado a outros [metais] a fim de formar uma liga dura e resistente o suficiente para ser usada em joias. Dependendo da mistura, o ouro ganha novas cores. O ouro branco, por exemplo, é uma receita geralmente composta de ouro, prata e paládio, um metal de cor esbranquiçada, assim como a prata. Como qualquer grande receita que se preza, as joalherias têm suas fórmulas e segredos específicos para conseguir tonalidades únicas. Essas misturas também definem a quantidade de quilates. Se uma joia tiver 24 K, trata-se de uma peça 100% ouro. Mas, se ela tiver 18 K, trata-se de uma mistura com 18 partes de ouro e seis de outros materiais. E 9 K? Mesma lógica: nove partes de ouro para 15 de outros metais.

Matheus Bianezzi. Por que existe ouro branco e ouro amarelo? *Mundo Estranho*, 4 jul. 2018. Disponível em: <https://super.abril.com.br/mundo-estranho/por-que-existe-ouro-branco-e-ouro-amarelo/>. Acesso em: 31 ago. 2018.

De acordo com as informações do texto, um brinco de ouro de 10 K (quilates) é constituído por uma mistura de ouro e outros metais ou por uma substância? Justifique sua resposta.

10 Com base no que foi estudado neste capítulo, você classifica a água da torneira como mistura homogênea, heterogênea ou uma substância? Justifique sua resposta.

11 Um laboratório recebeu algumas amostras de água e precisava identificar se ela realmente estava pura, ou seja, isenta de outras substâncias e sais minerais. Ao transferir a amostra para um recipiente, o analista descartou a hipótese de se tratar de água pura e não fez a análise. Considerando que a imagem a seguir representa a amostra recebida pelo analista, explique por que ele não precisou de ensaios laboratoriais para verificar que a água não era pura.

12 No rótulo de um óleo hidratante, vendido em uma farmácia de manipulação, há a seguinte recomendação: "Agite antes de usar". Isso se deve ao fato de esse óleo ser trifásico e haver, em cada fase, um princípio ativo diferente.

Esse óleo hidratante é uma substância pura, uma mistura homogênea ou mistura heterogênea?

CAPÍTULO 3
Misturando e separando

Vimos que é mais comum encontrar misturas na natureza do que substâncias puras. No entanto, para a produção de diferentes materiais muitas vezes é necessário utilizar substâncias puras ou iniciar a produção com elas. Algumas misturas fazem parte de nosso cotidiano e diversos métodos são usados para separá-las.

Técnicas de separação de misturas

A escolha do melhor método para a separação de misturas depende das características da mistura (homogênea ou heterogênea) e de algumas propriedades de seus componentes, como temperaturas de fusão e de ebulição, solubilidade, densidade, entre outras. Dependendo da complexidade da mistura, é necessário utilizar dois ou mais métodos diferentes.

Nas próximas páginas, apresentamos a descrição das principais técnicas de separação de misturas, os princípios nos quais se baseiam, além de exemplos de como essas técnicas são empregadas.

Para obter um suco sem caroço, fiapos ou outras partes da fruta, utilizamos uma peneira.

Misturas heterogêneas

Filtração

É um processo utilizado para separar misturas heterogêneas. Geralmente é empregado para separar componentes sólidos de líquidos.

Nesta técnica, os sólidos com dimensões maiores do que os poros do elemento filtrante ficam retidos nele. O elemento filtrante é um material poroso que pode ser formado por vários tipos de material, entre eles papel, tecido, malha de plástico ou metal, espuma etc. Este método não serve para separar sólidos dissolvidos em líquidos.

Exemplo: quando a água está misturada com areia, uma forma simples de separar esses dois componentes é usar um filtro. Em um laboratório, pode-se utilizar a aparelhagem mostrada a seguir. Exemplo:

Representação simplificada em cores-fantasia e tamanhos sem escala.

Mistura de água e areia (líquido + sólido).

Folha dobrada do filtro de papel para ser colocada no funil.

Aparelhagem para filtração simples utilizada em laboratório.

Utiliza-se um material poroso – que tem furos bem pequenos –, o filtro de papel. Ele é colocado dentro de um funil e a mistura – nesse caso areia e água – é transferida para seu interior. A água passa pelo filtro de papel e a areia fica retida. Coloca-se um recipiente abaixo do funil para recolher a água sem a areia.

Nos aparelhos de ar condicionado há outro tipo de filtro. O ar é arrastado e, com ele, muitas partículas sólidas, a poeira. Com o tempo, esses materiais sólidos entopem a serpentina dos aparelhos. Para evitar isso, esses equipamentos são fabricados com um local reservado para a colocação do filtro. Veja nas imagens a seguir o filtro e como ele retém a poeira.

O técnico retira o filtro do ar condicionado para limpá-lo. O elemento filtrante é uma malha de plástico.

Lavagem do filtro para eliminar a poeira.

Decantação

É um processo utilizado para separar os componentes de misturas heterogêneas por meio da diferença de densidade. Utilizado principalmente para líquidos, também pode ser empregado para separar sólidos de líquidos.

O método consiste em deixar a mistura em repouso por certo tempo, até que a substância mais densa se deposite no fundo do recipiente. Depois, cuidadosamente, uma das substâncias é retirada ou transferida para outro local, finalizando a separação da mistura.

Em laboratórios, é comum o uso de um **funil de decantação**, também conhecido como funil de separação, para separar misturas de dois líquidos **imiscíveis**. Os líquidos separam-se espontaneamente: o mais denso ocupa a camada inferior e o menos denso, a camada superior. Ao abrir a torneira, o líquido mais denso escoa e é recolhido em um recipiente logo abaixo da saída do funil.

A separação de componentes de uma mistura por meio da diferença de densidade é muito utilizada quando envolve cursos de água e materiais sólidos.

Esta técnica foi adotada para possibilitar o uso da água do Rio Doce (MG) após o acidente ambiental ocorrido em 2015. Segundo os especialistas, havia excesso de lama nas águas do rio, o que inviabilizaria seu tratamento imediato. Assim, foi necessário aguardar certo tempo até que o excesso de lama se sedimentasse no leito do rio.

Representação simplificada em cores-fantasia e tamanhos sem escala.

Separação de dois líquidos imiscíveis: óleo e água.

Rio Doce após o acidente ambiental do rompimento da Barragem de Fundão em 2015. Mariana (MG).

A decantação também é empregada em estações de tratamento de água e de esgoto. Nessas estações, os sólidos mais densos depositam-se no fundo dos tanques de decantação.

As imagens desta página não estão representadas na mesma proporção.

Estação de tratamento de esgoto no Rio de Janeiro (RJ).

Glossário

Imiscíveis: que não se dissolvem um no outro.

Além dos processos de filtração e de decantação, há outros métodos de separação de misturas heterogêneas bastante comuns em nossa sociedade. O quadro desta página e da seguinte apresenta os principais.

As imagens desta página não estão representadas na mesma proporção.

Processo de separação	Como funciona?	Exemplos
Catação	Processo utilizado para separar sólidos visualmente distintos de uma mistura heterogênea. Pode-se usar a mão ou uma pinça para separar os componentes sólidos da mistura.	Separação manual do lixo por catação em esteira de reciclagem. O material recuperado é transportado para fábricas de papel, de vidro e de outros setores.
Peneiração	São usadas peneiras com malhas de diferentes dimensões para separar sólidos de granulações diversas.	Uma das aplicações desse equipamento é a separação de grãos de determinada colheita – por exemplo, a do café. O princípio é a diferença no tamanho dos grãos. As peneiras são dispostas de modo que os grãos de tamanho maior fiquem retidos nas primeiras etapas e somente os grãos de menor diâmetro passem para a peneira seguinte.
Ventilação	Uma corrente de ar separa o sólido menos denso dos demais.	É uma das técnicas utilizadas para o beneficiamento de cereais. Na cena, a mulher arremessa para o alto a mistura de palha e arroz. A corrente de ar arrasta a palha, ficando na peneira apenas o arroz. A separação ocorre porque a palha de arroz tem menor densidade do que o arroz, por isso é facilmente arrastada pelo ar.

Processo de separação	Como funciona?	Exemplos
Levigação	Método também fundamentado na diferença de densidade dos sólidos constituintes da mistura. O sólido menos denso é arrastado por uma corrente de água.	Esse é o processo utilizado por garimpeiros para separar areia de ouro. A areia é menos densa que o ouro. Assim, quando a água corrente passa pela mistura, arrasta apenas a areia, deixando o ouro na bateia (vasilha usada na lavagem de areia e cascalho para separação de ouro).
Flutuação	Processo de separação de misturas de dois ou mais sólidos com densidades diferentes. Adiciona-se um líquido com densidade intermediária e que não dissolve os componentes sólidos da mistura. Os sólidos com que têm densidade menor do que o líquido flutuam, e os com maior densidade sedimentam (afundam).	A mistura de serragem e areia pode ser separada utilizando água. A serragem tem densidade menor do que o líquido e flutua. Já a areia tem densidade maior do que o líquido e sedimenta.
Separação magnética	Um dos componentes sólidos da mistura deve ter propriedades magnéticas e é atraído por um ímã. Esta técnica de separação é muito utilizada na indústria siderúrgica e em estações de tratamento de lixo.	Ímã em ferro-velho com objetos metálicos aderidos.

As imagens desta página não estão representadas na mesma proporção.

zoom Latas de alumínio podem ser separadas do lixo por separação magnética?

Tratamento de água

Você já pensou a respeito da qualidade da água que chega a sua casa? Será que a água que sai da torneira é a mesma captada dos rios?

As imagens desta página não estão representadas na mesma proporção.

A aparência da água de um rio pode ser diferente da água que sai das torneiras.

Observe, nas imagens, a diferença de cor entre a água do rio e a água que sai da torneira. Isso ocorre porque geralmente na água do rio há sólidos em suspensão que tornam sua cor amarelada ou marrom. A água do rio também pode ter microrganismos que fazem mal à saúde. Dessa forma, é necessário que a água captada dos rios seja tratada antes de chegar às residências. Por isso, ela passa por algumas etapas até que esteja potável, ou seja, própria para consumo. A seguir é descrito, de forma simplificada, o caminho que a água percorre até nossas residências.

A primeira etapa no tratamento da água é a captação. Normalmente são utilizadas bombas para levar a água pelos canos até a estação de tratamento.

A segunda etapa consiste na adição de substâncias químicas que fazem com que as impurezas se aglutinem. Esse processo é chamado de **floculação**: os sólidos em suspensão se juntam na forma de flocos. Os flocos formados ficam cada vez maiores à medida que mais partículas sólidas se aglutinam, até ficarem mais densos do que a água e se sedimentarem no fundo dos tanques. Essa é a etapa de **decantação**.

A água da camada superior do tanque tem menos impurezas e parte dela é transferida para outros tanques. Nesse momento, inicia-se a quarta etapa, que consiste na passagem da água por filtros para retirar as impurezas que não foram eliminadas na floculação/decantação.

Após a passagem pelos filtros, a água, que agora está incolor, passa pelo processo de **cloração**, em que uma substância é adicionada a ela para eliminar microrganismos causadores de doenças, e pela **fluoretação**, que acrescenta uma substância para a prevenção de cárie dentária.

Após todas essas etapas, a água, que agora é considerada potável, é bombeada para reservatórios e depois distribuída aos moradores.

Observe ao lado um esquema simples que ilustra o processo de tratamento da água.

Representação simplificada em cores--fantasia.

Esquema simplificado do processo de tratamento de água.

Pontos de vista

O flúor e a saúde humana

No Brasil, o flúor é adicionado à água tratada desde a década de 1970 para a prevenção de cáries na população. Essa prática, bastante comum em diversos países do mundo, tem dividido a opinião de muitos especialistas quanto aos benefícios e prejuízos que podem trazer à população.

Vejamos a seguir diferentes pontos de vista sobre o assunto.

Texto 1

Fundamental no controle e prevenção da cárie dentária, o flúor deve estar presente na água tratada proveniente de abastecimento público. Essa medida, considerada a principal política pública na área de saúde odontológica, é obrigatória por lei no país [...].

[...]

Especialista em promoção de saúde e no atendimento de bebês, crianças e adolescentes, a **odontopediatra** Eliane Garcia defende o uso do flúor na água fornecida à população. "Essa é uma discussão que vem há muito tempo. Na verdade, não tem que ser discutido e água deve ser fornecida com flúor [...]", disse.

Eliane Garcia lembra que é alta a incidência de cárie até os 2,5 anos de idade no país. "Há prevalência de lesões iniciais de cárie, de mancha branca, é em torno de 70%", informou.

As três principais causas são dieta rica em sacarose, amido e carboidratos, falta de higienização e do uso de dentifrício (creme ou pasta dental) fluoretado. Neste último caso, ela lembra que há três pontos fundamentais, que são a quantidade, concentração e a frequência de escovação.

[...]

Para amenizar a falta de flúor na água, a SMS [Secretaria Municipal de Saúde] entrega kits contendo escova, creme e fio dental às crianças da rede municipal de ensino. [...]

Joanice de Deus. Cuiabá não tem água com flúor. *Diário de Cuiabá*, 27 out. 2013. Disponível em: <www.diariodecuiaba.com.br/detalhe.php?cod=441030>. Acesso em: 5 out. 2018.

Cremes dentais podem conter flúor em sua composição.

Texto 2

Cor, cheiro, sabor, preço e propriedades clareadoras são, em geral, as características levadas em consideração na hora de escolher um creme dental, entre as inúmeras opções nos supermercados ou nas farmácias. Nos últimos anos, no entanto, um outro fator passou a chamar a atenção dos consumidores: a presença de flúor, ou não, na fórmula do produto, que se tornou um fator determinante para comprá-lo ou evitá-lo.

O objetivo dessas pessoas, ao abolir a pasta de dente fluorada, é diminuir a ingestão da substância, que já é consumida compulsoriamente — a fluoretação da água tratada é lei no Brasil, como medida profilática contra cáries dentárias.

A decisão de não usar é baseada em diversos estudos que mostram os malefícios do flúor, e no fato de que diversos países reavaliaram a medida após a demonstração dos riscos da intoxicação pela substância.

[...]

Muitos dentistas e médicos afirmam que a quantidade consumida na água fluoretada e nos produtos de higiene dental é inofensiva. Outros defendem que o acúmulo do que é ingerido nessas fontes é o bastante para causar problemas sérios à saúde.

Segundo o médico [...] Wilson Rondó Júnior, o flúor é considerado um **pesticida**, listado no Manual Merck – livro básico de doenças e **toxinas**, referência na Medicina – como um veneno letal quando consumido em quantidades exageradas, além do recomendado pelo Ministério da Saúde.

O consumo de meio litro de água por dia pode fornecer de 0,5 a 1 miligrama de flúor. Rondó explica que essa quantidade já pode causar reações no organismo. Entre elas, cólicas e dores abdominais, aftas na boca, perda de apetite, náuseas, fraqueza, perda de peso e até mesmo vômitos com sangue.

Entre as doenças mais graves que podem ser relacionadas à toxicidade do flúor, o especialista destaca alterações no **sistema imunológico**, causadas pela distorção de **proteínas** do corpo, fazendo com que o sistema imunológico ataque o próprio organismo. Outro mal pode ser a **osteoporose**, já que a exposição excessiva ao flúor causa redução da resistência e da elasticidade óssea. Também tem impacto nos glóbulos brancos, responsáveis pelo combate a bactérias, que têm diminuição significativa quando expostos ao flúor [...].

Ailim Cabral. A discussão sobre o flúor fica cada vez mais intensa. Mocinho ou vilão? *Correio Braziliense*, 12 mar. 2017. Disponível em: <www.correiobraziliense.com.br/app/noticia/revista/2017/03/12/interna_revista_correio,579809/fluor-mocinho-ou-vilao.shtml>. Acesso em: 5 out. 2018.

Glossário

Odontopediatra: especialidade médica que se dedica à saúde bucal de crianças.
Osteoporose: doença que ataca os ossos.
Pesticida: substância química usada para combater pragas, bastante usada na agricultura.
Proteínas: substâncias presentes na composição dos organismos vivos.
Sistema imunológico: conjunto de células, órgãos e tecidos do corpo humano responsáveis pelo combate a doenças.
Toxinas: substâncias tóxicas de origem biológica.

---

1. Qual o principal cuidado a ser tomado para evitar os riscos à saúde devido à ingestão de flúor?
2. Além da adição de flúor na água, há outras atitudes que podem ser tomadas no dia a dia para garantir uma boa saúde bucal? Quais?

Observar

Separação de objetos por diferença de densidade

Utilizamos, no dia a dia, materiais de diferentes composições que, portanto, têm diferentes densidades. Considerando que muitos objetos são recolhidos por catadores de materiais recicláveis, a revenda desses materiais para empresas de reciclagem depende diretamente do tipo de material que os compõe. Para fazer essa distinção, uma das técnicas empregadas é a separação por diferença de densidade.

Atenção! Cuidado ao manusear pregos.

Material:

- tampas de garrafa PET;
- rolhas de cortiça;
- pregos;
- pedaços de madeira;
- objetos pequenos de plástico;
- água;
- xarope de glucose;
- óleo vegetal;
- recipiente de vidro (béquer de 400 mL ou pote de vidro alto).

Procedimentos

1. Coloque o xarope de glucose no recipiente de vidro. Em seguida, de forma cuidadosa e vagarosamente, adicione a água e depois o óleo vegetal.
2. Aguarde a completa separação das fases.
3. Adicione também, vagarosamente, cada objeto ao recipiente de vidro. Observe em que camada cada objeto permanecerá.
4. Anote os resultados observados.

Responda às questões a seguir.

1. Por que a densidade do material ajuda os catadores de materiais recicláveis a reconhecer o tipo de material que compõe o objeto que será reciclado?
2. De que maneira a análise da mistura formada possibilita identificar a diferença de densidade dos materiais?

Misturas homogêneas

As misturas homogêneas têm uma única fase. A separação das substâncias de uma mistura homogênea é realizada por processos mais complexos do que os das misturas heterogêneas. Veja a seguir alguns exemplos.

Evaporação

Este método é utilizado para separar componentes sólidos de misturas homogêneas líquidas, e é empregado quando o objetivo da separação é obter o componente sólido da mistura. É um processo lento que ocorre, geralmente, à temperatura ambiente e se baseia na evaporação do componente líquido. Pode-se utilizar correntes de ar para aumentar a velocidade de evaporação.

A extração do sal da água do mar nas salinas, por exemplo, utiliza o método de evaporação.

Trabalhador em salina. Chavel (CE), 2016.

Destilação simples

Método de separação de misturas homogêneas formadas por líquidos nas quais os componentes têm temperaturas de ebulição muito diferentes.

Para fazer uma destilação simples em laboratório, utiliza-se uma aparelhagem específica formada, basicamente, por um recipiente no qual a mistura será inserida e aquecida, um condensador, outro recipiente para recolher o componente separado e um termômetro. A mistura homogênea é colocada no recipiente e aquecida até que o componente da mistura que tiver menor temperatura de ebulição se vaporize. O vapor formado é conduzido até as frias paredes internas do condensador e se resfria, mudando de fase (líquido). Por ação da gravidade, o líquido escorre pelas paredes e é recolhido em outro recipiente.

Representação simplificada em cores-fantasia e tamanhos sem escala.

Aparelhagem utilizada em laboratório para destilação simples.

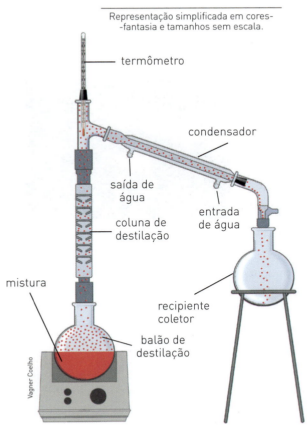

Aparelhagem utilizada em laboratório para destilação fracionada.

Destilação fracionada

Método empregado para separar misturas homogêneas líquidas formadas por componentes que têm temperaturas de ebulição relativamente próximas.

Esta separação é bastante semelhante à destilação simples, com a diferença de que há uma coluna de fracionamento entre o recipiente que será aquecido e o condensador. Quando uma mistura homogênea líquida é aquecida são produzidos vapores dos componentes com temperatura de ebulição próximos. Na coluna de fracionamento, o processo de vaporização e condensação se repete várias vezes, de maneira que no vapor que alcança o condensador há quantidade maior da substância que tem menor temperatura de ebulição. Ao entrar em contato com as paredes internas frias do condensador, o vapor se condensa e o líquido escorre até o outro recipiente.

A destilação fracionada é a primeira etapa do refino de petróleo. Em cada parte da coluna de fracionamento em uma refinaria, há uma mistura de substâncias com temperaturas de ebulição próximas, chamada de fração do petróleo. Cada fração origina misturas conhecidas em nosso cotidiano, como a gasolina, o óleo diesel, o querosene, entre muitos outros. Observe essas frações na imagem ao lado.

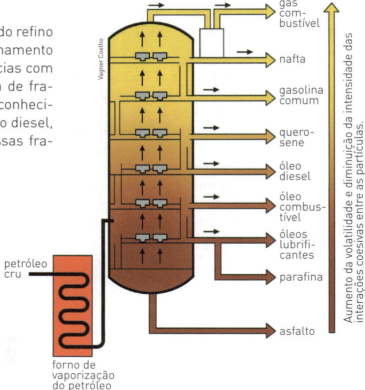

O esquema está representado com cores-fantasia e as dimensões dos elementos não seguem a proporção real.

Nas refinarias, as colunas de fracionamento são longas torres, por isso, são chamadas de torres de fracionamento.

De olho no legado

Que mistura: as histórias curiosas da química

[...]

Em 1669, o alquimista alemão Hennig Brandt começou a destilar urina humana. Ele tinha esperança de que o líquido fosse um remédio capaz de curar todas as enfermidades e que, por ser amarelo, pudesse conter ouro. Ferveu a urina e a deixou condensar, mas é claro que não encontrou nenhum metal precioso. Conseguiu apenas uma pasta branca que, quando esquentada, entrava em combustão. Brandt havia descoberto o elemento fósforo.

[...]

Combustão do fósforo.

A experiência de Brandt não foi, no entanto, a primeira a utilizar urina.

[A urina] é há milênios misturada a tintas para que elas consigam "pegar" melhor em tecidos e tornar as cores mais vivas. Algumas mulheres no Império Romano, por exemplo, pintavam o cabelo de amarelo com um extrato de folhas de verbasco misturado com urina. Essa propriedade começou a intrigar os cientistas no século XIX, quando foi preciso criar substâncias sintéticas que tivessem o mesmo efeito [...]. As pesquisas cumpriram seu objetivo e ainda trouxeram outros benefícios. Em uma das experiências, o químico alemão Adolph von Baeyer transformou o ácido úrico – um dos componentes da urina – em [...] ácido barbitúrico. A descoberta de Baeyer deu origem a uma série de derivados, os barbitúricos, que fizeram sucesso durante muito tempo como remédio para insônia e até hoje são usados como anestésicos em cirurgias.

[...]

Rafael Kenski. Que mistura: as histórias curiosas da química. *Superinteressante*, 31 out. 2016. Disponível em: <https://super.abril.com.br/ciencia/que-mistura-as-historias-curiosas-da-quimica/>. Acesso em: 3 set. 2018.

1 O texto menciona um método de separação de misturas abordado neste capítulo. Identifique qual é.

2 A mistura utilizada pelo alquimista era classificada em homogênea ou heterogênea? Justifique sua resposta.

Atividades

1. Observe a imagem da preparação de café a seguir.

Qual é a função do pedaço de papel onde a água é derramada sobre o café? Compare com um dos processos de separação apresentados neste capítulo.

2. Acidentes de derramamento de óleo no mar são extremamente agressivos ao ambiente. Um dos agravantes consiste na absorção do óleo pelas penas das aves. Para remediar a situação, utiliza-se uma técnica que consiste em passar um composto a base de ferro que adere ao óleo nas penas das aves. Em seguida, esse composto pode ser retirado com o auxílio de um ímã, arrastando até cerca de 98% do óleo das penas. Como se chama esse processo de separação?

3. Uma pessoa transportava, no porta-malas do carro, duas sacolas, uma com limões e outra com laranjas. Após pegar uma estrada muito sinuosa, verificou que as frutas se misturaram no porta-malas. Diante desse fato, que processo você recomendaria para separar novamente as frutas?

As imagens desta página não estão representadas na mesma proporção.

4. Atualmente, não se recomenda o uso de isopor nem seu descarte no ambiente, por causa do efeito poluente desse material. Em um almoxarifado, uma pessoa encontrou várias sacolas contendo pedaços muito pequenos de isopor misturados com areia. Ela recebeu a ordem de descartar o conteúdo dessas sacolas em uma área de jardim. Como essa pessoa pode separar a areia do isopor para descartá-lo no local indicado? O que deve ser feito com o isopor?

5. Observe a imagem a seguir e identifique quais são os estados físicos dos constituintes que estão sendo separados.

6. Uma das formas de limpar teclados de computador é usando jatos de ar. Observe a imagem baixo. Qual é o processo de separação utilizado? Que componentes estão sendo separados?

7. Quando uma pessoa prepara um bolo é comum peneirar a farinha de trigo e o açúcar. A esse processo dá-se o nome de peneiração. Explique o motivo para utilizar esse procedimento.

Caleidoscópio

Tratamento de água na história

Registros históricos demonstram o uso de técnicas de filtração e sedimentação para obtenção de água potável desde a Antiguidade, em diferentes culturas e regiões do mundo.

460 a.C. a 377 a.C.

Hipócrates, médico grego, criou um processo de purificação chamado "manga de Hipócrates". Consistia em um saco de pano pelo qual ele derramava a água depois que ela era fervida para reter os sedimentos que causavam mau gosto e mau cheiro. Algo parecido com um coador de café de tecido.

1450 a.C.

No túmulo de Amenophis II, Faraó do Egito, foi encontrada a ilustração de um dispositivo clarificador da água que era usado na época.

2900 a.C. a 2300 a.C.

Bacias de sedimentação – tanques para separação de impurezas sólidas da água – eram usadas na Grécia antiga entre aproximadamente 2900 a.C. a 2300 a.C.

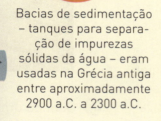

44

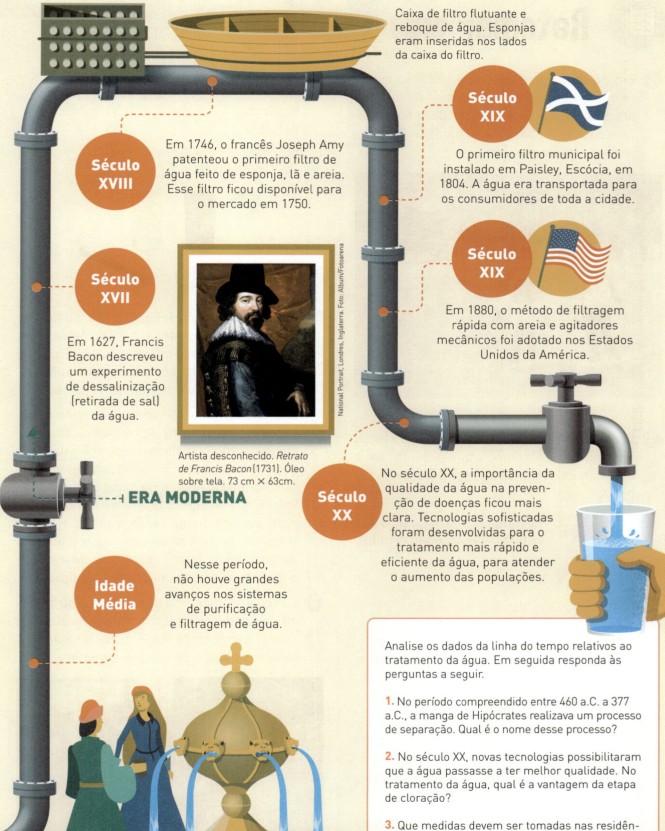

Caixa de filtro flutuante e reboque de água. Esponjas eram inseridas nos lados da caixa do filtro.

Século XVIII — Em 1746, o francês Joseph Amy patenteou o primeiro filtro de água feito de esponja, lã e areia. Esse filtro ficou disponível para o mercado em 1750.

Século XIX — O primeiro filtro municipal foi instalado em Paisley, Escócia, em 1804. A água era transportada para os consumidores de toda a cidade.

Século XVII — Em 1627, Francis Bacon descreveu um experimento de dessalinização (retirada de sal) da água.

Artista desconhecido. *Retrato de Francis Bacon* (1731). Óleo sobre tela. 73 cm × 63cm.

Século XIX — Em 1880, o método de filtragem rápida com areia e agitadores mecânicos foi adotado nos Estados Unidos da América.

ERA MODERNA

Século XX — No século XX, a importância da qualidade da água na prevenção de doenças ficou mais clara. Tecnologias sofisticadas foram desenvolvidas para o tratamento mais rápido e eficiente da água, para atender o aumento das populações.

Idade Média — Nesse período, não houve grandes avanços nos sistemas de purificação e filtragem de água.

Analise os dados da linha do tempo relativos ao tratamento da água. Em seguida responda às perguntas a seguir.

1. No período compreendido entre 460 a.C. a 377 a.C., a manga de Hipócrates realizava um processo de separação. Qual é o nome desse processo?

2. No século XX, novas tecnologias possibilitaram que a água passasse a ter melhor qualidade. No tratamento da água, qual é a vantagem da etapa de cloração?

3. Que medidas devem ser tomadas nas residências, nos locais onde a água fica armazenada, para manter a qualidade obtida pelo trabalho realizado nas estações de tratamento?

45

Retomar

As imagens desta página não estão representadas na mesma proporção.

1 Em países frios, parte da população espera ansiosamente a chegada do inverno para praticar patinação em lagos. Com base nos conceitos estudados nesta unidade, descreva como isso é possível.

Montreal (Canadá), 2017.

2 Considere a tabela a seguir na qual estão informadas as temperaturas de fusão e ebulição de algumas substâncias definidas por X, Y e Z.

Substância	Temperatura de fusão (ºC)	Temperatura de ebulição (ºC)
X	-30	-7
Y	-4	30
Z	45	107

Com base nas informações acima, responda às perguntas.

a) Qual substância está no estado gasoso à temperatura de 20 ºC?

b) Qual delas encontra-se no estado sólido à temperatura de 15 ºC?

c) Qual substância está no estado líquido à temperatura de 0 ºC?

3 Dada as densidades dos materiais na tabela a seguir, quais afundarão se colocados na água? Considere que a densidade da água é 1,0 g/cm³. Justifique sua resposta.

Material	Densidade (g/cm³)
vidro	2,60
madeira	0,50
petróleo	0,85
alumínio	2,70
óleo de cozinha	0,90

4 Vazamentos de gás de cozinha são muito perigosos e normalmente causam acidentes com vítimas devido a sua inflamabilidade. Explique o motivo pelo qual são adicionadas substâncias que dão cheiro desagradável ao gás.

5 O aspirador de pó é um equipamento muito utilizado em limpeza doméstica. O seu funcionamento consiste na aspiração da mistura de ar e materiais sólidos leves que se encontram no chão e na superfície dos móveis. Recomenda-se que após um determinado período de utilização, o material sólido recolhido no interior desse equipamento seja descartado de forma apropriada. Identifique o tipo de separação utilizada nesse processo.

6 Observe na imagem a seguir agente de limpeza utilizando uma técnica para limpar áreas, normalmente onde houve concentração elevada de pessoas, como *shows* e feiras.

As imagens desta página não estão representadas na mesma proporção.

Indique o processo de separação e a função do equipamento usado pelos agentes.

7 Uma das formas de eliminar grande parte das gorduras de alguns pratos da cozinha brasileira, como a rabada, é, após seu preparo, colocá-la na geladeira até ficar resfriada e depois retirar a gordura sólida que se acumula na superfície. Explique esse procedimento do ponto de vista científico.

8 Processos de separação são empregados para separar os componentes de uma mistura homogênea ou heterogênea. Que procedimento é recomendado para separar uma mistura na qual foram reunidos água, sal de cozinha (em pequena quantidade) e areia?

9 Observe as imagens a seguir e leia as respectivas legendas.

Preparo de tapioca.

Antes de cozinhar o feijão é necessário escolher os melhores grãos.

Quais são os métodos de separação de misturas utilizados nas imagens?

10 O sal é um ingrediente muito utilizado na cozinha. Supondo que, acidentalmente, 100 g de sal foram derramados em uma panela com óleo, o que deve ser feito para aproveitar o sal e evitar o desperdício do óleo?

11 Alguns postos de combustível comercializam ilegalmente combustíveis adulterados. Uma das formas de avaliar a qualidade da gasolina é pela medição de sua densidade. Explique por que essa medida é uma garantia da qualidade do combustível.

12 Ao medir a temperatura de ebulição de dois líquidos incolores, obteve-se o seguinte resultado:

Líquido A – 100 °C   Líquido B – 350 °C

Pode-se dizer que se trata da mesma substância?

47

Visualização

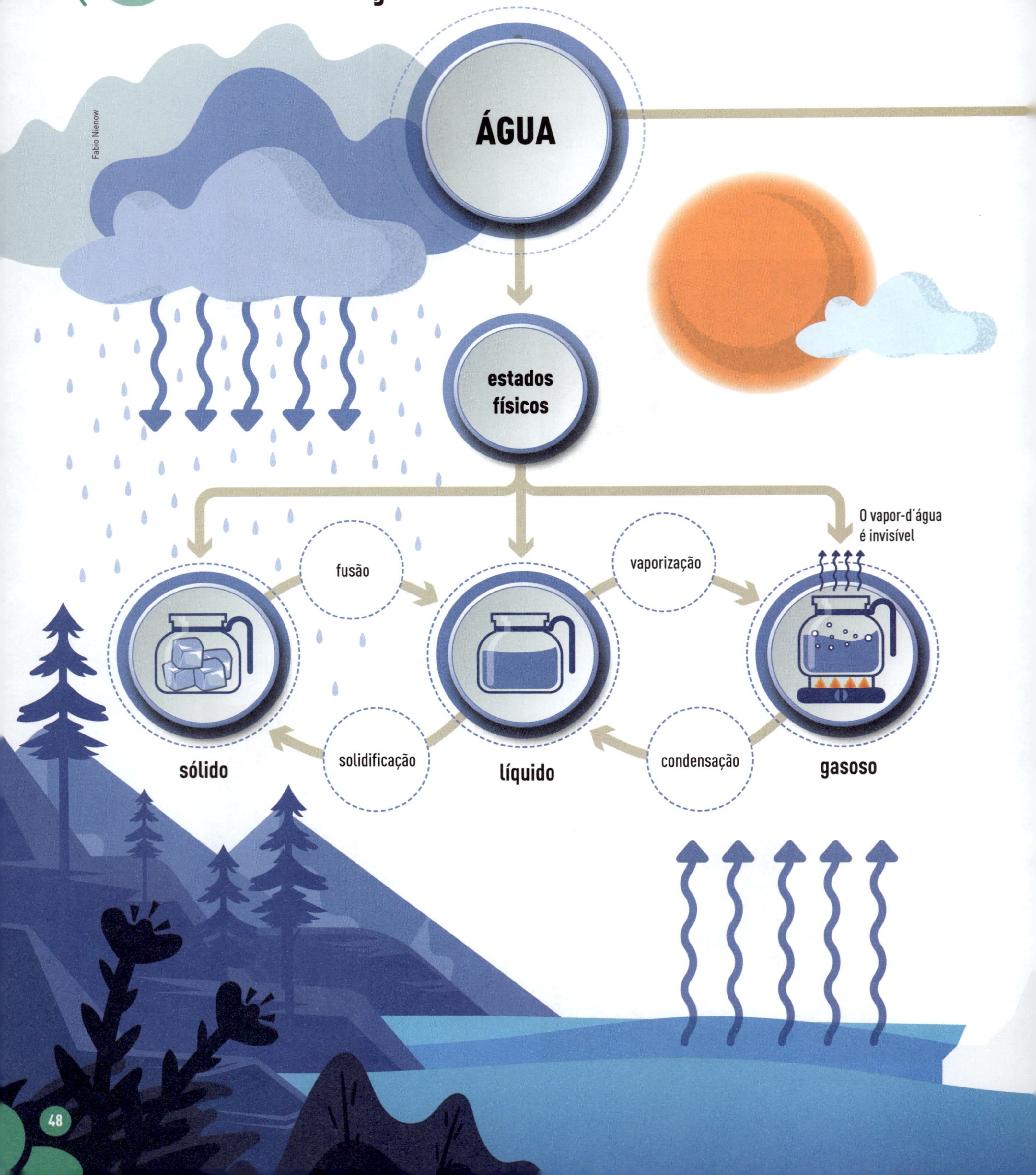

ÁGUA

estados
físicos

sólido — fusão → líquido — vaporização → gasoso

O vapor-d'água é invisível

solidificação

condensação

Fabio Nienow

48

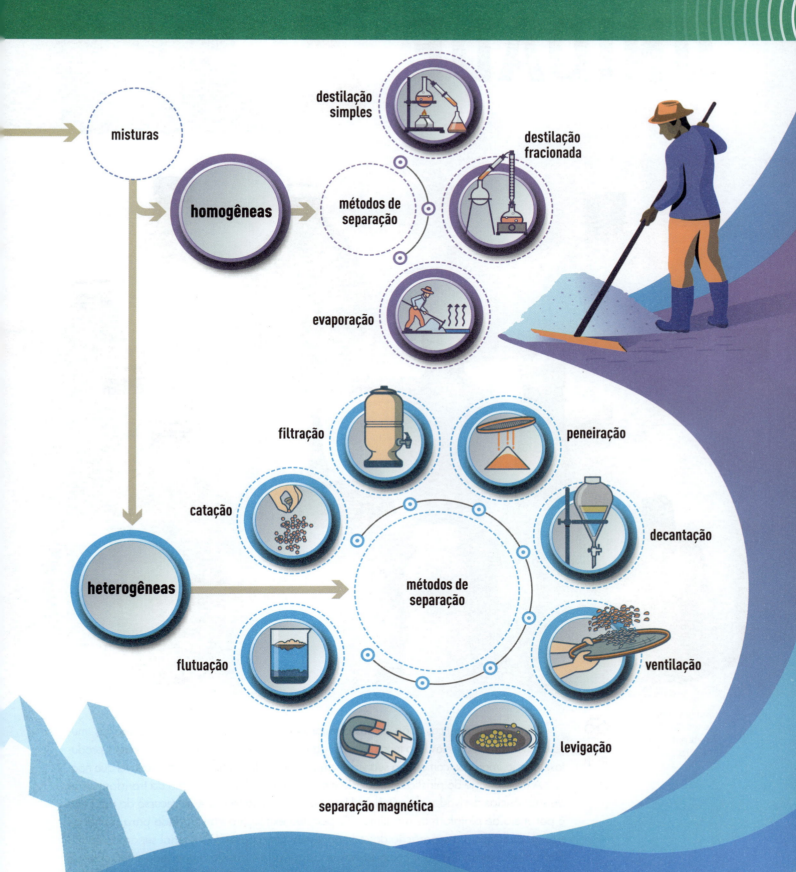

UNIDADE 2

Recipientes feitos de material plástico.

 Antever

Os materiais plásticos estão ao nosso redor, em supermercados, residências, escolas, museus e nas ruas. Com eles, são feitas sacolas, garrafas, canos, frascos e inúmeros outros produtos. Você já imaginou como seria sua vida sem os objetos de plástico? É bem provável que não.

A maior parte do plástico produzido e consumido é obtido por meio da transformação de substâncias derivadas do petróleo. Uma das formas de extrair esse recurso da natureza é por meio de plataformas marítimas. O petróleo extraído é transportado para refinarias nas quais se inicia a separação dos componentes. Uma parte do material separado é utilizada diretamente, caso dos combustíveis, e outra parte é transformada industrialmente em plástico, tinta, medicamento e outros produtos.

Um mundo de materiais

Plataforma marítima de extração de petróleo. Rio de Janeiro (RJ), 2015.

1 Você já ouviu falar em petróleo e sabe como ele foi formado?

2 Como surgem os materiais que não encontramos na natureza, como o plástico?

3 Os materiais produzidos pelo ser humano podem causar impacto ambiental? Justifique.

CAPÍTULO 4
Os materiais se transformam

O pão sofre transformações ao ser assado.

As imagens desta página não estão representadas na mesma proporção.

ZOOM

Você sabia que a tapioca e o beiju são alimentos de origem indígena? Pesquise esses dois produtos e redija um resumo contando sua origem, como são produzidos e curiosidades a respeito deles.

A tapioca e o beiju são feitos da mandioca.

O pão francês ou pão de sal é um alimento muito popular no Brasil e é consumido principalmente no café da manhã e em lanches. Feita basicamente de farinha, fermento, água e sal, a massa clara de pães é levada ao forno e, após alguns minutos, transforma-se em um pão de casca crocante e miolo macio e branco.

No Brasil, o consumo desse pão só se tornou popular no início do século XX, graças ao desenvolvimento de equipamentos como fornos a gás e elétricos. Antes disso, os brasileiros comiam produtos feitos à base de mandioca (beiju, farinha de mandioca, tapioca etc.).

Em capítulos anteriores, você viu que as misturas são formadas por duas ou mais substâncias e que podemos separar seus componentes por meio de diferentes métodos. No entanto, há casos em que a mistura de substâncias origina um produto com características distintas das iniciais.

Experimentar

A mistura de dois materiais pode produzir uma substância nova?

Material:
- bicarbonato de sódio;
- vinagre;
- funil;
- garrafa PET;
- balão de festa (bexiga);
- colher de sobremesa.

Procedimentos

1. Adicione vinagre, equivalente à altura de quatro dedos, na garrafa PET.
2. Com as mãos, estique o balão algumas vezes para que ele fique bem elástico.
3. Com o auxílio de um funil, coloque dentro do balão cerca de duas colheres de sobremesa de bicarbonato de sódio.
4. Prenda a borda do balão na boca da garrafa, como na imagem ao lado, sem deixar cair o bicarbonato de sódio dentro da garrafa.
5. Levante o balão de modo que todo o bicarbonato de sódio caia dentro da garrafa PET.
6. Observe o que ocorre e anote o resultado no caderno.
7. Mexa o líquido no interior da garrafa algumas vezes até não haver nenhuma alteração visível.

❶ O que ocorreu no interior da garrafa quando foi derramado o bicarbonato de sódio dentro dela?

❷ Por que o balão encheu?

Transformações da matéria

A origem da palavra **transformação** é latina e ela é usada para se referir a uma modificação que ocorre em algo ou alguém. Nos capítulos da unidade anterior, estudamos algumas transformações que ocorrem na natureza, como as mudanças de estado físico da água e a mistura de algumas substâncias.

De acordo com as características da transformação, podemos classificá-la em: **física** – quando não há formação de novas substâncias; e **química** – quando há formação de novas substâncias. Assim, a evaporação da água é um exemplo de transformação física e a formação de ferrugem é um exemplo de transformação química.

E a mistura de substâncias? É uma transformação química ou física?

Para responder a essa questão, é necessário analisar as substâncias presentes antes e depois da mistura. Por exemplo, a dissolução de sal de cozinha em água é um exemplo de transformação física, pois não se formam novas substâncias. Se fizermos uma destilação simples dessa mistura, obteremos as mesmas substâncias que foram misturadas. Já a dissolução de sal de frutas em água é um exemplo de transformação química. Nela, observa-se a efervescência, ou seja, a produção de inúmeras bolhas de gás. Essa substância gasosa, o gás carbônico, não estava nem no sal de frutas nem na água, ela foi produzida na transformação.

53

Transformações químicas

Muitos são os exemplos de substâncias que, misturadas, transformam-se em outras. No preparo de um bolo ou pão, é feita uma massa misturando-se farinha de trigo, manteiga, leite, ovos e outros ingredientes. Após o aquecimento dessa massa no forno, os materiais de partida se transformam em outro material: o bolo ou o pão.

As transformações químicas, também chamadas de **reações químicas**, estão presentes em nosso cotidiano. A fotossíntese, a respiração, o cozimento de alimentos, a queima de materiais, a formação de ferrugem, o amadurecimento das frutas são alguns dos muitos exemplos desse tipo de transformação.

As imagens desta página não estão representadas na mesma proporção.

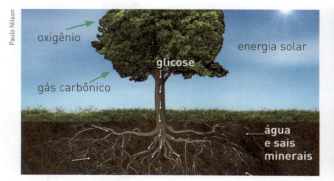

A fotossíntese, o cozimento de ovos, a queima do papel e a formação da ferrugem são exemplos de reações químicas.

Considere a transformação dos gases hidrogênio e oxigênio em vapor de água. Podemos representar graficamente essa reação química por:

gás oxigênio + gás hidrogênio → vapor de água

Note que, nesse tipo de representação, a seta indica o sentido da reação, ou seja, os gases oxigênio e hidrogênio reagem formando vapor de água. As substâncias que estão no início da transformação – no caso, os gases oxigênio e hidrogênio – são chamadas de **reagentes** e as resultantes são denominadas **produtos**.

zoom
Você sabia que pães e bolos podem ser produzidos com fermento biológico ou fermento químico? Quais as diferenças entre esses dois fermentos?
Pesquise na internet e em livros sobre o fermento biológico e o fermento químico e escreva um texto no formato de verbete enciclopédico.

REAGENTES —transformam-se em→ PRODUTOS

Indícios de uma transformação química

Nem sempre é fácil identificar que uma transformação química está ocorrendo. Em algumas transformações, no entanto, há sinais que podem nos ajudar a percebê-las. A liberação de gás, como foi observada no experimento do início do capítulo, é um exemplo que pode evidenciar uma reação química. Além da produção de gás, destacamos outros indícios de transformação química a seguir.

- **Alteração de cor** – exemplos: amadurecimento das frutas e descoloração de tecidos coloridos por água sanitária.

O tomate muda de cor ao amadurecer, indo do verde ao vermelho.

As imagens desta página não estão representadas na mesma proporção.

- **Alteração de odor** – exemplo: apodrecimento de alimentos.

Quando um alimento apodrece, produz substâncias que são percebidas por nosso olfato.

- **Liberação de calor** – exemplo: queima de papel e de combustíveis automotivos.

A queima de papel libera gás carbônico.

- **Formação de sólido insolúvel** – exemplos: as estalactites e as estalagmites nas cavernas são exemplos de reação em que é formado um produto insolúvel ao longo do tempo.

Estalactites e estalagmites na Gruta da Torrinha, no Parque Nacional da Chapada Diamantina. Iraquara (BA), 2018.

A mistura de duas soluções distintas e incolores pode resultar na formação de um sólido insolúvel.

Note que todas essas evidências são percebidas pelos sentidos: visão, olfato e tato. Mas, atenção, nunca identifique materiais desconhecidos pelo cheiro, tato ou sabor.

Observar

Ferrugem

É possível impedir uma transformação química? Como você faria para retardar a formação de ferrugem em um objeto de ferro?

Considere que dois pregos de ferro idênticos foram colocados em recipientes separados, cada um contendo uma substância diferente: água ou óleo. A sequência de etapas abaixo indica os passos que um aluno seguiu para estudar a formação de ferrugem. Leia com atenção as etapas, observe as imagens obtidas por ele e, em seguida, responda às questões.

Material:
- água;
- óleo de cozinha;
- dois frascos transparentes e idênticos;
- dois pregos de ferro iguais;
- dois pedaços de barbante.

Atenção!
Cuidado ao manusear pregos.

Imagens do experimento no primeiro dia.

Procedimentos

1. Preencha metade do volume de um dos frascos com água.
2. Preencha metade do volume do outro frasco com óleo de cozinha.
3. Amarre a "cabeça" de cada prego com um pedaço de barbante.
4. Com cuidado, introduza um dos pregos no frasco com água e segure a extremidade do barbante para evitar que o prego fique no fundo do recipiente. Em seguida, tampe o frasco.
5. Repita o procedimento com o outro prego introduzindo-o no frasco com óleo de cozinha.

Imagens do experimento após uma semana.

Após observar as imagens, o aluno anotou as características do prego em cada recipiente (brilho, cor e aparência) e deixou em repouso os pregos nos frascos por uma semana. Após esse período, observou e anotou as alterações de cada prego no respectivo recipiente.

Responda às questões a seguir.

1. Formou-se ferrugem nos pregos? Como você chegou a essa conclusão?
2. O que é necessário para que um objeto de ferro enferruje? Discuta com os colegas e, depois, com o professor.
3. Você já deve ter percebido que, quando a pintura de uma grade de ferro é danificada, ocorre ferrugem. Com base no que observou no experimento, explique por que a pintura de uma grade de ferro evita que ela enferruje.
4. Com base no que você observou a respeito do comportamento do prego no óleo, pesquise a conservação de alimentos mergulhados em gordura e escreva um resumo das informações coletadas.

Saúde em foco

O perigo de comer alimentos estragados

Imagine que você esqueceu uma fatia de pão de fôrma no armário ou deixou um iogurte muitos dias na geladeira. Em pouco tempo, esses alimentos podem apresentar em sua superfície uma espécie de "penugem" verde (na maioria dos casos) e com cheiro ruim. Trata-se do conhecido mofo, ou bolor, como também é chamado.

Os bolores nada mais são do que uma concentração muito grande de fungos, organismos decompositores presentes em qualquer lugar em que haja matéria orgânica disponível, como restos de plantas ou animais mortos.

Pão de fôrma mofado.

Assim, a tal "penugem" que vemos no alimento mofado são as hifas, ou seja, as estruturas em forma de fios que compõem o corpo dos fungos.

De acordo com o biomédico Roberto Martins Figueiredo, conhecido como Dr. Bactéria, o fungo, por si só, não é prejudicial, "mas alguns tipos produzem micotoxinas (substâncias tóxicas) que causam desde intoxicações alimentares até câncer do sistema hepático", explica.

Como existem milhares de tipos de bolor conhecidos, fica difícil saber se o desenvolvido em determinado alimento fará mal à saúde. Então, na dúvida, o melhor é não consumir o pão, a fruta, o iogurte ou qualquer outra comida com aquele aspecto mofado.

Mas e se eu retirar a parte do alimento com bolor?

Segundo a pesquisadora Rosely Piccolo Grandi, do Núcleo de Pesquisa em Micologia do Instituto de Botânica de São Paulo, o recomendado é descartar qualquer alimento. "As estruturas dos fungos são microscópicas e não é possível saber se tudo foi eliminado. As que permanecerem no alimento podem causar problemas", diz.
[...]

Torrar o pão elimina o mofo?

Em muitos casos, a alta temperatura pode matar o fungo, mas mesmo assim não se recomenda consumir o alimento, já que as estruturas de reprodução do fungo, conhecidas como esporos, ainda podem permanecer no alimento.

Todo bolor tem tom esverdeado?

Nem todo mofo é verde. Eles também podem ter tons de azul, cinza, marrom, laranja e outras cores. Elas variam de acordo com o tipo de fungo que está se desenvolvendo. Geralmente, a cor verde ou seus tons (acinzentado ou azulado) indicam a presença das estruturas de reprodução dos fungos (esporos).

Fungos do bem

Mas nem todos os alimentos mofados podem ser considerados maléficos ao nosso organismo. Desde muito tempo, os fungos são utilizados na preparação de queijos (lembra do gorgonzola?), certos tipos de salame e bebidas fermentadas. E por que não fazem mal? "Nesses casos, a utilização dos fungos é bem controlada e os tipos de fungos usados são bem conhecidos", explica Rosely.

Cintia Baio. Clique Ciência: É perigoso para a saúde comer... Uol, 19 jan. 2016. Disponível em: <https://noticias.uol.com.br/ciencia/ultimas-noticias/redacao/2016/01/19/clique-ciencia-e-perigoso-para-a-saude-comer-alimentos-mofados.htm>. Acesso em: 17 set. 2018.

---

1 O que causa o bolor nos alimentos? *no caderno*

2 É perigoso comer alimentos com bolor? Justifique.

Combustão

A queima de papel e de lenha, a chama produzida na boca de um fogão ou em uma vela: o que essas reações têm em comum?

Todas essas transformações químicas são exemplos de reação de combustão ou simplesmente **combustão**. Para que ela ocorra, é necessário calor e o contato de dois reagentes: o **combustível**, ou seja, a substância que entra em combustão, e o **comburente**, que geralmente é o gás oxigênio.

Os produtos de uma reação de combustão podem ser os mais diversos e dependem dos reagentes. Por exemplo, a queima da gasolina ou da lenha produz gás carbônico e vapor-d'água, além de outros produtos.

As reações de combustão são importantes em nossa sociedade e são utilizadas nas residências (para o cozimento de alimentos); no transporte de pessoas, animais e cargas; na geração de energia elétrica (o calor liberado na queima de combustível é transformado em energia elétrica), na fundição de metais etc.

Ônibus movido a gasolina. Belém (PA), 2018.

O gás de cozinha é um combustível para cozimento de alimentos.

A queima de combustíveis fósseis, como gasolina e diesel, libera substâncias tóxicas que poluem o ar e podem causar sérios riscos à saúde.

As imagens desta página não estão representadas na mesma proporção.

A queima de combustíveis pelos veículos produz fuligem e outros poluentes. Rio de Janeiro (RJ), 2015.

As reações químicas no dia a dia

Além das reações de combustão, há inúmeras transformações químicas ocorrendo em nosso dia a dia; muitas delas, de forma natural e outras, decorrentes da ação dos seres humanos, por exemplo, para obter os diversos tipos de produtos que utilizamos. São chamadas de reações naturais aquelas que ocorrem independentemente da ação voluntária dos seres humanos, como o amadurecimento das frutas, a formação de ferrugem, a queima natural de uma árvore quando atingida por um raio, a queima de uma floresta pela ação das lavas de um vulcão e a fotossíntese das plantas.

Árvores podem pegar fogo ao serem atingidas por raios.

Grandes áreas florestais podem ser queimadas pela passagem da lava de um vulcão. Havaí (Estados Unidos), 2018.

Há reações, entretanto, que não ocorrem naturalmente. Elas são feitas em laboratórios, indústrias ou até mesmo em residências e ocorrem pela intervenção dos seres humanos. Por exemplo, podemos identificar e quantificar determinadas substâncias em laboratório mediante reações químicas. Nas indústrias, as reações químicas são responsáveis pela produção dos mais variados materiais que encontramos a nosso redor, como plásticos, objetos metálicos, tecidos, produtos de limpeza etc.

De acordo com a origem e a composição dos materiais, podemos classificá-los em **naturais**, aqueles que são produzidos na natureza, e **sintéticos**, aqueles que são produzidos pelo ser humano. A borracha natural, por exemplo, é um material feito do látex extraído de seringueiras. Já a borracha sintética é obtida, geralmente, de reações químicas envolvendo derivados do petróleo.

As imagens desta página não estão representadas na mesma proporção.

O látex é recolhido da seringueira. Pneus de veículos são produzidos com borracha sintética.

Indústrias químicas e produção de materiais sintéticos são características relacionadas diretamente ao avanço tecnológico de um país. Muitos materiais são considerados marcos na história da indústria, como a produção de amônia e ácido nítrico (utilizados em explosivos e fertilizantes), a descoberta de plásticos sintéticos, a produção de medicamentos e corantes, o desenvolvimento de novos materiais (fibras de carbono e supercondutores). Todas as novidades tecnológicas da sociedade de consumo envolvem essencialmente a indústria química.

A extração e o processamento de metais, materiais presentes em quase todos os segmentos da sociedade (construção civil, saúde, transporte, entre outros), também ocorrem por meio de reações químicas.

Produção de lingotes circulares a partir do ferro fundido.

De olho no legado

Início da história dos metais no Brasil

A trajetória do conhecimento e das realizações no campo dos metais ao longo de cinco séculos da história do Brasil

[...] Já na carta de Pero Vaz de Caminha ao rei D. Manuel pode-se notar um forte interesse e uma certa obsessão pelo ferro, a prata e o ouro. Falava-se muito nos metais e era grande a expectativa de que os nativos pudessem revelar a localização geográfica de alguma fonte de riquezas. A nova terra descoberta por Portugal era, sem dúvida, uma grande promessa e, como acontecia na época, o propósito inicial não era ocupá-la, mas, sim, extrair tudo o que fosse rentável e comercializar o que interessasse com os nativos aqui encontrados. [...]

A expedição de Martim Afonso de Souza, em janeiro de 1532, desembarcou na barra do Tumiaru, nas praias de São Vicente, iniciando a ocupação do solo descoberto. Entre os tripulantes vinha Bartolomeu Gonçalves, ferreiro contratado por um prazo de dois anos pela Corte [...]. Sua presença nessa expedição tinha o propósito de atender as necessidades de obras utilizando ferro na armada e no auxílio aos seus integrantes, nesse primeiro momento de ocupação do solo brasileiro. Esse trabalho era feito empregando o ferro originário da Europa, pois ainda não se tinha notícia da existência desse ou de qualquer outro metal nas terras descobertas. [...]

Mas quem primeiro teria trabalhado no processamento da redução de minério de ferro teria sido Afonso Sardinha. Ele descobriu, em 1589, minério magnético (magnetita) no morro de Araçoiaba, na atual região de Sorocaba, no interior de São Paulo. Esse, sim, teria sido o primeiro estabelecimento montanístico da colônia. Para explorar esse metal, aproximadamente um ano depois, Afonso Sardinha instalou nas proximidades do morro uma forja e dois fornos rústicos para a produção de ferro a partir da redução de minério. Essa forja foi a primeira fábrica de ferro de que se teve notícia no Brasil.

[...]

Em 1590, ano em que Sardinha instalava a primeira fábrica de ferro, circulou a primeira notícia oficial da descoberta de ouro em terras de São Paulo. Em 1597, Portugal enviou alguns mineiros para coletarem três tipos de metal que já se sabia existir no Brasil: ferro, ouro e prata. A partir dessa ordem, foi autorizada a construção de duas pequenas forjas nos arredores de Ipanema, na região de Sorocaba, mantidas em atividade com sucesso razoável até 1629, quando foram definitivamente encerradas. Só no começo do século XIX essas forjas foram reativadas dando início oficialmente às atividades siderúrgicas no Brasil.

500 anos da metalurgia no Brasil – a trajetória do conhecimento e das realizações no campo dos metais ao longo de cinco séculos da história do Brasil. Museu das Minas e do Metal. Disponível em: <www.mmgerdau.org.br/museu-expandido/500-anos-da-metalurgia-no-brasil-a-trajetoria-do-conhecimento-e-das-realizacoes-no-campo-dos-metais-ao-longo-de-cinco-seculos-da-historia-do-brasil>. Acesso em: 11 set. 2018.

Discuta com os colegas estas questões:

1. De acordo com o texto, qual era o interesse inicial dos portugueses na nova terra?

2. Você acha que a extração de ferro e outros metais da natureza causa impactos ambientais? Justifique sua resposta.

Atividades

1. Como podemos ter certeza se, na reunião de duas substâncias, ocorreu uma reação química e não a formação de uma mistura?

2. Que indícios mostram a ocorrência de uma reação química?

3. Indique se, em cada processo, há exclusivamente formação de uma mistura ou se também ocorre uma reação química.

   a) Salada de frutas deixada durante dias fora da geladeira.

   b) Sal dissolvido na água.

   c) Ar e álcool queimando no motor de um carro.

   d) Adição de sal de cozinha na areia.

   e) Adição de azeite e vinagre em uma salada.

   f) Lã de aço, usada para limpar panelas, úmida e exposta ao ar durante alguns dias.

4. Indique como você faria para separar os componentes das misturas da questão 3 que não reagiram.

5. Considerando as ações da questão 3 que resultaram em reações químicas, aponte a evidência da reação em cada caso.

6. Uma reação química envolve a presença de reagentes e produtos. Os reagentes são os materiais de partida, enquanto os produtos são os materiais originados da transformação dos reagentes. Como são chamados os reagentes em uma indústria química?

7. Leia o texto a seguir e responda o que se pede.

   Apesar de ônibus e caminhões movidos a diesel serem apenas 5% do total de veículos que circulam em São Paulo, eles são responsáveis pela emissão de 47% da fuligem causada pelo trânsito – bem como de outras substâncias igualmente prejudiciais à saúde.

   [...]

   Além da fuligem, "nós identificamos que compostos cancerígenos como benzeno, tolueno e o *black carbon* são emitidos em mais de 50% pelos ônibus a diesel", diz Artaxo.

   Segundo os pesquisadores, com a redução dos poluentes emitidos por ônibus e caminhões, o nível total de poluição na Grande São Paulo pode cair de 35% a 40%. Essa redução pode ter impacto direto no número de habitantes da região com problemas respiratórios.

   Para Artaxo, a solução mais barata seria colocar filtros nos escapamentos dos veículos a diesel que circulam na cidade. [...]

   Ananda Apple e Priscila Asche. Ônibus e caminhões a diesel são responsáveis por quase metade da poluição do ar de SP, diz estudo da USP. G1, 17 jul. 2018. Disponível em: <https://g1.globo.com/sp/sao-paulo/noticia/onibus-e-caminhoes-a-diesel-sao-responsaveis-por-quase-metade-da-poluicao-do-ar-de-sp-diz-estudo-da-usp.ghtml>. Acesso em: 11 set. 2018.

   a) Parte da fuligem do trânsito em São Paulo é proveniente de uma reação química que ocorre em ônibus e caminhões. Que transformação química é essa e quais são os reagentes dela?

   b) De acordo com o texto, como poderíamos reduzir a poluição emitida por veículos movidos a diesel? Além da solução indicada no texto, há outras ações possíveis? Se necessário, pesquise em livros e *sites*.

8. Pesquise a respeito do perigo de acender uma lâmpada em locais em que há vazamento de gás. Quais são as consequências?

9. A imagem abaixo mostra um organismo bioluminescente, ou seja, um ser vivo que emite luz. Esse fenômeno, comum na natureza, ocorre em diversos organismos.

Neonothopanus gardneri, cogumelo brasileiro.

   a) Além do cogumelo mostrado na foto, você conhece outro ser vivo que emite luz? Se sim, qual?

   b) Pesquise em livros e *sites* informações sobre animais bioluminescentes e escreva um resumo explicando como acontece esse fenômeno e para que a luz é utilizada.

61

CAPÍTULO 5
Materiais sintéticos

As reações químicas são de grande importância na produção dos mais variados materiais que usamos no dia a dia. Observe alguns objetos em sua residência. Quais deles são feitos de materiais naturais e quais são fabricados com materiais sintéticos?

Se você observar também na escola, verá que inúmeros materiais ao seu redor são sintéticos. O plástico da sua caneta, a tinta dela, a tinta das paredes, o cimento, os azulejos, o detergente, as estruturas metálicas, o vidro, os remédios etc. Enfim, quase tudo é produzido pela ação do ser humano.

É bem provável que a maioria dos materiais sintéticos que você observou tenha sido produzida em indústrias. Você sabe se em sua região há alguma indústria? Em caso positivo, o que ela produz?

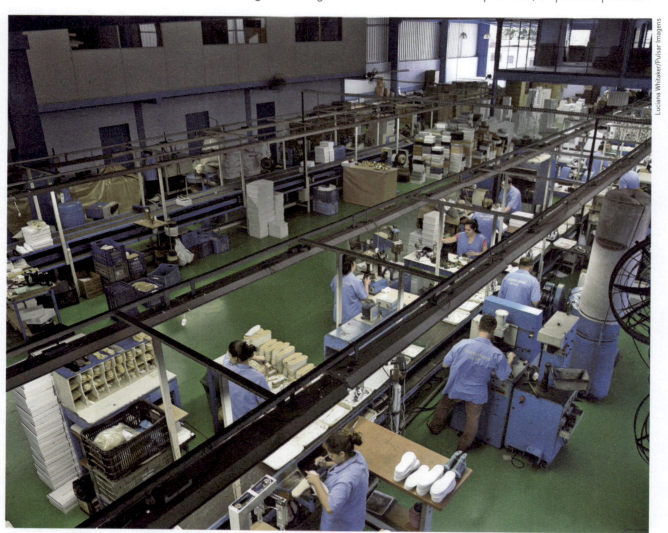

Fábrica de calçados em Novo Hamburgo (RS), 2016.

Neste capítulo, iremos estudar algumas indústrias e os materiais produzidos por elas.

A indústria química

O marco inicial da produção de materiais em larga escala foi a Revolução Industrial, no século XIX. Nessa época surgiu a **indústria química**, que tinha dois objetivos: a descoberta de novos materiais, por meio de testes realizados em laboratório, e de processos que possibilitassem produzi-los em escala industrial.

Inicialmente, as substâncias produzidas em larga escala foram o ácido sulfúrico e o carbonato de sódio, conhecido como soda. Essas substâncias eram utilizadas na produção industrial de tecido, sabão, vidro, ferro e aço. Posteriormente, as indústrias químicas passaram a produzir uma infinidade de materiais, como corantes, fertilizantes, borracha, entre outros.

Um dos grandes legados desse período foram as descobertas e concepções de novos métodos de produção para serem utilizados em diversas áreas. Na segunda metade do século XIX, muitas fábricas e indústrias proliferaram pela Europa, constituindo um novo campo científico e de pesquisas.

A indústria química é responsável pela descoberta e utilização de diversas substâncias e materiais.

zoom

Você sabia que somente os materiais em que ocorre transformação química da matéria, ou seja, em que novas substâncias são formadas, são produzidos pela chamada indústria química? Os demais são produzidos por outros tipos de indústria e em fábricas. Por exemplo, uma fábrica de móveis não faz transformações químicas e, portanto, não é uma indústria química. Outra curiosidade é que as indústrias de processamento de alimentos não são classificadas como indústrias químicas, embora nelas possam ocorrer transformações químicas.

A indústria farmacêutica

Até o começo do século XIX, grande parte dos medicamentos era natural, ou seja, proveniente de materiais encontrados na natureza, como extratos de plantas. O conhecimento que se tinha era restrito, normalmente, às misturas utilizadas para curar as enfermidades e não às substâncias presentes que traziam benefícios ao corpo. Por exemplo, há mais de 2 mil anos, na Grécia, era comum utilizar o extrato de folhas de salgueiro para alívio das dores. No entanto, o isolamento da substância responsável por esse efeito, a salicilina, só foi possível muito tempo depois, em 1829.

Desde os tempos mais remotos, os seres humanos já utilizavam diferentes materiais (água, argila, ervas, sais, pedras etc.) como formas de tratamento ou cura de algumas doenças. No Egito, por exemplo, foram encontrados documentos datados de aproximadamente 1550 a.C. que descrevem tratamentos médicos e terapêuticos.

Com o desenvolvimento tecnológico e do conhecimento sobre a matéria e sua composição, foi possível sintetizar substâncias encontradas na natureza, como derivados de salicilato, e produzir novas substâncias (artificiais).

Papiro de Edwin Smith, um dos documentos mais antigos encontrados sobre casos clínicos, diagnósticos e tratamentos.

De olho no legado

Revolução Industrial no Brasil

Leia o texto a seguir.

Início da revolução brasileira

Apenas no fim do século XIX e início do século XX [...] o Brasil começou a aderir à Revolução Industrial e sua forma de produção. Os cafeicultores de São Paulo haviam investido grandes quantias financeiras em seus negócios, mas com a crise do café precisaram de uma segunda opção para investir, e assim foram os precursores do investimento no setor industrial do Brasil.

Foram criadas então indústrias de pequeno e médio porte, cujas atividades principais comumente eram as de processamento alimentício e produção de tecidos. São Paulo era o grande polo industrial do país, que havia se espalhado principalmente pela região Sudeste.

Incentivo nacional

Já no governo Vargas, em meados de 1940, o Estado passou a patrocinar um grande incentivo para que se fossem criadas empresas estatais brasileiras. Elas precisavam de investimento grandioso, pois atuavam em setores pesados. Entre algumas das muitas empresas que tiveram início neste momento, podemos citar:

- Companhia Vale do Rio Doce – atuante no campo de mineração, foi criada em 1942;
- Companhia Siderúrgica Nacional (CSN) – atuante na área de siderurgia, foi criada em 1940;
- Fábrica Nacional de Álcalis – atuante no setor químico, foi criada em 1943;
- Fábrica Nacional de Motores – atuante na área de mecânica pesada, foi criada em 1943.

Revolução Industrial no Brasil. Estudo Prático. Disponível em: <www.estudopratico.com.br/revolucao-industrial-no-brasil>. Acesso em: 14 set. 2018.

Obras de construção da Companhia Siderúrgica Nacional, em Volta Redonda (RJ), 1941.

Fábrica Nacional de Álcalis, em Cabo Frio (RJ), 1969.

Com relação ao texto lido, faça o que se pede.

1. Quanto à atuação essencialmente na área de transformações químicas, dentre as empresas citadas, destacam-se a Companhia Siderúrgica Nacional e a Fábrica Nacional de Álcalis (também conhecida como Companhia Nacional de Álcalis). Faça uma pesquisa sobre elas, verificando se ainda estão em funcionamento, os materiais produzidos etc. Selecione fotos dessas empresas e compartilhe o material pesquisado com os colegas.

Além das indústrias química e de alimentos, você conhece outros tipos de indústria? Em caso positivo, que materiais são produzidos por elas?

Saúde em foco

Fleming e a penicilina

Você já ouviu falar em Alexander Fleming?
Leia o texto a seguir, que fala da descoberta de um medicamento muito importante até os dias atuais.

A descoberta

Alexander Fleming foi o cientista que descobriu a penicilina. A descoberta aconteceu em 1928, enquanto o pesquisador trabalhava num hospital de Londres, na Inglaterra, em busca de uma substância que pudesse ser usada no combate a infecções bacterianas (causadas por bactérias). Fleming havia trabalhado como médico em hospitais militares durante a Primeira Guerra Mundial e, por isso, sabia o quanto era urgente produzir esse medicamento.

Alexander Fleming (1881-1955).

Em suas pesquisas, Fleming fazia o que os cientistas chamam de cultura, ou seja, colocava bactérias numa placa cheia de nutrientes, em condições ideais para elas crescerem e se multiplicarem, a fim de poder observá-las. Um dia, o pesquisador saiu de férias e esqueceu, em cima da mesa no laboratório, placas de cultura de uma bactéria responsável, na época, por graves infecções no corpo humano: a *Staphylococcus aureus*. Ao retornar, semanas depois, percebeu que algumas dessas placas estavam contaminadas com mofo, algo bastante comum.

Fleming estava prestes a lavar as placas, quando Merlin Pryce, seu antigo assistente, entrou no laboratório e lhe perguntou como iam suas pesquisas. Fleming apanhou novamente as placas para explicar alguns detalhes e então percebeu que, em uma das placas, havia uma área transparente ao redor do mofo, indicando que não havia bactérias naquela região. Aparentemente, o fungo que tinha causado o mofo estava secretando uma substância que matava as bactérias.

Fungo da penicilina.

Fleming identificou esse fungo como *Penicillium notatum* e, por isso, chamou a substância produzida por ele de penicilina. Posteriormente, descobriu-se que a penicilina matava também outros tipos de bactérias, e o melhor: ela não era tóxica para o corpo humano, o que significava que poderia ser usada como medicamento.

Produção em larga escala

Devido às dificuldades de se produzir penicilina em quantidade suficiente para ser usada no tratamento de pacientes, inicialmente, a descoberta de Fleming não despertou maior interesse na comunidade científica. Foi somente com a eclosão da Segunda Guerra Mundial, em 1939, que dois cientistas, Howard Florey e Ernst Chain, retomaram as pesquisas e conseguiram produzir penicilina com fins terapêuticos em escala industrial. Assim, estava inaugurada uma nova era para a medicina – a era dos antibióticos. Por suas pesquisas, Fleming, Florey e Chain receberam, em 1945, o Prêmio Nobel de Medicina. Durante algum tempo, acreditou-se que os antibióticos decretariam o fim das mortes humanas provocadas por infecções bacterianas. Entretanto, atualmente, sabe-se que, de tempos em tempos, surgem novas bactérias resistentes aos antibióticos e, assim, esses medicamentos perdem o efeito.

O uso indiscriminado de antibióticos, tanto por médicos quanto por pacientes, contribuiu, em muito, para o aparecimento de bactérias super-resistentes. Os erros mais comuns que as pessoas cometem são tomar antibióticos para doenças não bacterianas, como a maior parte das infecções de garganta, gripes ou diarreias, e interromper o tratamento antes do prazo recomendado pelo médico.

Maria Ramos. É um milagre!. Invivo: Fio Cruz, maio 2006. Disponível em: <www.invivo.fiocruz.br/cgi/cgilua.exe/sys/start.htm?sid=7&infoid=811>. Acesso em: 12 set. 2018.

1. De acordo com o texto, qual foi o principal motivo para o surgimento de bactérias super-resistentes a antibióticos?

2. A automedicação é, infelizmente, uma prática comum em nossa sociedade e a principal responsável pelos casos de intoxicação no Brasil. Em muitos desses casos, pode levar o indivíduo à morte. Reúna-se em grupo e, pesquisem as consequências que essa prática pode ter e incidentes causados por ela. Com as informações coletadas, reúnam-se com a turma em sala de aula e elaborem uma campanha para conscientizar as pessoas dos perigos da automedicação.

Extraindo substâncias

Como você faria para extrair substâncias das folhas de uma planta?

Material:

- dois copos de vidro;
- folhas verdes de boldo;
- água;
- colher de sobremesa;
- coador plástico para café;
- filtro de papel.

Procedimentos

1. Coloque água em um copo até um terço de seu volume.
2. Esmague com as mãos três folhas de boldo.
3. Mergulhe essas folhas na água contida no copo.
4. Mexa essa mistura com a colher por cerca de 10 minutos.
5. Coloque o filtro de papel dentro do coador de plástico, despeje nele a mistura e recolha o líquido filtrado no outro copo.

Responda às questões a seguir.

1. Qual é a cor da água após a filtração?
2. Qual é o motivo de a água filtrada apresentar coloração?
3. O procedimento que você realizou com as folhas de boldo é considerado uma reação química? Justifique sua resposta.
4. Há outras situações do cotidiano em que você observa a extração de componentes de plantas?

zoom

Você sabia que o *site* da Agência Nacional de Vigilância Sanitária (Anvisa) disponibiliza informações sobre produtos fitoterápicos, como advertências, indicações e orientações para o preparo?

As folhas de boldo, utilizadas na atividade experimental, são um exemplo de produto fitoterápico indicado para má digestão.

Mas, atenção! O consumo excessivo de chás ou a combinação com certos medicamentos pode representar um risco à saúde.

O surgimento de medicamentos genéricos impactou significativamente a qualidade de vida de boa parte da população, porque possibilitou o acesso a medicamentos a um preço mais baixo, viabilizando tratamentos que antes tinham um alto custo.

Você sabe o que é um medicamento genérico? Sua família utiliza medicamentos genéricos?

Saúde em foco

Medicamentos genéricos

O medicamento conhecido por genérico é aquele que possui os mesmos princípios ativos, na mesma dose e forma farmacêutica, e que também é administrado pela mesma via, com mesma posologia e indicação do medicamento de referência, apresentando eficácia compatível.

Qual a diferença entre remédio de referência, genérico e similar?

[...]

A guerra entre os três tipos de drogas ocorre há anos - até agora, os medicamentos de referência desfrutam da maior credibilidade. No entanto, para efeitos práticos, as três classes de droga têm os mesmos princípios ativos e podem ser usadas por qualquer pessoa, sem prejuízo ao tratamento, segundo a Agência Nacional de Vigilância Sanitária (Anvisa) e o Conselho Federal de Farmácia (CFF).

[...] O genérico virou política pública por aqui em 1999 com a publicação da Lei nº 9.787, criada para tornar tratamentos mais acessíveis à população de baixa renda. Em 2004, com o objetivo de assegurar o menor preço, a Anvisa publicou uma resolução que obriga os genéricos a custarem pelo menos 35% menos do que a medicação de referência.

A fórmula do genérico é a mesma do remédio original, com o mesmo princípio ativo, concentração e ação no organismo. A diferença é que não pode ter marca - a embalagem deve apresentar apenas o princípio ativo que está na fórmula, como Paracetamol ou Ácido acetilsalicílico, por exemplo. O efeito, contudo, é o mesmo: o genérico passa pelos mesmos testes de ação e eficácia, impostos pela Anvisa, que as drogas de referência.

[...] Referência por genérico ou similar, sim. Atualmente, você pode ir à farmácia com uma receita de medicamento de referência e pedir por um genérico ou similar (e vice-versa), sem qualquer prejuízo ao tratamento. "Os medicamentos similares devem ser bioequivalentes em relação aos seus respectivos medicamentos de referência", diz Hoefler, do Conselho Federal de Farmácia.

[...]

Qual a diferença entre remédio de referência, genérico e similar? O ESTADO DE S. PAULO. Disponível em: <https://emais.estadao.com.br/noticias/bem-estar,qual-a-diferenca-entre-remedio-de-referencia-generico-e-similar,70001711281>. Acesso em: 23 out. 2018.

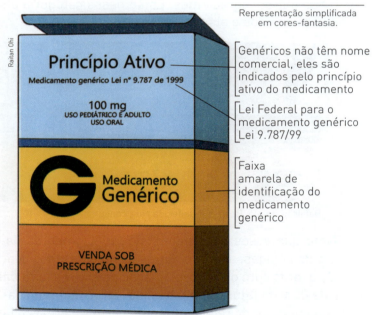

Ilustração da embalagem de um medicamento genérico com indicação das informações obrigatórias.

1. Pesquise em *sites* e livros o que é teste de bioequivalência e por que esse teste é importante.
2. O texto menciona que medicamentos genéricos contêm os mesmos princípios ativos de medicamentos de referência. O que você entende por princípio ativo?
3. Há alguma vantagem em se utilizar medicamentos genéricos? Justifique sua resposta.

Indústria de alimentos

Apesar de ocorrerem transformações químicas em indústrias alimentícias, elas não são consideradas indústrias químicas. A indústria de alimentos é dividida em vários segmentos. A seguir, destacamos alguns.

- **Indústria de alimentos frescos**: segmento que inclui a coleta, a fragmentação e a embalagem de alimentos frescos, como legumes e verduras.
- **Indústria de conservas**: segmento que transforma alimentos frescos em alimentos com maior durabilidade. Podem ser estocados e, muitas vezes, passam por processos de cozimento e adição de conservantes. Nesse grupo estão, principalmente, os enlatados.
- **Indústria de produtos-base**: segmento responsável pela produção de alimentos que são utilizados na composição de outros itens alimentícios. Por exemplo, o sal, o açúcar, a farinha, entre outros.
- **Indústria de alimentos prontos**: segmento que se destina à produção de alimentos prontos ou semiprontos para consumo, ou seja, que não necessitam da adição de outros ingredientes. Estão nessa categoria alimentos pré-cozidos e alguns congelados.

> **zoom**
> Onde sua família costuma comprar alimentos? Ela os adquire diretamente das áreas de produção, como fazendas, hortas e criadouros, ou em mercados e feiras livres?

Legumes e verduras embalados para venda.

Produtos enlatados para melhor conservação.

Refeição pronta. Basta ser aquecida para consumo.

Sacas de farinha de trigo utilizadas como matéria-prima em indústrias alimentícias.

Note que esses são apenas alguns segmentos da indústria alimentícia. Há inúmeros outros, como o de bebidas, além de outras formas de classificação.

De acordo com os dados da Associação Brasileira das Indústrias da Alimentação (Abia), em 2014, mais de 80% do faturamento das indústrias alimentícias corresponderam à venda de produtos utilizados no preparo de refeições, como carnes, cereais e laticínios, preparados em residências, restaurantes, lanchonetes ou empresas de alimentação.

As imagens desta página não estão representadas na mesma proporção.

Alimentos e má nutrição

Uma boa alimentação é condição fundamental para o desenvolvimento físico e mental adequados. Os nutrientes que ingerimos são utilizados para o funcionamento do nosso corpo e a falta de um nutriente, por exemplo, uma vitamina, pode levar a problemas de saúde.

Você acha que há falta de alimentos no Brasil? O que o governo poderia fazer para reduzir o número de pessoas que não têm acesso a alimentos?

Viver

Alimentos e Brasil

No Brasil, ao mesmo tempo em que, milhões de pessoas morrem vítimas da fome outras mergulham na abundância. Esta consideração nos faz pensar que, tanto uma situação como a outra, faz parte da ordem social, ou seja, da má distribuição de riquezas dentro do país. A diferença de renda entre os brasileiros é tão grandiosa que convivem lado a lado no mesmo espaço de nossas grandes cidades pessoas "famintas e desnutridas" e pessoas "fartas e obesas". Existem importantes relações nesta realidade conflitante que merecem ser pesquisadas, pois há um verdadeiro fosso entre os que nada tem e os que têm em excesso. Estas grandes diferenças acabam por caracterizar o Brasil como um país de contrastes: escassez e abundância, pobreza e riqueza, fome e gula.

A fome mata, e este é um fato que inúmeras pesquisas dão conta de explicar. A fome é uma condição pessoal dada pela extrema pobreza, os indivíduos não tem poder de escolha em relação a ela. Entretanto, os abusos e o excesso de alimentação e prejuízos a saúde dos indivíduos é uma situação que é passível de escolhas. Mas, o fato de existir a liberdade de escolha, no "que" comer e no "quanto" comer, não alivia os comportamentos indevidos. O exagero no consumo de determinados tipos de alimentos tem gerado um quadro preocupante na saúde pública mundial.

S. A. G. Ortigoza. Alimentação e saúde: as novas relações espaço-tempo e suas implicações nos hábitos de consumo de alimentos. *Revista Ra'e Ga*, Curitiba: Editora UFPR, n. 15, p. 83-93, 2008. Disponível em: <https://revistas.ufpr.br/raega/article/view/14247/9573>. Acesso em: 13 set. 2018.

Logo do Programa Fome Zero.

1. Após a leitura do texto e sob orientação do professor, reúna-se em grupo e, juntos, pesquisem projetos e ações governamentais para a erradicação da fome. Sugerimos os planos a seguir, mas vocês e o professor podem escolher outros.

   - Programa Fome Zero
   - Programa de Aquisição de Alimentos
   - Programa Nacional de Alimentação Escolar
   - Ações de distribuição de alimentos a grupos populacionais específicos

   Em seguida, elaborem um material com as informações pesquisadas. É importante que ele contemple: a explicação do programa ou ação, a data de implementação, o público-alvo, a quantidade de pessoas atendidas e outras informações que julgarem necessárias. Compartilhem com os colegas da turma o material elaborado.

A indústria petroquímica

O **petróleo** é uma mistura que se forma como resultado de transformações de restos de animais e plantas soterrados há milhões de anos.

Esses restos de matéria orgânica depositaram-se no fundo de lagos e mares e, com o passar do tempo, foram cobertos por camadas de terra, calcário e areia, que, por ação de pressão e calor, transformaram-se quimicamente. Ou seja, somente houve formação de petróleo em locais onde ocorreu esse processo de deposição – esse é um dos motivos para que o petróleo não seja encontrado em todo o planeta.

O petróleo é um líquido viscoso de coloração escura que contém muitas substâncias. Como ele se forma no subsolo, sua extração requer a perfuração do solo. Nas perfurações de poços de petróleo normalmente são encontradas outras misturas, como água salgada e gás combustível (conhecido como **gás natural**).

O petróleo extraído é enviado para as refinarias onde as várias frações que o compõem são separadas. Uma parte delas é encaminhada a indústrias químicas para a produção de novos materiais, como plásticos, borrachas, espumas, inseticidas, corantes, tintas, couro não natural, entre muitos outros.

Amostra de petróleo.

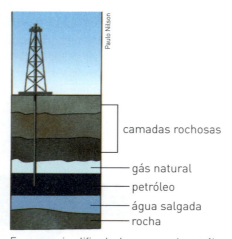

Esquema simplificado de um poço de petróleo.

O esquema está representado com cores-fantasia e as dimensões dos elementos não seguem a proporção real.

PRODUTOS OBTIDOS A PARTIR DO PETRÓLEO

Produtos obtidos a partir do petróleo.

Plásticos

No contexto dos derivados de petróleo, uma indústria de grande importância para a economia mundial é a de produção de plásticos. A maior parte deles tem como matéria-prima substâncias encontradas no petróleo. Em nossa sociedade é quase impossível nos depararmos com algum material comercializado que não contenha plástico, mesmo que seja apenas para servir de embalagem.

Neste momento, quantos materiais ao seu redor contêm plástico?

Pense na cozinha da sua casa. Do que é feito o copo do liquidificador, a lixeira, as embalagens de vários alimentos? E outros objetos comuns? Sua caneta, o pente, a escova de dentes, as armações de óculos, os copos descartáveis?

A quantidade e diversidade de produtos plásticos é tão grande que alguns historiadores consideram o momento atual como a "era dos plásticos". Praticamente não conseguimos viver sem eles nos dias atuais.

O uso desenfreado desses materiais pelo ser humano, bem como seu descarte inadequado no ambiente, ainda resulta em graves problemas ambientais. Como o plástico demora para se decompor na natureza (cerca de centenas de anos), eles têm se acumulado em lixões, aterros e oceanos.

zoom

Até quando teremos petróleo?

Essa é uma pergunta que muitas pessoas fazem. Não existe uma resposta exata, pois novas reservas são descobertas e há o desenvolvimento tecnológico, que possibilita extrações em camadas mais profundas da Terra. Mas uma coisa é certa: um dia ele vai se tornar escasso.

Se pararmos para pensar em sua origem, foram necessários milhões de anos para que restos de animais e vegetais fossem transformados nesse material. Estamos, no entanto, extraindo e consumindo cada vez mais petróleo. Lembre-se de que o petróleo é um **recurso natural não renovável**, ou seja, a natureza não será capaz de repô-lo na mesma escala de tempo em que ele é consumido.

Hoje, muitas pesquisas avançam no sentido de substituir, principalmente os combustíveis, por alternativas renováveis e menos poluentes. O Brasil, por exemplo, tem se destacado na produção dos biocombustíveis, como o etanol proveniente da cana-de-açúcar e o biodiesel derivado de óleos vegetais.

As imagens desta página não estão representadas na mesma proporção.

Diversos produtos feitos de plástico.

Grande parte dos produtos de limpeza é comercializada em embalagens de plástico.

Descarte de plásticos

As imagens desta página não estão representadas na mesma proporção.

Sem a coleta adequada e o reaproveitamento dos materiais plásticos, boa parte deles vai parar nas margens de corpo de água e são transportados até o mar.

O lixo plástico descartado inadequadamente se acumula em corpos de água. Praia da Baía de Guanabara, São Gonçalo (RJ), 2016.

Animais marinhos, como tartarugas-marinhas, peixes e aves, podem confundir esse "lixo" com alimento e ingeri-lo. Isso prejudica a saúde do animal e pode até matá-lo.

O que podemos fazer para reduzir o acúmulo desse tipo de material na natureza?

Uma das possibilidades (assunto que também será abordado no próximo capítulo) é a **reciclagem de materiais**. Os diversos materiais que contêm determinados tipos de plástico recebem um símbolo e um código internacional que permitem identificá-lo.

Essas informações são bastante úteis para a separação de cada tipo de plástico, o que possibilita melhor aproveitamento do material reciclável.

O lixo descartado no ambiente oferece diversos riscos aos animais. A cegonha tem em média 1 m de comprimento.

Código internacional de identificação de plásticos para reciclagem. Abaixo de cada código aparece a sigla que indica como são conhecidos esses plásticos.

Atividades

As imagens desta página não estão representadas na mesma proporção.

1 Observe as duas imagens a seguir, que retratam a produção de tecido de forma artesanal e industrial.

De acordo com seus conhecimentos, indique uma vantagem de se optar pela produção industrial em vez da produção artesanal, e uma vantagem da produção artesanal em relação à industrial.

2 Dentre os materiais a seguir, escreva no caderno os que são obtidos em indústrias químicas.

madeira   vidro   arroz   remédio
tinta de caneta   água mineral   plástico   conchas

3 As imagens a seguir mostram alimentos provenientes de indústrias alimentícias. Destaque aqueles em que houve uma transformação química ocasionada por processos industriais.

Maçãs.

Grão de bico.

Tomates.   Milho.

Pão de forma.

4 Quais são os principais combustíveis utilizados em veículos automotivos? Se necessário, pesquise em livros e *sites* para responder e indique qual deles contribui mais para a poluição atmosférica.

5 Considere as três classes de matéria a seguir:
- substância;
- mistura homogênea;
- mistura heterogênea.

Em que classe se encontram os derivados do refino do petróleo obtidos nas colunas de fracionamento? Justifique sua resposta.

6 Com relação ao petróleo, responda ao que se pede.
a) Por que o petróleo, apesar de natural, é considerado um recurso não renovável?
b) Como são formados os plásticos?

CAPÍTULO 6

A sociedade e seus materiais

Observe a imagem abaixo.
- Como você interpreta a situação apresentada?
- Que materiais estão representados? O descarte desse tipo de materiais é algo comum em seu cotidiano?

Converse com os colegas a respeito dessa situação.

O texto acima é uma charge. Esse texto geralmente retrata um acontecimento atual importante e traz uma visão irônica sobre ele, em estilo de ilustração que faz uma sátira por meio de uma caricatura de um ou mais personagens envolvidos.

O autor da charge faz uma crítica a um problema comum de nossa sociedade. O que ele critica?

Nessa imagem você vê computador, garrafas, artefatos de plástico, lâmpadas, pneus, sapatos e uma infinidade de objetos usados atualmente. Imagine um mundo sem aparelhos eletrônicos, sem as lâmpadas utilizadas na iluminação, sem o plástico de que são feitas as garrafas, sacolas e frascos e sem metal. Como seria um dia da vida humana nesse mundo?

Nos dois capítulos anteriores, você estudou as indústrias de transformação e o quanto elas são importantes para a produção de inúmeros materiais e objetos, como metais, alimentos, medicamentos e derivados do petróleo, por exemplo, o plástico.

A sociedade, em contínua transformação, consome cada vez mais materiais e se torna dependente de novos produtos, apresentados todos os dias. Você já imaginou viver sem toda essa tecnologia? O desenvolvimento científico e tecnológico que resulta em novos produtos pode causar algum desequilíbrio para a sociedade?

Um mundo de descobertas

As imagens desta página não estão representadas na mesma proporção.

Todos os materiais produzidos pelo ser humano, desde os mais básicos até os mais avançados tecnologicamente, tiveram ou têm importância para a sociedade e, em geral, trazem facilidades e/ou melhoram a qualidade de vida da população.

Pensando nisso, imagine dois objetos: o berrante e o celular. Qual é o mais importante?

Boiadeiro utiliza o berrante para conduzir o gado. Jateí (MS), 2010.

Celular moderno com vários recursos tecnológicos.

As imagens acima opõem dois objetos: um deles, muito rústico, é o berrante utilizado pelo boiadeiro para conduzir o gado; o outro, bem tecnológico, é um celular moderno com vários recursos.

Provavelmente você e grande parte das pessoas responderiam que o celular é um objeto mais importante do que o berrante, mas isso depende da necessidade de cada pessoa. Para o boiadeiro, o berrante certamente é mais importante para seu trabalho diário.

Dessa forma, as necessidades individuais e coletivas da população são determinantes no uso e avanço de novas tecnologias.

 **Viver**

Contrastes entre o campo e a cidade

Leia o texto a seguir, que mostra um contraste com a vida das pessoas que moram nos grandes centros urbanos.

[...]
O usufruto de suas terras (indígenas), segundo seus usos, costumes e tradições, implica a possibilidade de, sem restrições, utilizar os bens e recursos da área. Portanto, os indígenas podem fazer roça, aldeia, extrair lenha e alimentos para o uso da comunidade, sem qualquer restrição, porque restrições impostas administrativamente ou por lei implicariam inconstitucionalidade.
[...]

Carlos Frederico Marés de Souza Filho. ISA. Programa Povos indígenas no Brasil. Disponível em: <https://pib.socioambiental.org/pt/Atividades_econômicas>. Acesso em: 15 set. 2018.

1. Em grupo, discuta com os colegas a seguinte afirmação: "O uso de um objeto está atrelado às necessidades do indivíduo, ou seja, para uma pessoa que vive na cidade ou no meio rural, um arco e flecha tem pouco ou nenhum uso, da mesma forma que, para um indígena, um abridor elétrico de latas tem pouca ou nenhuma serventia".

2. As necessidades dos povos indígenas que vivem distantes de centros urbanos são bastante distintas das pessoas que moram nas grandes cidades. Aponte algumas delas.

Moradia

A sua moradia hoje é igual à de povos de antigamente?
Por que podemos habitar em um local por tanto tempo?

O ser humano pré-histórico não permanecia em um lugar por muito tempo, pois isso dependia principalmente da alimentação que a região poderia oferecer. Enquanto houvesse alimentos disponíveis no local, as pessoas ali ficavam. Quando vinha a escassez, eles migravam para outras regiões à procura de alimento. Para se protegerem da chuva, do sol e de animais perigosos, abrigavam-se em grutas ou cavernas.

Com o domínio do fogo, alguns avanços ocorreram, principalmente em relação à alimentação, pois os alimentos podiam ser cozidos, e houve aumento da capacidade de suportar climas frios, o que reduziu as mortes por esse motivo.

Ao longo do tempo, novos objetos surgiram e a caça tornou-se mais fácil e eficiente, pois foram criados artefatos cortantes, entre eles, o machado, as flechas e as lanças, com pedaços de rocha, ossos, madeira, chifres e marfim.

Com os recursos naturais sendo mais bem aproveitados, novas descobertas surgiram. Com o tempo, barro, pedras e madeira passaram a ser usados na construção de moradias, embora ainda rudimentares. Posteriormente, com o domínio da agricultura e a domesticação de animais, as comunidades começaram a se fixar. A construção de moradias foi, assim, fundamental para o ser humano deixar de ser nômade.

Detalhe de pinturas rupestres na Toca da Extrema. Presume-se que as pinturas rupestres e os grafismos gravados sobre os paredões areníticos, como os desta imagem, representam cenas do cotidiano dos povos que lá viveram. Parque Nacional da Serra da Capivara. São Raimundo Nonato (PI), 2015.

A imagem acima mostra pinturas existentes no sul do Piauí, produzidas no período **Paleolítico** em uma das zonas arqueológicas mais importantes do mundo. É o Parque Nacional da Serra da Capivara, onde são encontradas milhares de pinturas rupestres produzidas pelas pessoas que ali habitavam. Esse parque foi criado em 1979 e ali foram constituídos cerca de 700 sítios arqueológicos de até 12 mil anos; cerca de 180 sítios são abertos à visitação. Por seu valor histórico e cultural, ele foi declarado Patrimônio Cultural da Humanidade, em 1991, pela Organização das Nações Unidas pela Educação, Ciência e Cultura (Unesco).

Glossário

Paleolítico: período mais antigo da Pré-História, compreendido entre o surgimento do ser humano e 10 000 a.C. conhecido também como Idade da Pedra Lascada.

Vida sedentária

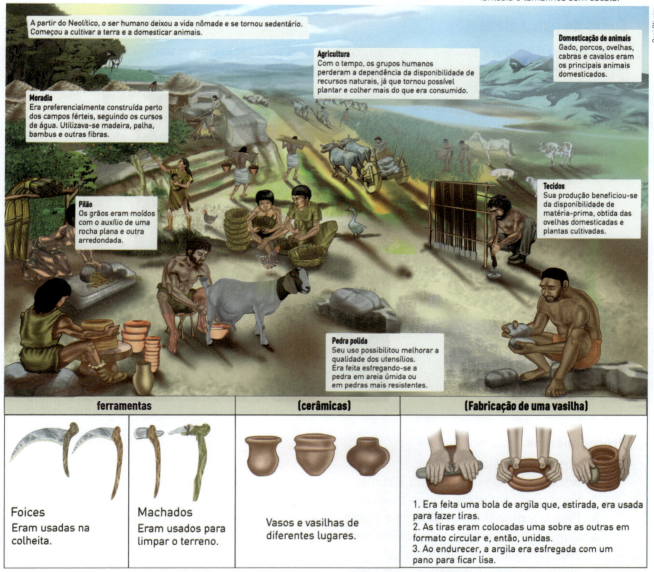

Imagem que representa o cotidiano dos povos neolíticos.

Por volta de 7 000 a.C. iniciou-se a Idade dos Metais e novas ferramentas e armas de caça foram desenvolvidas. Objetos que, até então, não podiam ser dobrados sem quebrar, ganharam novas formas por causa da maleabilidade dos metais. Foi nessa época que, devido ao crescimento das populações, surgiram os grandes impérios, bem como a desigualdade social. Algumas pessoas começaram a se destacar por sua capacidade de liderança e adquirir poder sobre outras, passando a dominar determinada região. Nesse modelo, surgiram as grandes comunidades, nas quais se instituiu o regime de servidão coletiva, principalmente no setor da construção e da agricultura.

zoom Ao longo da existência humana, tanto o modo e o material de construção como o tamanho e a forma das moradias estão mudando. No século XI, as casas eram preparadas com palha e terra, e duravam centenas de anos. Na verdade, algumas são feitas assim até hoje. No entanto, um longo caminho foi percorrido desde quando nossos ancestrais habitavam as cavernas até hoje, em que uma casa pode ser construída usando-se uma impressora 3D.

Modelar

Casas de pau a pique

Você leu um pouco sobre como eram construídas as casas. Um importante patrimônio cultural brasileiro são as casas de pau a pique. Você já ouviu falar?

Vamos construir um modelo que pode ajudá-lo a compreender melhor esse tipo de construção.

Material:

- barro (argila);
- água;
- gravetos secos em vários tamanhos;
- prancha de madeira;
- bacia de alumínio ou plástico com 30 cm de diâmetro.

Construção de uma casa de pau a pique. Vale do Jequitinhonha (MG), 1999.

Procedimentos

1. Coloque a argila na bacia.
2. Adicione lentamente a água e comece a misturar com as mãos, preparando a massa até que fique com consistência para modelar.
3. Pegue a prancha de madeira e cubra uma pequena área dela com a massa.
4. Comece a fincar os gravetos na base de barro e o use para construir as paredes até concluir o modelo de casa.
5. Verifique se seu modelo suporta que nele seja construída metade de uma laje com barro e gravetos. Assim, será possível observar, depois, como ficou a casa por dentro.
6. Nos dias ensolarados subsequentes, deixe a casa secando e guarde-a no final das aulas.

Essa atividade de modelagem é muito boa para você compreender a questão estrutural da criação de uma casa e sua sustentação. Agora, reúnam todas as casas produzidas, observem-nas e respondam às questões a seguir.

❶ Os materiais usados na construção da casa de pau a pique dão sustentação à estrutura da casa? Por que esses materiais vieram a ser substituídos por outros depois?

❷ Considerando que a laje de todas as casas foi finalizada, qual das casas construídas permite maior entrada de luz nos ambientes? E de circulação de ar?

❸ O que você poderia ter feito na casa que construiu para melhorar a entrada de luz e a circulação de ar nos ambientes?

❹ Quais as vantagens de casas com maior entrada de luz e melhor circulação de ar?

Materiais de construção

Hoje, grande parte das construções nas cidades envolve **materiais de construção**. Muitos desses materiais foram formulados com base em pesquisas acadêmicas e industriais.

Há muitas indústrias envolvidas no ramo da construção civil, como as de cimento, de metal, de ladrilhos, de tintas e de material elétrico. E todas elas têm em comum a transformação química de substâncias ou a utilização de materiais produzidos por indústrias químicas.

A seguir, você conhecerá um pouco mais sobre algumas dessas indústrias.

Indústria de cimento

As imagens desta página não estão representadas na mesma proporção.

> **zoom**
> A palavra **cimento** é originada do latim *caementu*, que, na Roma Antiga, designava uma pedra natural de rochedos. A origem do cimento data de 4500 anos atrás.
>
> Diversas misturas de materiais eram utilizadas na Antiguidade na construção de edificações como palácios e templos. O Panteão e o Coliseu, por exemplo, foram construídos com materiais extraídos de solos de origem vulcânica que endureciam em contato com a água.

O cimento é um dos produtos mais utilizados no mundo. Ele é o componente básico do concreto e é produzido pela mistura de várias matérias-primas, muitas delas encontradas na natureza, como o calcário e a argila, que, por aquecimento, reagem entre si originando um novo produto.

Massa que contém cimento sendo usada na construção de parede.

O cimento produzido é um pó fino que tem propriedades aglomerantes, isto é, quando misturado com água forma uma pasta que com o tempo se torna rígida. Após secar, o material endurecido, mesmo em contato com a água, não volta a ser como antes, ou seja, não se decompõe.

Indústria de ladrilhos

Os ladrilhos hidráulicos surgiram como substitutos de pedras, principalmente os mármores.

Em sua produção é utilizado um molde de bronze para cada desenho, que é preenchido com uma mistura líquida de pigmentos, pó de mármore e cimento branco. Após a retirada do molde e o acréscimo de um pó seco, ele é levado à compressão em uma prensa hidráulica (por isso o nome ladrilho hidráulico).

Após esse processo, ele é deixado em repouso por um período de tempo e, em seguida, imerso em água e deixado para secar até que o cimento endureça.

Ladrilhos na sala de entrada do Teatro Alberto Maranhão. Natal (RN), 2014.

No Brasil, as primeiras peças de ladrilho foram trazidas de Portugal, França e Bélgica e sua produção por imigrantes iniciou-se no país somente no final do século XIX.

Indústria de tintas

As tintas começaram a ser utilizadas desde os tempos pré-históricos, quando os seres humanos pintavam em cavernas usando pigmentos naturais, carvão e sangue animal para fazer figuras coloridas.

Entre 3000 a.C. e 100 d.C., os egípcios utilizavam uma variedade enorme de cores obtidas de produtos encontrados na natureza.

Pintura egípcia que representa oferendas feitas ao deus Osíris.

No Brasil, a primeira indústria de tintas foi fundada no final do século XIX. E boa parte das tintas fabricadas, hoje em dia, são de materiais sintéticos.

Novos materiais

As imagens desta página não estão representadas na mesma proporção.

Certamente você deve ter pensado nos aparelhos eletrônicos, cada dia menores e com mais recursos. Nesse universo, seria necessário uma coleção de livros para falar de muitos deles, e ainda assim não seria suficiente. As necessidades da população, associadas ao consumo desenfreado e ao capitalismo, são fatores que alimentam a inovação e mantêm a indústria em constante competitividade.

Inovação é uma das palavras mais importantes dos dias atuais. O mercado vive em busca de novidades e as empresas, sempre atentas, tentam antecipar, sensibilizar e impactar a população com produtos de ponta. São feitos investimentos milionários em pesquisa e desenvolvimento de novos produtos. Isso possui o seu lado positivo; na área da Medicina, por exemplo, mais vidas podem ser salvas pelo desenvolvimento tecnológico, seja por meio da produção de equipamentos eletrônicos para o diagnóstico prematuro de doenças, seja pela produção de medicamentos (estudada no capítulo anterior) mais eficientes para o tratamento das enfermidades.

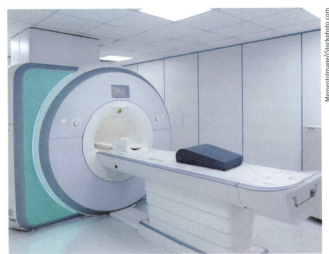

Nesse contexto, a ciência presta uma contribuição essencial à humanidade fornecendo material para inúmeras áreas. Por causa dela, o mundo tornou-se um lugar mais fácil de se viver, com melhores moradias, meios de transporte, equipamentos eletrônicos, tratamentos médicos e outras invenções que não param de acontecer. Sem o desenvolvimento da ciência, o mundo estaria também sem materiais sintéticos, computadores, meios de comunicação e entretenimento (como o rádio, o cinema, a televisão, o *video game*), materiais de limpeza e higiene pessoal, tintas e papel, por exemplo. Certamente, a ciência tornou mais acessível à população facilidades que, hoje, não nos imaginamos sem elas.

Tomógrafo de última geração utilizado para diagnosticar doenças.

A inovação sempre traz benefícios?

A indústria eletrônica e a química caminham em conjunto na produção de materiais que possibilitem aparelhos e equipamentos cada vez menores e mais funcionais. A publicidade contribui significativamente para que, com o passar do tempo, esses produtos deixem de ser interessantes para o público em geral e sejam substituídos por outros, mais modernos. Como você vê essa troca permanente de objetos do seu dia a dia? O que significa a palavra **consumismo** para você?

Aparelho celular utilizado nos anos 1990.

Aparelho celular de última geração em 2018.

Lixo

O que significa a palavra **lixo** para você? O lixo pode ser reaproveitado?

No início deste capítulo, você se deparou com uma imagem e, com base nela, foi perguntado a você se o desenvolvimento científico e tecnológico que resulta em novos produtos poderia trazer desequilíbrio à sociedade. Se pensarmos seriamente nessa pergunta e em como estamos consumindo, outras perguntas também podem surgir, por exemplo: Onde e como podemos descartar aquilo que não usamos mais?

Durante muito tempo, o termo lixo referia-se a tudo aquilo que não tem utilidade e pode ser jogado fora. No entanto, há algum tempo esse conceito está se modificando e dois outros termos relacionados passaram a ser usados: **resíduo** e **rejeito**.

Ponto de coleta de lixo reciclável. Formosa (GO), 2017.

A sobra de determinado material –, seja ele uma casca, embalagem ou parte de um processo, por exemplo –, que ainda pode ser utilizada para outro fim é chamada de resíduo. Os resíduos têm valor econômico e podem ser reaproveitados de alguma forma. Entre os exemplos mais característicos estão as garrafas PET, as latas de alumínio e as garrafas de vidro, que hoje são recolhidas por cooperativas e reintroduzidas na indústria.

O rejeito é a sobra de um material no qual foram esgotadas todas as possibilidades de reaproveitamento. Portanto, a tecnologia atual não consegue reintroduzi-lo na cadeia produtiva, seja por ser um material contaminado, seja porque perdeu suas características e o reaproveitamento não é mais possível. Os absorventes íntimos, os filmes plásticos que envolvem as carnes compradas no mercado e o papel higiênico usado são exemplos de rejeitos. Mas vale lembrar que aquilo que hoje é rejeito, amanhã poderá ter novo uso. As fraldas descartáveis, por exemplo, foram, durante muito tempo, consideradas rejeitos e atualmente há fábricas que as reaproveitam.

Em 2010, o governo brasileiro sancionou a Política Nacional de Resíduos Sólidos, uma lei muito importante cujo objetivo é o gerenciamento ambiental dos resíduos produzidos no país.

Consumismo

Leia o texto a seguir, postado no portal da Fiocruz.

Onde o consumismo vai parar?

O mundo cultua o novo, descartando cada vez mais produtos sem se preocupar com seu destino. Para manter este consumo, pressionamos os ecossistemas da Terra e sua capacidade de recuperação. À mudança climática somam-se outros problemas do consumismo crescente que já começamos a enfrentar, como a poluição do ar, o desmatamento, a exploração no trabalho, as doenças infectocontagiosas, a escassez de água... A lista de problemas é grande, é verdade. Porém, nós, como cidadãos do mundo, precisamos agir. E alguns, ainda bem, já estão agindo!

Fundação Oswaldo Cruz. Disponível em: <https://portal.fiocruz.br/sites/portal.fiocruz.br/files/audiovisuallmagem/nos_no_mundo_04_galeria_01.jpg>. Acesso em: 15 set. 2018.

1 Com base no texto, reflita e aponte três objetos ou materiais utilizados pela população que podem ser associados ao consumo desenfreado.

 **Viver**

Reaproveitamento

As imagens desta página não estão representadas na mesma proporção.

Nas imagens a seguir, podem ser observadas duas situações distintas. Em uma delas, garrafas PET estão retornando à indústria para reaproveitamento e, na outra, caminhões estão descarregando material em um aterro sanitário.

Fábrica de reaproveitamento de garrafas PET.

Material sendo descartado em aterro sanitário. Garça (SP), 2016.

1 Essas imagens podem ser associadas com duas palavras: **destinação** e **disposição**. Faça uma pesquisa na internet e responda à seguinte pergunta: Qual a associação delas com os termos resíduo e rejeito?

zoom

Você sabe a diferença entre lixões e aterros sanitários?

Lixões – são depósitos instalados a céu aberto, em grandes terrenos. Sua proliferação desordenada acarreta uma série de problemas ambientais, além de desperdiçar recursos e comprometer seriamente a qualidade de vida e a saúde humana.

Aterro sanitário – ao contrário dos lixões, o lixo aqui é comprimido e enterrado. Utilizado em muitos municípios, o aterro sanitário exige procedimentos como análise do solo e de corpos de água próximos, impermeabilização do solo, destinação de líquido tóxico (chorume), entre outros. Além disso, depois de esgotada sua vida útil, o aterro deve permanecer em observação, pois ainda continua a produzir gases e chorume por um período de 30 anos ou mais. O gás produzido nos aterros pode ser aproveitado para produção de energia, já que se trata de um combustível.

1. Escavação de um grande buraco. Sobre a superfície da terra compactada por tratores é colocada uma manta impermeável e, sobre ela, pedra britada para os líquidos passarem e serem coletados em canos.

2. Canos para coleta dos gases liberados do lixo.

3. O líquido coletado pelos canos é tratado antes de ser lançado no esgoto.

4. Aterro esgota sua capacidade: dá origem a áreas verdes. No entanto, o lixo continua produzindo gás e líquido.

O esquema está representado com cores-fantasia e as dimensões dos elementos não seguem a proporção real.

Esquema da estrutura e do funcionamento de um aterro sanitário.

As imagens desta página não estão representadas na mesma proporção.

Duas técnicas para destinação de material merecem destaque, pois seus resultados são ambientalmente favoráveis – a **reciclagem** e a **compostagem**.

A **reciclagem** é um processo industrial que recupera ou converte o resíduo descartado em um produto semelhante ao inicial ou em outro. Ela economiza energia, reduz os detritos e poupa recursos naturais. Como vimos, hoje ela é empregada em diversos setores, por exemplo, no reaproveitamento das garrafas PET, das latinhas de alumínio e dos recipientes de vidro. Há diversos materiais que podem ser reciclados: pneus, óleo de motores a combustão, embalagens plásticas e muitos materiais eletrônicos. O importante é saber que, quanto mais reciclamos, mais contribuímos para a preservação do ambiente.

Observe a imagem ao lado.

O que as pessoas na imagem estão fazendo? Converse com os colegas e depois com o professor.

zoom

Diretamente ligada à reciclagem, vem a responsabilidade, atribuída aos fabricantes, de recolher ou dar acesso à população ao descarte adequado dos produtos sem utilização. Isso já é feito, por exemplo, pelos fabricantes de baterias de automóveis e pneus.

Esse procedimento chama-se **logística reversa**. Ela pode ser definida como um instrumento de desenvolvimento econômico e social caracterizado por um conjunto de ações, procedimentos e meios destinados a viabilizar a coleta e a restituição dos resíduos sólidos ao setor empresarial, para reaproveitamento, em seu ciclo ou em outros ciclos produtivos, ou outra destinação final ambientalmente adequada.

Para mais informações sobre esse assunto, consulte o *site* do Ministério do Meio Ambiente: Disponível em: <www.mma.gov.br/cidades-sustentaveis/residuos-perigosos/logistica-reversa>.

A **compostagem** transforma os resíduos orgânicos, como cascas de vegetais, fezes de animais e capim, em adubo. Ela ocorre pela ação de microrganismos que tornam o material rico em nutrientes. Não é uma prática recente, ela já era utilizada por agricultores no século XVIII, e vem crescendo até nas grandes cidades. Atualmente, é possível ter uma composteira doméstica em casa.

Composteira doméstica para ser utilizada em casas e prédios residenciais. Juquitiba (SP), 2018.

Conviver

Brasil recicla 280 mil toneladas de latas de alumínio e mantém índice próximo a 100%

Em 2016, a coleta de latas de alumínio para bebidas foi responsável por injetar R$ 947 milhões na economia nacional

O setor de reciclagem de alumínio comemora uma boa notícia: o Brasil reciclou 280 mil toneladas de latas de alumínio para bebidas, das 286,6 mil toneladas disponíveis no mercado em 2016. Com isso, o índice de reciclagem de latas de alumínio para bebidas atingiu 97,7%, o que mantém o País entre os líderes mundiais nesse segmento desde 2001.

Os dados são da Associação Brasileira do Alumínio (Abal) e da Associação Brasileira dos Fabricantes de Latas de Alumínio (Abralatas). De acordo com o coordenador do Comitê de Mercado de Reciclagem da Abal, Mario Fernandez, este é um setor cada vez mais representativo para a indústria, sociedade e meio ambiente. "A lata de alumínio para bebidas, cujo consumo chega a 110 unidades por brasileiro, anualmente, responde por quase 50% do volume de sucata de alumínio recuperada no ano".

Em 2016, a coleta de latas de alumínio para bebidas foi responsável por injetar R$ 947 milhões na economia nacional, fator que contribuiu com a geração de renda e de empregos para milhares de catadores de materiais recicláveis.

Para Renault Castro, presidente-executivo da Abralatas, a estabilidade do índice, próximo a 100% nos últimos 10 anos, confirma o sucesso do modelo de reciclagem da lata e aponta um importante diferencial competitivo da embalagem sobre suas concorrentes. "Em tempos de aquecimento global, quando se busca uma economia de baixo carbono, esta é uma grande vantagem".

Embalagem mais reciclada

Um relatório recente elaborado pela Resource Recycling Systems (RRS), consultoria internacional de sustentabilidade, confirmou que a lata de alumínio é a embalagem para bebidas mais reciclada do mundo.

O estudo foi realizado a pedido das associações de fabricantes da lata no Estados Unidos (CMI), na Europa (BCME) e no Brasil (Abralatas) e constatou uma taxa de reciclagem global de 69% das latinhas comercializadas, contra 43% do PET e 46% do vidro.

O estudo registrou os índices de reciclagem da embalagem em 2015 no Brasil (98%), na Polônia (79%), no Japão (77%), na Itália (72%) e nos Estados Unidos (55%).

Meio ambiente

A análise do ciclo de vida da lata de alumínio para bebidas no Brasil, estudo realizado pelo Centro de Tecnologia de Embalagem (Cetea), confirma as vantagens da embalagem para o meio ambiente. Segundo a pesquisa, a reciclagem da lata de alumínio para obtenção de uma nova embalagem reduz em 70% as emissões de CO_2 [gás carbônico] e em 71% o consumo de energia, entre outros benefícios, quando comparado à lata fabricada apenas com alumínio primário.

Além disso, a atividade de reciclagem consome apenas 5% de energia elétrica, quando comparada ao processo de produção do metal primário. Isso significa que a reciclagem das 280 mil toneladas de latas em 2016 proporcionou uma economia de 4.300 GWh/ano ao país, número equivalente ao consumo residencial anual de 6,7 milhões de pessoas, em dois milhões de residências.

Murilo Gitel. Brasil recicla 280 mil toneladas de latas de alumínio e mantém índice próximo a 100%. *Correio*, 2 nov. 2017. Disponível em: <www.correio24horas.com.br/noticia/nid/brasil-recicla-280-mil-toneladas-de-latas-de-aluminio-e-mantem-indice-proximo-a-100>. Acesso em: 5 out. 2018.

Reúna-se em grupo e discuta com os colegas:

1. Qual é a importância da reciclagem do alumínio com base no texto?
2. Destaque os principais pontos do texto e escreva um resumo a respeito da reciclagem do alumínio.

A política dos cinco R's

O que você faria para reduzir os problemas causados pelos resíduos produzidos pelos seres humanos?

Pode-se dizer que as preocupações com a coleta, o tratamento e a destinação dos resíduos sólidos representa, porém, apenas uma parte do problema ambiental. Vale lembrar que a geração de resíduos é precedida por uma outra ação impactante sobre o meio ambiente – a extração de recursos naturais.

A política dos cinco R's deve priorizar a redução do consumo e o reaproveitamento dos materiais em relação à sua própria reciclagem.

- Reduzir
- Repensar
- Reaproveitar
- Reciclar
- Recusar consumir produtos que gerem impactos socioambientais significativos.

Os cinco R's fazem parte de um processo educativo que tem por objetivo uma mudança de hábitos no cotidiano dos cidadãos. A questão-chave é levar o cidadão a repensar seus valores e práticas, reduzindo o consumo exagerado e o desperdício.

O quarto R (reciclagem) é colocado em prática pelas indústrias que substituem parte da matéria-prima por sucata (produtos já utilizados), seja de papel, vidro, plástico ou metal, entre outros. Ainda é preciso que se amplie o mercado para produtos advindos deste processo. "Segregar sem mercado é enterrar separado" (IPT & CEMPRE, 1995).

Com a valorização da reciclagem, as empresas vêm inserindo, nos produtos e em suas embalagens, símbolos padronizados que indicam a composição dos materiais. Esse tipo de rotulagem ambiental tem, também, por objetivo facilitar a identificação e separação dos materiais, encaminhando-os para a reciclagem.

As vantagens dessas práticas estão na redução do(a):

- Extração de recursos naturais;
- Redução dos resíduos nos aterros e o aumento da sua vida útil;
- Redução dos gastos do poder público com o tratamento do lixo;
- Redução do uso de energia nas indústrias e intensificação da economia local (sucateiros, catadores, etc.).

Ministério do Meio Ambiente. A política dos 5 R's. Disponível em: <www.mma.gov.br/informma/item/9410-a-política-dos-5-r-s>. Acesso em: 14 set. 2018.

Cada um dos cinco R's diz respeito a ações que podem ser praticadas por você. **Reduzir** está associado à diminuição do consumo e à busca de produtos mais duráveis. **Repensar** significa mudar hábitos para diminuir os impactos ambientais. **Reaproveitar** é utilizar um produto ou embalagem que seria descartado para outra finalidade. **Reciclar**, como visto anteriormente, nada mais é do que recuperar ou converter um resíduo descartado em um produto semelhante ao inicial ou em outro. Por último, **recusar** é não aceitar algo que possa prejudicar o meio ambiente.

> **1** Após a leitura desse texto, pense em três ações que você poderia fazer em sua comunidade e que estariam de acordo com a política dos cinco R's.
>
> no caderno

Pensar em preservar o meio ambiente é pensar em benefícios iguais para toda a população.

O impacto socioambiental gerado pelo lixo não é um problema isolado e com uma única solução. Ele está associado à cultura do consumo, à falta de informações, à ausência de sistema de coleta e separação do lixo em algumas regiões, à falta de planejamento etc.

O acesso à informação é fundamental para desenvolver a conscientização das pessoas e você pode contribuir com isso. Vamos fazer do mundo um lugar melhor!

Com a palavra, a especialista

Quem é

Flavia de Almeida Vieira.

O que faz

É professora e pesquisadora de Química Analítica no Instituto Federal do Rio de Janeiro (IFRJ). Atua na área ambiental.

Pergunta: Como surgiu o interesse em trabalhar na área ambiental?

Eu já era professora do IFRJ quando surgiu a oportunidade de trabalhar no Curso Técnico em Meio Ambiente. Simplesmente me apaxonei pelas práticas de determinação dos indicadores de qualidade da água.

Pergunta: A sua visão sobre a poluição e o ambiente mudou depois que você se tornou pesquisadora?

Sim, quando estudante eu não conseguia ver claramente como ar, água, solo e ser humano estavam fortemente conectados. Atualmente, estudando a contaminação por mercúrio na Amazônia, vejo, pelo ciclo desse metal tóxico, como todos aqueles compartimentos ambientais estão interneconectados. O homem queima a mistura com mercúrio durante a extração do ouro na beira do rio. O mercúrio é então lançado para a atmosfera e, posteriormente, para ambientes aquáticos. Os peixes desses rios são contaminados e, por consequência, a população que se alimenta deles também.

Pergunta: Você acha que hoje em dia as pessoas se preocupam mais com o ambiente?

De maneira geral, o discurso é muito diferente da prática. Não vejo essa preocupação com o ambiente nas ações do dia a dia. Ainda há muito lixo sendo jogado nas ruas, o que mais tarde chega nos nossos rios. Poucas pessoas separam o lixo antes de descartá-lo. O consumo também continua exagerado. As atitudes estão em conflito com a consciência ambiental, fazendo necessária uma mudança comportamental da população em geral para melhorar a qualidade de vida.

Pergunta: Atualmente, qual tipo de material tem causado maior impacto nos ecossistemas aquáticos?

O descarte inadequado de plástico. Mais de 8 milhões de toneladas desse material são despejadas anualmente no oceano e são responsáveis pela morte de milhares de aves e mamíferos marinhos.

Pergunta: Que medidas deveriam ser tomadas pela população para minimizar o impacto ambiental causado pelo descarte inadequado de materiais? E pelas indústrias?

A população deve separar adequadamente o seu lixo para a coleta seletiva. Recicláveis não podem ser descartados junto dos resíduos orgânicos. Pilhas e baterias de celular tem que ser separadas e descartadas em coletores específicos em locais públicos. Medicamentos também devem ser separados e descartados em pontos de coleta específicos, geralmente em farmácias e drogarias. A indústria deveria por em prática a logística reversa, que consiste em viabilizar a coleta e a restituição dos resíduos sólidos ao setor empresarial, para reaproveitá-los em seu ciclo produtivo, ou outra destinação final ambientalmente adequada.

Pergunta: A política dos 5 Rs é um conjunto de ações. Qual delas é a mais fácil de ser implementada? E a mais difícil?

A mais difícil é recusar, pois depende de uma mudança de hábitos: não consumir o que não é essencial. O mais fácil é reciclar, porque já faz parte da lei que instituiu a Política Nacional de Resíduos Sólidos. Entretanto, colocar essa política em prática e mudar hábitos exige um processo de educação ambiental, que não é isolado, mas sim faz parte de ferramentas integradas.

Pergunta: Que conselhos você daria para um aluno que pretende atuar na área ambiental?

Atualmente, existem diversos projetos ambientais que aceitam trabalho voluntário. Procure nas redes sociais uma entidade perto da sua residência para dedicar algumas horas por semana. O trabalho voluntário educativo permite obter conhecimentos específicos na área ambiental. Além disso, há cursos técnicos e superiores nessa área, que é um mercado que precisa de profissionais capacitados.

Atividades

1. Na coluna da esquerda, são mostrados alguns objetos e, na coluna da direita, mencionadas algumas comunidades. Associe as duas colunas relacionando a importância dos objetos com as necessidades de cada comunidade.

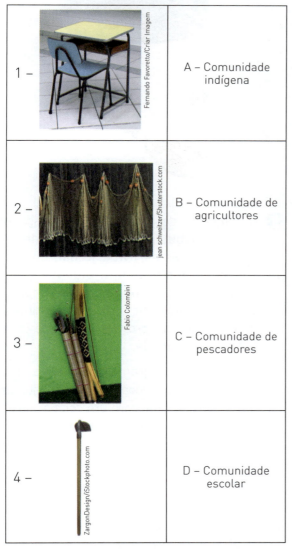

1 –   A – Comunidade indígena

2 –   B – Comunidade de agricultores

3 –   C – Comunidade de pescadores

4 –   D – Comunidade escolar

2. Conforme você estudou ao longo deste capítulo, o ser humano pré-histórico não se fixava em um local por muito tempo. Cite um fator que o levava a mudar de região.

3. Entre os materiais a seguir, escreva aqueles que foram importantes para o ser humano quando ele deixou de ser nômade:
   - tijolos;
   - pedras;
   - cimento;
   - madeira;
   - azulejos;
   - barro.

As imagens desta página não estão representadas na mesma proporção.

4. Observe a imagem da casa a seguir e aponte dois fatores que contribuem para que seja bem arejada e iluminada naturalmente.

5. O cimento foi um substituto do barro na construção das casas. O que faz dele um substituto tão eficiente?

6. O desenvolvimento tecnológico e a produção de mercadorias cada vez mais apropriadas às necessidades da população são fatores que movimentam o mercado de vendas em todo o mundo. Entre as características a seguir, escreva duas que refletem o impacto negativo desse processo.
   - Maior durabilidade dos produtos.
   - Consumismo desenfreado pela população.
   - Melhor qualidade dos objetos fabricados.
   - Produção de resíduos.
   - Materiais de menor custo.

7. De acordo com a política dos cinco R's, identifique cada "R" das afirmações indicadas a seguir.
   a) Utilizar pilhas recarregáveis.
   b) Mudar hábitos de consumo.
   c) Não utilizar produtos feitos de madeira originada de desmatamento florestal.
   d) Criar um produto artesanal de um produto que seria descartado.
   e) Separar garrafas de vidro e enviar para cooperativas.

Retomar

As imagens desta página não estão representadas na mesma proporção.

1. Observe as imagens a seguir e indique em qual delas há ocorrência de uma reação química.

2. Os objetos nas imagens a seguir são muito utilizados pelas pessoas em determinadas situações. Qual desses objetos é feito de material sintético?

3. O diagrama de palavras é um passatempo bastante popular em vários meios de comunicação – revistas, livros, jornais, internet –, cujo objetivo é encontrar algumas palavras em um monte de letras embaralhadas. Encontrado no Brasil com outros nomes comerciais, é bem provável que você já tenha feito essa atividade.

Construa um diagrama de palavras com alguns termos que você aprendeu nesta unidade e o compartilhe com um colega. Há vários *sites* que podem ser utilizados para elaborar automaticamente esse passatempo. Alguns deles estão indicados a seguir:

- <www.geniol.com.br/palavras/caca-palavras/criador/>
- <www.atividadeseducativas.com.br/cacapalavras/fs.wordfinder.php>
- <www.lideranca.org/word/palavra.php>

Você teve dificuldade para encontrar as palavras? Os termos escolhidos estão relacionados a quais conceitos estudados na unidade?

4. Segundo a Agência Nacional de Saúde (Anvisa), a expressão "alimento perecível" é utilizada para alimentos ou produtos alimentícios que necessitam de condições especiais de temperatura para conservá-los.

As imagens desta página não estão representadas na mesma proporção.

Alguns alimentos estão mais suscetíveis à degradação por ação de microrganismos do que outros. Entre os alimentos listados a seguir, indique aqueles cuja degradação demora mais, ou seja, que resistem por mais tempo sem sofrer alterações que inviabilizem seu consumo:

- verduras verdes;
- carne crua;
- arroz cru;
- milho em conserva;
- *pizzas* congeladas.

5 Leia o texto a seguir e faça o que se pede.

> No interior do Piauí, em São Raimundo Nonato, é possível encontrar as pinturas mais antigas já feitas por humanos no Brasil. São desenhos em pedras de mais de 10 mil anos que sobreviveram ao tempo pelo fascínio e pelo medo que causaram nas populações antigas, sejam indígenas ou do período colonial. [...].
>
> O parque foi criado no final da década de 1970. Inicialmente, era mais um dos famosos "parques de papel": seus limites foram definidos, o parque foi decretado, mas não tinha pessoal para cuidar da área, nem cercas, sedes ou trabalho científico dentro da área delimitada. Isso só foi mudar na década de 1980, quando uma missão de pesquisadores franceses e brasileiros estabeleceu a Fundação Museu do Homem Americano (Fumdham), uma organização sem fins lucrativos que até hoje cuida do patrimônio natural e cultural do parque. [...]

Bruno Calixto. Sem recursos, maior patrimônio de arte rupestre do Brasil pode se deteriorar. *Época*, 1 nov. 2016. Disponível em: <https://epoca.globo.com/colunas-e-blogs/blog-do-planeta/noticia/2015/08/sem-recursos-maior-patrimonio-de-arte-rupestre-do-brasil-pode-se-deteriorar.html>. Acesso em: 15 set. 2018.

Pinturas rupestres no Parque Nacional da Serra da Capivara. São Raimundo Nonato (PI), 2015

Pesquise a arte rupestre em *sites* e livros e identifique o material utilizado pelo ser humano primitivo nessas pinturas.

6 Em 2014, o Brasil liderou o *ranking* de descarte de lixo eletrônico entre os países da América Latina. Observe os dados no gráfico a seguir.

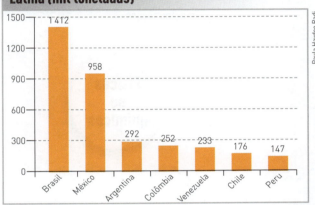

Fonte: UNU-IAS e GSMA. eWaste in Latin America, nov. 2015. Disponível em: <www.gsma.com/latinamerica/wp-content/uploads/2015/11/gsma-unu-ewaste2015-eng.pdf>.

O descarte inadequado desse lixo impacta diretamente o ambiente. Cite duas medidas de conscientização da população para reduzir esses valores.

7 Observe a imagem a seguir em que são reunidas duas soluções incolores contendo substâncias diferentes em cada uma.

Como é possível identificar a ocorrência de reação química na mistura de duas soluções?

Visualização

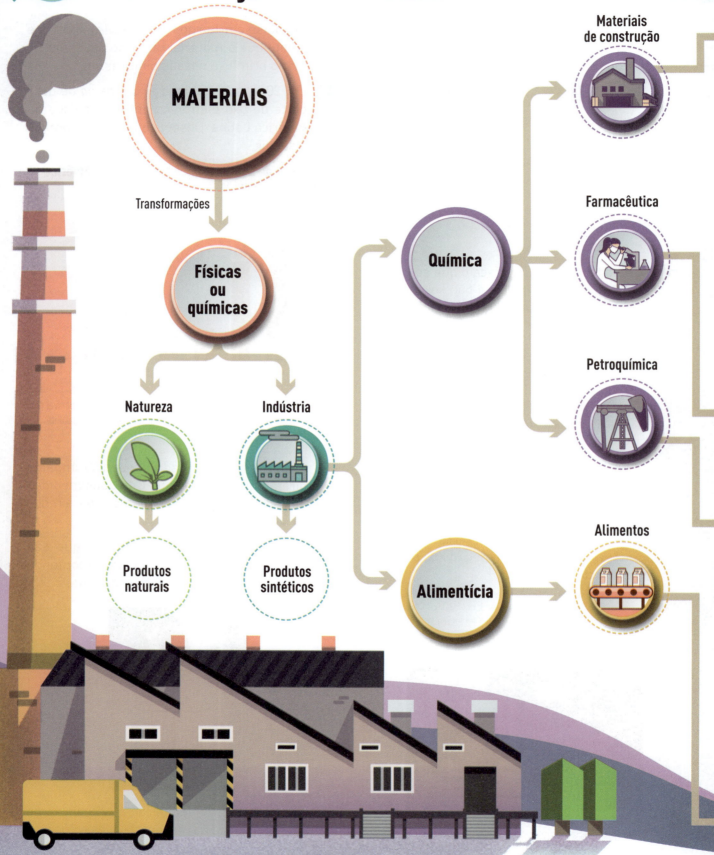

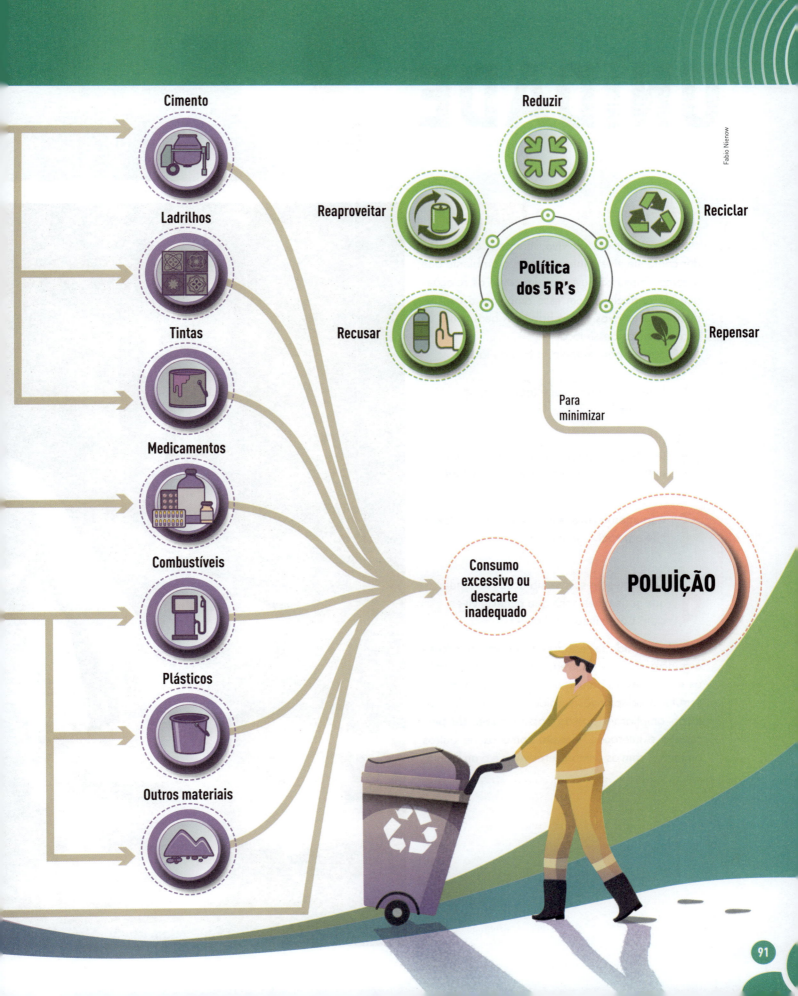

UNIDADE 3

> **Antever**

Ao estudar um ser vivo, tentamos compreender como ele vive e interage com o ambiente que o cerca. Para isso, levamos em conta as relações que ele estabelece com esse ambiente e com os demais seres vivos que o habitam, bem como as características desse local.

Observe, por exemplo, a foto ao lado.

1 Que seres vivos você identifica na imagem?

2 Que tipos de interação estão ocorrendo entre os seres e entre eles e o ambiente?

3 A imagem provoca algum tipo de sensação em você? Qual?

4 Se você estivesse na situação retratada, que sensações acha que poderia vivenciar? Como isso é possível?

Nesta unidade, estudaremos como a vida se organiza e como ocorrem, em diferentes níveis, as interações na natureza. Veremos também que estruturas adaptativas surgidas ao longo da evolução ampliaram nossas possibilidades de percepção e interação – assim como as de outros animais – com os demais seres vivos e o ambiente.

Família desfrutando de um dia ensolarado no parque.

Percepção e interação com o ambiente

CAPÍTULO 7

O mundo dos seres vivos

Observando o mundo ao seu redor e as imagens a que tem acesso com as tecnologias de informação e comunicação, você consegue imaginar como era a vida em nosso planeta? Não estamos falando de centenas de anos, nem de milhares ou milhões, mas de bilhões de anos atrás.

Há cerca de 4,5 bilhões de anos ocorreu a formação do planeta Terra, que era uma esfera **incandescente** girando ao redor de uma estrela, o Sol. Essa esfera incandescente levou cerca de 1,5 bilhão de anos para se resfriar o suficiente para que se formasse na superfície uma resistente "casca", a crosta terrestre. Boa parte da água, que se apresentava sob a forma de vapor na atmosfera primitiva (de composição diferente da atual), tornou-se líquida e ocupou parte da superfície do planeta, formando os oceanos e mares primitivos.

Glossário

Incandescente: aceso, inflamado, abrasador, ardente.
Substância orgânica: composto químico que contém carbono e hidrogênio. Exemplos: açúcares, proteínas etc.

Esquema com concepção artística dos elementos, sem reproduzir cores naturais ou seguir a proporção real entre as dimensões.

Ilustração fictícia das prováveis características da "Terra primitiva".

Durante milhões de anos, as diferentes substâncias presentes na Terra primitiva (água e diversos tipos de gás) interagiram com as radiações solares e as descargas elétricas dos relâmpagos. Esse cenário favoreceu o surgimento de novas substâncias na atmosfera e nos oceanos primitivos. No momento em que o ambiente do planeta apresentou condições adequadas, a vida surgiu e se estabeleceu. Segundo a teoria mais aceita atualmente, há cerca de 3,5 bilhões de anos surgiram as primeiras formas de vida, originadas das **substâncias orgânicas** dissolvidas nas águas mornas dos oceanos.

Assim, ao longo de milhões de anos, transformações sucessivas e gradativas permitiram que a vida na Terra fosse se modificando e novas **espécies** surgissem, ocupando diferentes ambientes do planeta. Muitas delas, desse passado remoto, foram **extintas**.

Os dinossauros, por exemplo, viveram na Terra há milhões de anos. Havia muitas espécies de dinossauros que hoje só conhecemos por registros fósseis. Vale lembrar que a espécie humana não conviveu com os dinossauros. Eles já estavam havia muito tempo extintos quando nossa espécie surgiu.

Convivemos atualmente com milhões de espécies de seres vivos. Muitos deles, entretanto, nós não conseguimos ver, ou porque são muito pequenos, como os **microrganismos**, ou porque vivem em ambientes de difícil acesso, como as profundezas do mar.

Glossário

Biólogo: profissional que estuda os seres vivos e tudo o que está relacionado à vida na Terra. Essa ciência chama-se Biologia.
Espécie: conjunto de indivíduos semelhantes que, em condições naturais, são capazes de cruzar entre si, gerando descendentes férteis.

Esquema com concepção artística dos elementos, sem reproduzir cores naturais ou seguir a proporção real entre as dimensões.

Representação artística de dinossauros.

A biodiversidade e os diferentes níveis de organização dos seres vivos

A Terra apresenta grande diversidade de espécies, com múltiplas formas de vida. No estudos científicos sobre os seres vivos, pode-se enfocar apenas uma espécie, a associação entre espécies ou apenas partes que formam os organismos.

Para facilitar o estudo e a compreensão da dinâmica das interações, os **biólogos** dão nomes distintos a cada um dos níveis de organização da vida no planeta. Esses níveis podem contemplar desde partículas químicas até o nível planetário.

Glossário

Extinto: desaparecido definitivamente; desaparecimento total de uma espécie, por exemplo, quando, por alguma razão, como alteração do ambiente ou caça e pesca predatórias, todos os seres de determinada espécie morrem, ou sobra apenas um indivíduo.
Microrganismo: organismo tão pequeno que só pode ser visualizado com o auxílio de um microscópio.

 **Viver**

O que é vida?

Os seres vivos têm diversas características em comum que os diferenciam dos seres inanimados.

Gogoia, planta típica da Caatinga sobre lajedo de granito no Geoparque Seridó, Cerro Corá (RN), 2018.

Analise a imagem acima e responda:

1. Há alguma forma de vida representada? Qual?
2. Como você distingue um ser vivo de um ser inanimado?
3. De que nós, seres vivos, somos feitos?

Níveis de organização dos seres vivos

Uma das características que diferem os seres vivos da matéria bruta ou inanimada é o fato de serem constituídos de **células**.

Considera-se célula a menor parte dos seres vivos com forma e função definidas. As células podem se apresentar isoladas ou em conjunto. Podem formar todo um ser vivo, como no caso dos seres unicelulares, e, ainda, representar a menor unidade estrutural do corpo de organismos, como no caso de pluricelulares, que são mais complexos que os unicelulares. Optamos, neste livro, por começar do nível de organização celular para o estudo.

Na maioria dos seres pluricelulares (animais, plantas e fungos, por exemplo), as células que apresentam estruturas e funções semelhantes estão organizadas em **tecidos**.

Representação simplificada em cores--fantasia e tamanhos sem escala.

Célula muscular – fibra cardíaca.

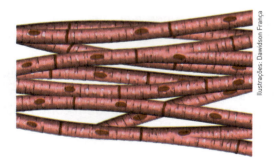

Tecido muscular cardíaco.

O conjunto de tecidos semelhantes constitui um **órgão**. Entre os órgãos, podemos citar: coração, cérebro, rins e olhos, cada um exercendo papel específico.

Diferentes órgãos podem atuar juntos, formando um **sistema** e promovendo a realização de determinadas funções, como locomoção, trocas gasosas ou circulação de sangue pelo corpo.

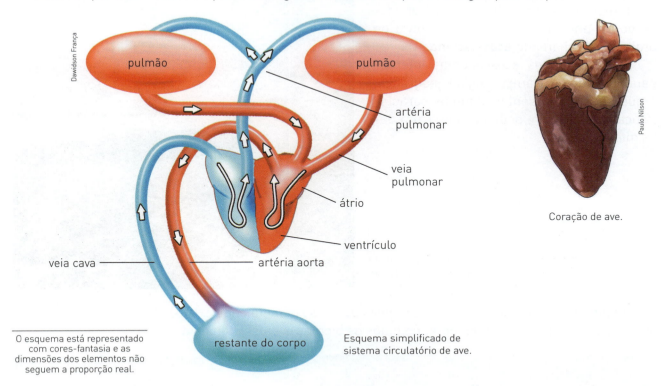

O esquema está representado com cores-fantasia e as dimensões dos elementos não seguem a proporção real.

Esquema simplificado de sistema circulatório de ave.

Coração de ave.

Os sistemas, por sua vez, atuam de modo complementar e integrado, e constituem o **organismo**. Nos seres unicelulares, a célula é o nível de organização correspondente ao organismo.

Um indivíduo arara-canindé.

Uma população de araras-canindés é composta de diversos indivíduos.

Vários organismos da mesma espécie que vivem em determinada área, em determinado intervalo de tempo, formam uma **população**.

Se considerarmos que em uma mesma área e em um mesmo intervalo de tempo podem ser encontradas populações diferentes, teremos, assim, uma **comunidade biológica**.

97

A interação da comunidade biológica, ou seja, de todos os seres vivos de um ambiente, com os elementos ou componentes não vivos, chamados de fatores abióticos (como luz, temperatura, água, tipo de solo, umidade do ar, entre outros), forma um nível de organização chamado **ecossistema**.

O conjunto dos ecossistemas interdependentes de uma ampla região geográfica, e que podem apresentar algumas características em comum, pode constituir um determinado **bioma**.

O bioma Cerrado é um complexo de muitos ecossistemas, como montanhas, matas, campos e rios.

A **biosfera** é formada por todas as regiões do nosso planeta onde existe vida, da forma mais simples à mais complexa, ou seja, abrange todos os biomas e ecossistemas da Terra.

Representação da biosfera, com alguns seres vivos característicos de diferentes tipos de ambiente.

Esquema com concepção artística dos elementos, sem reproduzir cores naturais ou seguir a proporção real entre as dimensões.

Organização celular – As células constituem os seres vivos

Consideramos célula a menor parte com forma e função definida que constitui um ser vivo. É a unidade básica da vida. As células, em geral, têm tamanho tão pequeno que só podem ser vistas por meio do microscópio. Todas as células têm em comum a membrana plasmática, o citoplasma, ribossomos e o material genético. Dentro das células ocorrem inúmeros processos que são fundamentais para a manutenção da vida.

Nos seres vivos pluricelulares há grande diferenciação celular, isto é, existem muitos tipos específicos de célula, e eles estabelecem correspondência com a espécie a qual pertencem e ao tecido que formam, ou seja, células diferentes têm funções diferentes.

Por exemplo, há diferenças entre as células de nossos músculos e as de nossos ossos. Em cada um desses órgãos existem tipos específicos de célula que desempenham diferentes funções. As diferenças, em forma e função, entre as células também dependem da parte ou órgão do ser vivo em que se encontram e do tipo de atividade que realizam.

Veja nas imagens exemplos da variedade de células humanas.

As imagens desta página não estão representadas na mesma proporção.

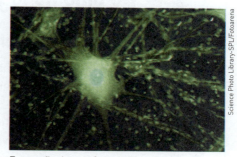

Fotografia de neurônios obtida por microscopia de luz e colorizada artificialmente. Ampliação aproximada de 100 vezes.

Fotografia de células do sangue, leucócitos e hemácias, obtida por microscópio eletrônico e colorizada artificialmente. Ampliação aproximada de 4 400 vezes.

Biologia em foco

Vírus é um ser vivo?

Uma das características comuns aos seres vivos é ter o organismo formado por pelo menos uma célula.

Os vírus não têm nenhuma célula, ou seja, são acelulares. Mas são capazes de reconhecer as células específicas que parasitam e têm **material genético**, o qual sofre alterações que lhes permitem se transformarem em novas 'versões' de vírus, ou seja, eles evoluem. São parasitas intracelulares obrigatórios. Uma vez dentro das células, aproveitam-se das estruturas celulares para se reproduzir.

Por essas características, ainda não existe um consenso entre os cientistas sobre a classificação dos vírus como seres vivos ou não.

❶ Discuta com os colegas essa questão e depois escreva sua opinião e os argumentos que o levam a pensar assim. **em grupo**

Fotografia de papilomavírus obtida por microscópio eletrônico e colorizada artificialmente. Ampliação aproximada de 80 mil vezes.

Glossário

Material genético: substância presente nas células, responsável pela hereditariedade, pelo controle e regulação de todas as suas atividades. Nos vírus, não há atividades. Então, o material genético apenas contém a informação que determina suas características e atua na hereditariedade.

99

De olho no legado

A importância do microscópio e a teoria celular

Muitos seres vivos são conhecidos atualmente, mas nem sempre foi assim. O trabalho dos cientistas foi facilitado pela invenção de alguns aparelhos, como o microscópio, que tem papel importante na identificação dos seres microscópicos, no estudo das células e de tecidos. Por exemplo, como provar que existiam microrganismos causadores de doenças na água contaminada se não era possível observá-los?

Há três séculos, surgiu o microscópio óptico simples, tornando possível conhecer o mundo microscópico. Dispondo de um microscópio simples, Robert Hooke (1635-1703), astrônomo e matemático inglês, observou um pedaço de cortiça e verificou que ela era formada por várias cavidades, como se fossem caixinhas separadas por paredes. Hooke nomeou cada uma dessas pequenas partes da cortiça de **célula**, palavra originada do latim *cellula*, diminutivo de *cella*, que significa "pequeno compartimento".

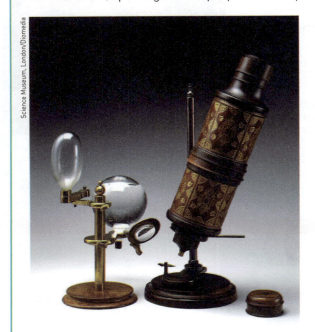

Microscópio associado a Robert Hooke e uma cópia do sistema de iluminação utilizado por ele.

Representação de células de cortiça vistas ao microscópio por Robert Hooke, em 1663.

Na realidade, o que Hooke observou era tecido vegetal morto. A cortiça é formada por células mortas e tem papel de revestimento e proteção da planta.

O termo **célula**, porém, continua sendo usado para designar a unidade básica dos seres vivos, ou seja, a menor parte de um ser vivo com forma definida e função própria.

Em meados do século XIX, os alemães Mathias Jakob Schleiden (1804-1881), botânico, e Theodor Schwann (1810-1882), zoólogo, propuseram a **teoria celular**. Essa teoria estabelece que a célula é a unidade fundamental da vida. A teoria celular apresenta três pontos fundamentais, descritos a seguir.

- A vida existe somente nas células, ou seja, todos os seres vivos são compostos de células e todas as transformações que ocorrem no organismo dependem da atividade celular. É graças à célula que a energia necessária para o funcionamento do organismo é obtida, convertida, armazenada e utilizada.

- As células provêm somente de células preexistentes, isto é, uma célula origina-se apenas da reprodução por divisão celular de outras células.
- A célula é a unidade de reprodução e transmissão das características hereditárias, o que significa que todos os caracteres genéticos são transmitidos de uma célula para a outra no processo de reprodução.

Assim, de acordo com o proposto na teoria celular, a célula tem todo o "material" necessário para realizar as funções de um ser vivo, como nutrição, obtenção de energia e reprodução.

Atualmente, os microscópios eletrônicos possibilitam a observação de estruturas celulares que são pequenas demais para serem observadas ao microscópio óptico. Com o auxílio desses equipamentos e de modernas técnicas de análise química, os cientistas têm avançado muito no estudo da estrutura das células e dos processos celulares para tentar compreender o "funcionamento" da química da vida e, assim, conhecer melhor os seres vivos.

Ampliar

Canal Ciência – Louis Pasteur: vida, obra e descobertas
www.canalciencia.ibict.br/personalidades_ciencia/Louis_Pasteur.html

Site com informações sobre a vida e obra do químico Louis Pasteur.

Estação Ciência
http://prceu.usp.br/centro/estacao-ciencia

O espaço oferece exposições, vídeos e atividades práticas a todos que se interessam por Ciência.

Origem e história da vida,
de Fernando Gewandsznajder e Ulisses Capozzoli (Editora Ática). Coleção De Olho na Ciência.

Os autores procuram responder a muitas das perguntas sobre como surgiu a vida em nosso planeta.

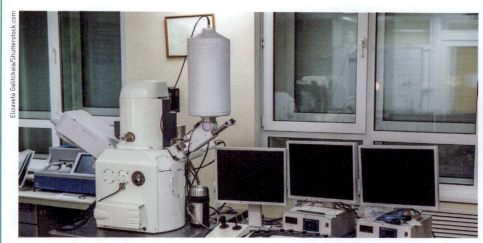

Microscópio eletrônico de varredura.

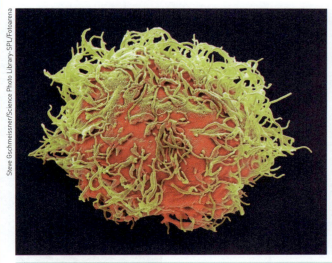

Célula-tronco mesenquimal. Fotografia obtida por microscópio eletrônico e colorizada artificialmente. Ampliação aproximada de 2 300 vezes.

1. Pesquise, em livros ou na internet, a importância da invenção e evolução dos tipos de microscópio para a Ciência.
2. Registre no caderno os dados coletados na pesquisa.
3. Compartilhe com os colegas as informações que conseguir, comparando-as com as obtidas por eles.
4. Discutam outros exemplos do papel da evolução tecnológica no trabalho científico.

Células procariotas e células eucariotas

A bactéria, um ser microscópico, é formada por um tipo de célula muito simples, a célula procariota. A principal característica da célula procariota é que seu material genético fica solto, disperso no citoplasma. Outros seres, como animais, plantas, fungos e vários microrganismos, têm células eucariotas, que são mais complexas e geralmente maiores que a célula procariota.

Na célula eucariota, o material genético fica no interior de um **núcleo**, que é delimitado por uma película que o separa do citoplasma. No citoplasma são encontradas estruturas especializadas, as **organelas**, que podem ter estruturas membranosas ou não.

Organismos como bactérias, protozoários e alguns tipos de fungo como as leveduras do fermento, são compostos de apenas uma célula (procariota ou eucariota), ou seja, são seres unicelulares.

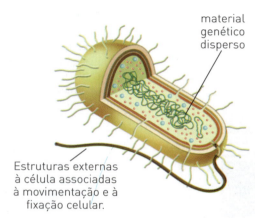

Esquema simplificado de célula procariota.

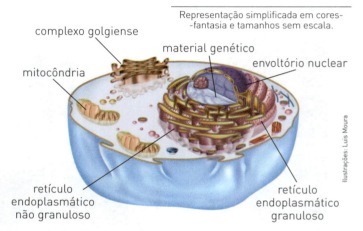

Esquema simplificado de célula eucariota.

Células de elódea

Vamos agora observar células da planta elódea (*Elodea* sp.). Essa planta aquática tem folhas finas e transparentes, o que facilita a visualização de suas células ainda vivas ao microscópio.

Material:
- microscópio óptico;
- lâmina e lamínula;
- um talo de elódea.

Procedimentos

1. Pegue uma folha de elódea e coloque-a sobre a lâmina. Cubra-a com a lamínula, pressionando um pouco o material.
2. Leve-a ao microscópio e observe-a.

Elódea.

Agora, faça o que se pede.

1. Desenhe o que você observou e identifique as estruturas observadas nas células da elódea.
2. Com base no que estudamos, que tipo de célula é a da elódea?

Célula animal e célula vegetal

Mesmo as células eucariotas apresentam diferenças entre si. Pode-se identificar a existência dessas diferenças quando comparamos a **célula animal** com a **célula vegetal**.

Na observação de uma célula vegetal ao microscópio, podemos perceber a presença de "bolinhas" verdes em seu interior. São os **cloroplastos**, organelas membranosas com **clorofila** – pigmento que capta a energia do Sol no processo de fotossíntese –, e que são responsáveis pela coloração verde dos vegetais e pela produção de alimento para as plantas. Além disso, a célula vegetal tem parede celular, um reforço externo de celulose – um tipo de açúcar. Essa parede protege e dá forma regular à célula. A célula vegetal apresenta ainda um grande vacúolo central, que armazena líquido.

As principais características que diferenciam as células vegetais e animais são os cloroplastos, o vacúolo central e a parede celular, estruturas que existem apenas nas células vegetais.

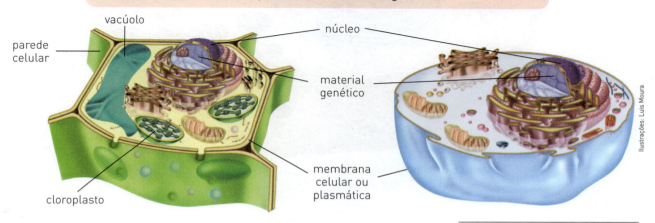

Representação simplificada em cores-fantasia e tamanhos sem escala.

Esquemas de célula vegetal (à esquerda) e de célula animal (à direita) que exibem suas principais estruturas.

Membrana celular

Chamada também de **membrana plasmática**, controla o que entra e o que sai da célula, facilitando a entrada de substâncias importantes para a célula, como a glicose, que é um tipo de açúcar; e a saída de resíduos das funções que a célula realiza e de substâncias que ela produz.

Na célula vegetal, além da membrana plasmática, existe, mais externamente, a **parede celular**, formada de celulose. A parede celular da célula vegetal constitui um reforço externo que evita, por exemplo, seu rompimento por entrada excessiva de água.

Representação simplificada em cores-fantasia e tamanhos sem escala.

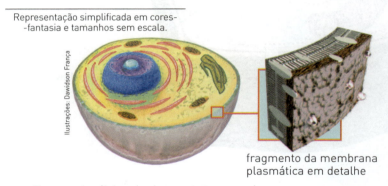

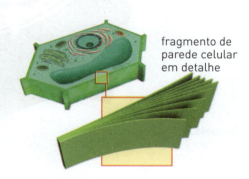

Esquema de célula animal em corte transversal.

Esquema de célula vegetal em corte transversal.

Citoplasma e suas organelas

O **citoplasma** é constituído por água, sais minerais e outras substâncias. Ele tem consistência gelatinosa e nele estão mergulhadas as **organelas**, estruturas muito pequenas que desempenham importantes funções na vida da célula.

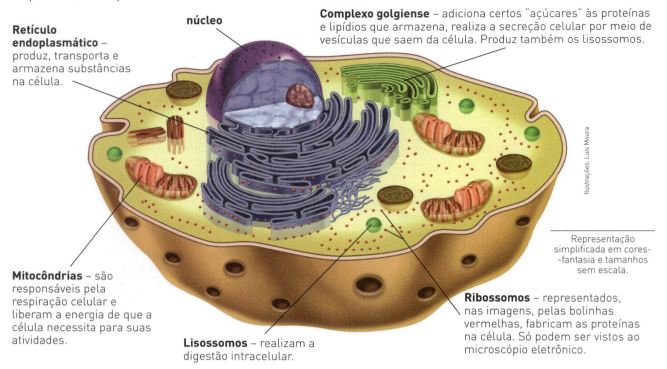

Retículo endoplasmático – produz, transporta e armazena substâncias na célula.

núcleo

Complexo golgiense – adiciona certos "açúcares" às proteínas e lipídios que armazena, realiza a secreção celular por meio de vesículas que saem da célula. Produz também os lisossomos.

Mitocôndrias – são responsáveis pela respiração celular e liberam a energia de que a célula necessita para suas atividades.

Lisossomos – realizam a digestão intracelular.

Ribossomos – representados, nas imagens, pelas bolinhas vermelhas, fabricam as proteínas na célula. Só podem ser vistos ao microscópio eletrônico.

Representação simplificada em cores-fantasia e tamanhos sem escala.

Ilustrações: Luis Moura

Algumas organelas de célula animal.

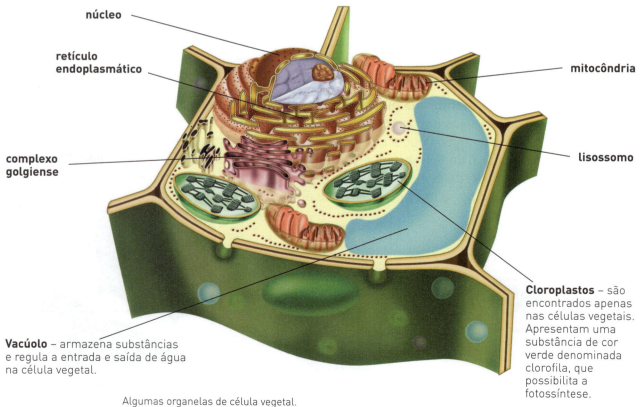

núcleo

retículo endoplasmático

complexo golgiense

mitocôndria

lisossomo

Cloroplastos – são encontrados apenas nas células vegetais. Apresentam uma substância de cor verde denominada clorofila, que possibilita a fotossíntese.

Vacúolo – armazena substâncias e regula a entrada e saída de água na célula vegetal.

Algumas organelas de célula vegetal.

Núcleo

Presente nas células eucariotas, o **núcleo** é a estrutura onde se encontra o material genético (DNA), que controla e regula todas as atividades celulares, sedia as informações que comandam a célula e determinam ou influenciam várias características do ser vivo. Ele é separado do citoplasma pelo **envoltório nuclear** ou **carioteca**.

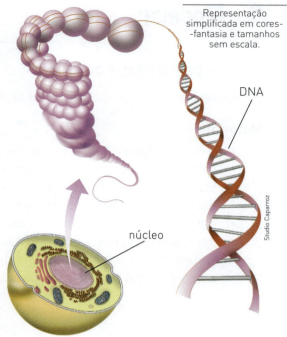

Esquema simplificado de corte em célula eucariota evidenciando o núcleo. No detalhe, ampliação para visualização do DNA (material genético).

A divisão celular

As células são originadas de outras células que se dividem. A **divisão celular** é comandada pelo material genético da célula. Existem dois tipos de divisão celular: mitose e meiose.

Na **mitose**, uma célula inicial divide-se, formando duas células idênticas. Antes dos processos de divisão celular, as células duplicam seu material genético. Por meio da divisão celular, esse material é transmitido às células-filhas.

Esse tipo de divisão acontece na maioria das células de nosso corpo. Isso possibilita o crescimento do organismo e a reposição de células que se desgastam e morrem.

Os seres unicelulares, isto é, constituídos por uma única célula, reproduzem-se por mitose.

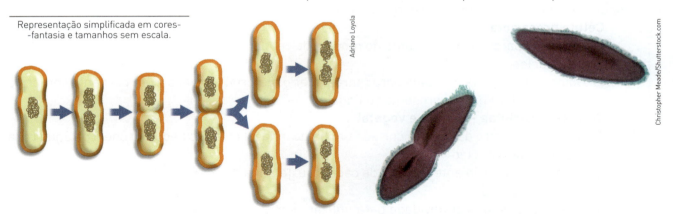

Na mitose, uma célula divide-se, dando origem a duas células iguais.

Paramécio, um ser unicelular, reproduz-se por meio da divisão por mitose.

A divisão por **meiose** origina células sexuais, também chamadas de gametas. Elas são células especializadas, destinam-se à reprodução, ou seja, gerar novos indivíduos.

Nessa divisão também ocorre a duplicação do material genético, porém, ao invés de dar origem a duas células, origina quatro células, cada uma com metade do material genético geralmente encontrado nas demais células do corpo.

Modelar

Células procariotas e eucariotas

Organize-se em grupo para esta atividade.

Material:
- três garrafas PET vazias e limpas, cortadas previamente pelo professor na horizontal (também podem ser usados outros recipientes grandes e fundos, tabuleiros, bacias ou sacos transparentes que possam ser selados);
- dois balões infláveis coloridos pequenos, cheios de água;
- gel para cabelo ou gelatina transparente;
- itens diversos: macarrão tipo parafuso; fitas fina e grossa, barbante, contas ou miçangas de tamanho e cores variadas (incluindo verde), palitos, papel crepom, massa de modelar de cores variadas, botões, sementes, carretéis vazios, canudos etc.

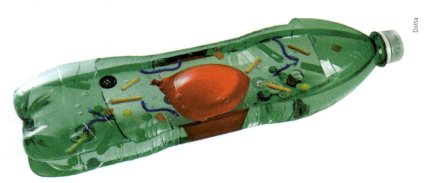

Modelo de célula eucariota finalizado.

Procedimentos

Antes de confeccionarem o modelo tridimensional, façam a reprodução em papel, na forma de esquemas, das células que irão representar para orientá-los no trabalho.

Célula procariota
1. Façam a "parede celular" como no modelo de célula vegetal, mas sem a bola representando o núcleo.
2. Coloquem uma fita trançada para representar o material genético e um barbante comprido do lado de fora para representar o flagelo.

Células eucariotas – animal e vegetal
1. Coloquem dentro da garrafa cortada um balão inflável colorido pequeno cheio de água para representar o núcleo.
2. Preencham o recipiente com gel de cabelo ou gelatina de consistência mole para representar o citoplasma.
3. Nesse gel, usem a criatividade para utilizar os materiais sugeridos como organelas.
4. Para representar a célula vegetal com membrana plasmática e parede celular utilizem um saco plástico para forrar o recipiente antes de preenchê-lo com o gel. Não esqueçam de incluir cloroplastos e um grande vacúolo.

1. Desenhem como ficaram os modelos prontos indicando com setas que estruturas estão representadas.
2. Exponham suas produções de forma organizada em um ambiente comum da escola.

Os tecidos, órgãos e sistemas

Em nosso corpo, no corpo de muitos outros animais e mesmo nas plantas existem diversos tipos de célula, com diferentes formas e funções. As células estão organizadas em grupos que, "trabalhando" de maneira integrada, desempenham determinada função. Esses grupos de células são os **tecidos**.

Os tecidos do corpo humano podem ser classificados em quatro grupos principais:
- **tecido epitelial**, responsável pelo revestimento interno e externo do organismo;
- **tecido conjuntivo**, responsável por diversas funções, como sustentação, circulação, reserva e preenchimento dos organismos;
- **tecido muscular**, responsável pela mobilidade de órgãos, estruturas e organismos;
- **tecido nervoso**, responsável pelo controle e regulação das atividades dos organismos.

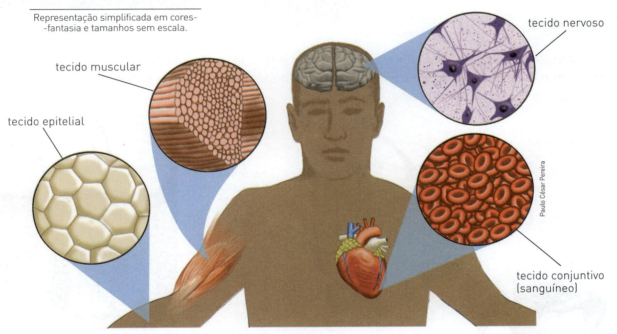

Representação simplificada em cores-fantasia e tamanhos sem escala.

Nos órgãos, que formam sistemas, há diferentes tipos de tecido.

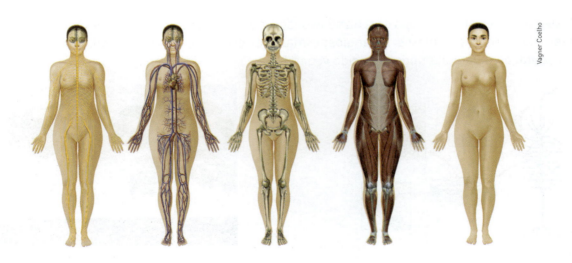

Os sistemas atuam de modo integrado na manutenção da vida.

Os organismos unicelulares, como bactérias e protozoários, e alguns pluricelulares mais simples, como os animais poríferos (esponjas), não formam tecidos, órgãos nem sistemas.

Segundo algumas teorias, seres semelhantes às esponjas foram os primeiros animais pluricelulares que surgiram na Terra.

Os poríferos têm alguns tipos de células e estruturas especializadas – representadas no esquema abaixo –, mas não chegam a formar tecidos e, em consequência, nem órgãos ou sistemas.

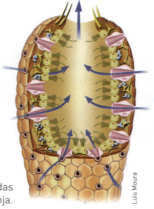

Esquema simplificado das células de uma esponja.

Esponja do mar dourada (*Verongia aerophoba*). Essa espécie mede cerca de 30 centímetros de altura.

As células de outros animais são organizadas em tecidos. Veja na ilustração a seguir os esquemas que comparam tecidos do tegumento – a camada protetora que reveste externamente o corpo – de um caranguejo com o do ser humano.

Representação simplificada em cores-fantasia e tamanhos sem escala.

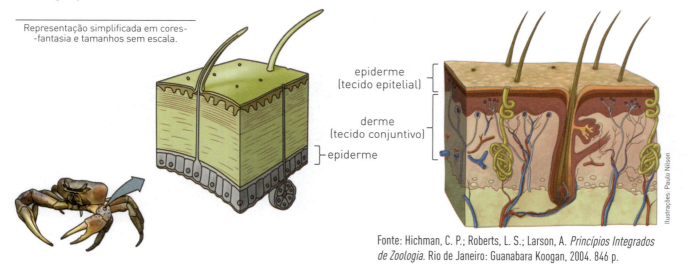

Fonte: Hichman, C. P.; Roberts, L. S.; Larson, A. *Princípios Integrados de Zoologia*. Rio de Janeiro: Guanabara Koogan, 2004. 846 p.

Nas plantas existem tecidos organizados desde o grupo mais simples, as briófitas (musgos e hepáticas), até os mais complexos, as angiospermas (por exemplo, um tomateiro). Veja nas ilustrações a representação de alguns tipos de tecido vegetal.

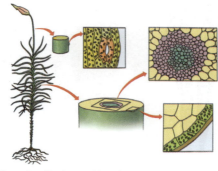

Organização dos tecidos de um musgo.

Organização dos tecidos de um tomateiro.

Veremos a seguir, com mais detalhes, os níveis de organização de maior complexidade.

Ecossistemas, comunidades e biomas

Chamamos de **ecossistema** o conjunto formado pelos seres vivos e pelos fatores não vivos do ambiente, como luz, água, ar e solo, entre outros, que estão relacionados entre si. Ele pode ser aquático (como um rio), terrestre (como uma floresta) ou de transição (como um manguezal). Existem ecossistemas dentro de outros ecossistemas, por exemplo: uma lagoa localizada na área de um bosque; ou uma planta que abriga pequenos animais, suas larvas ou ovos, além de seres microscópicos.

Agora, imagine um beija-flor isolado, sem interação com outros seres nem com o meio ambiente.

E o mesmo beija-flor interagindo com o ambiente e com outros seres vivos.

Como o beija-flor da imagem 1 poderia obter alimento? E como poderia se reproduzir e, assim, deixar descendentes?

A situação em que está o beija-flor da imagem 2 seria uma resposta às questões anteriores? Por quê?

> **zoom**
> Por que algumas espécies conseguem viver em determinado ambiente por mais tempo do que outras?
> Sobreviver e deixar descendentes é prova de que uma espécie é bem adaptada ao ambiente onde vive? Como isso acontece?

Nenhum ser vivo está completamente sozinho na natureza. Se tomarmos como exemplo uma arara-azul, veremos que ela sempre interage com outros seres vivos e também com o ambiente em que vive.

Quando estudamos os indivíduos de uma mesma espécie, que partilham o mesmo **hábitat**, consideramos esse grupo uma população. A população de araras-azuis é constituída por indivíduos jovens, adultos e idosos e pode aumentar ou reduzir em número.

Toda população de araras-azuis interage com organismos de outras espécies, como a árvore manduvi, em que constrói seus ninhos; a palmeira macaúba, de onde extrai sementes para se alimentar, e os tucanos, que invadem seus ninhos para se alimentar de seus ovos e filhotes. Todo esse conjunto maior, composto de populações de espécies distintas, forma uma **comunidade biológica**.

Além de estabelecerem relações com os seres vivos, as araras-azuis relacionam-se com o ambiente físico (não vivo) de seu hábitat por meio das trocas gasosas durante a respiração, do consumo de água, da adequação à temperatura e à umidade do local, entre outros. Comunidades e ambiente físico, em conjunto, formam os ecossistemas.

Araras-azuis alimentando-se de frutos da palmeira macaúba.

Glossário
Hábitat: lugar na natureza em que uma espécie vive.

Ecossistema de manguezal.

Cada espécie tem um **nicho ecológico** em seu ecossistema, que reúne todos seus hábitos, como o modo pelo qual a espécie se reproduz, adquire alimento e realiza outras atividades comportamentais.

Várias populações que ocupam o mesmo local constituem uma comunidade. A fotografia mostra plantas e animais em manguezal. Guaraqueçaba (PR).

Vários organismos da mesma espécie formam uma população. Na fotografia, guarás sobrevoam manguezal na Ilha do Cardoso, Cananeia (SP), abril de 2012.

Cada ser vivo de um ecossistema é um indivíduo ou organismo. Na fotografia, um guará-vermelho.

Tudo o que existe na biosfera está interligado, tal qual uma rede complexa em que cada um de seus fios e pontos ligados tem importância. O que afeta um dos níveis de organização (por exemplo, o desmatamento) pode afetar todos os outros, como a disponibilidade de alimento e hábitats para os animais.

Biomas

Os biomas correspondem a um nível mais amplo de organização ecológica, pois são conjuntos de ecossistemas interligados, integrados e agrupados por apresentarem semelhanças em aspectos como biodiversidade, vegetação, relevo e clima. São regiões com características particulares, tanto em relação aos componentes do ambiente físico quanto às espécies presentes nele.

O território de nosso país apresenta seis biomas principais: Amazônia, Cerrado, Caatinga, Pantanal, Mata Atlântica e Pampa ou Campos Sulinos. Observe no mapa abaixo a distribuição espacial e área aproximada de cada um dos biomas brasileiros.

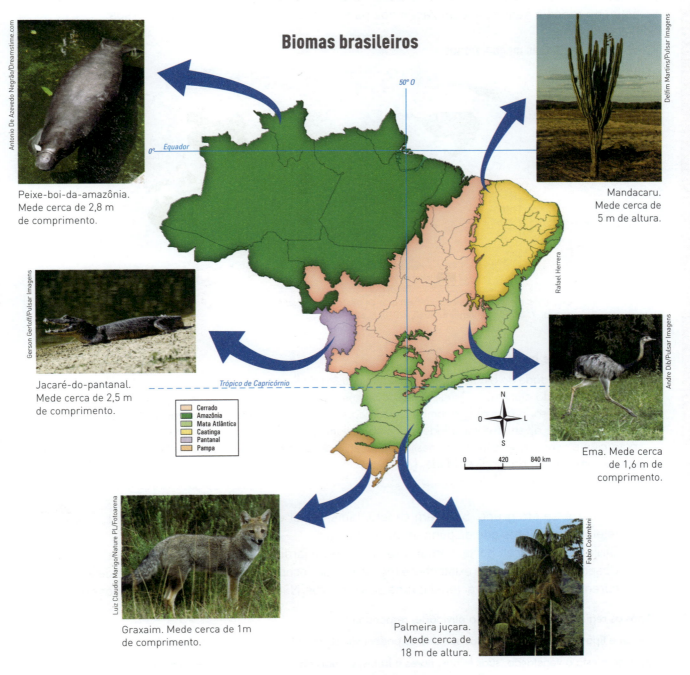

Mapa do Brasil com a área dos biomas e algumas espécies características.
Fonte: Centro de Estudos Migratório. *Migrações no Brasil*: O peregrinar de um povo sem-terra. São Paulo: Paulinas, 1986. p. 22-23.

Viver

Brasil: um país megadiverso

Já vimos que a vida na Terra é resultado de milhões de anos de evolução, resultando na biodiversidade atual. Chamamos de biodiversidade a variedade de espécies no ambiente.

Estima-se que existam entre 8 e 30 milhões de espécies de seres vivos no globo terrestre, mas apenas 1,4 milhão dessas espécies foram descritas pela ciência até hoje. As espécies extintas não estão inseridas nesse número. A maioria das espécies atuais está nas regiões tropicais.

Veja, no mapa a seguir, a localização dos países classificados como megadiversos:

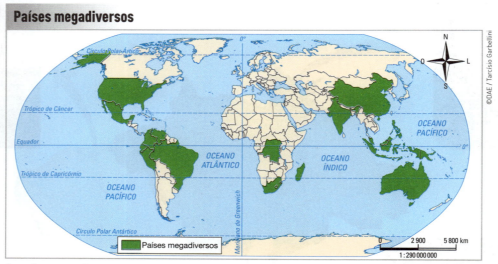

Os países megadiversos concentram grande parte da biodiversidade mundial. Fonte: *Atlas geográfico escolar* 7. ed. Rio de Janeiro: IBGE, 2016. p. 62.

Biodiversidade brasileira

[...] A variedade de biomas reflete a enorme riqueza da flora e da fauna brasileiras: o Brasil abriga a maior biodiversidade do planeta. [...] mais de 20% do número total de espécies da Terra [...]

Mas não é só: o país abriga também uma rica sociobiodiversidade, representada por mais de 200 povos indígenas e por diversas comunidades – como quilombolas, ribeirinhos, sertanistas, caiçaras e seringueiros, para citar alguns – que reúnem um inestimável acervo de conhecimentos e saberes tradicionais sobre a utilização e conservação da biodiversidade. [...]

Ministério do Meio Ambiente. Disponível em: <www.mma.gov.br/biodiversidade/biodiversidade-brasileira>. Acesso em: 4 ago. 2018.

1. Organize-se em grupo. Separem caneta, lápis, papel e/ou máquina fotográfica ou telefones celulares que disponham dessa função.
2. Dirijam-se ao local: horta, pomar, praça ou algum jardim dentro/próximo da escola.
3. Observem os seres vivos existentes e registrem suas ocorrências com fotos, filmes ou desenhos. Procurem detalhar suas características nesses registros. Não toquem, apenas observem os organismos.

Após os registros realizados nessa atividade, respondam:

① Que tipos de interação entre os seres vivos podem ser observados?
② Como está a vegetação, suas folhas, flores e frutos, e quais animais são encontrados nela?
③ Comparem as observações e os registros de vocês com os de outros grupos e discutam as diferenças encontradas entre eles.

Classificar para melhor conhecer

O conhecimento dos grupos específicos dos seres vivos, de acordo com a classificação feita pelos cientistas, ajuda-nos a entender a multiplicidade das espécies que compõem a biodiversidade terrestre e as relações que há entre elas.

No estudo da biodiversidade, devemos considerar, além dos seres maiores (plantas, animais como mamíferos e aves), também os microrganismos (como as bactérias). Estima-se que os microrganismos constituam cerca de 90% das espécies de seres vivos e que desempenhem papel fundamental no funcionamento dos ecossistemas.

O nome dos seres vivos

Ao longo da história, os diversos povos criaram seus próprios códigos para nomear os seres vivos que viam à sua volta. Considerando todas as línguas existentes no mundo, um mesmo ser vivo – um gato doméstico, por exemplo – pode ser identificado por diferentes nomes.

Imagine esta situação: um cientista japonês escreve um artigo para divulgar uma descoberta referente ao *neko*. Como um cientista brasileiro, sem conhecimento da língua japonesa, poderia entender a que ser vivo o cientista japonês está se referindo?

Para evitar problemas de comunicação, utiliza-se uma **nomenclatura** científica, ou seja, um conjunto único de regras que determina como todos os cientistas e as pessoas que estudam a biodiversidade devem fazer para nomear os seres vivos ou se referir a um organismo específico.

Para estabelecer a nomenclatura, foi escolhido o latim: uma língua internacional que não sofre mais modificações, por ser uma língua morta (atualmente não é usada como língua nativa por nenhuma nação, portanto, não está sujeita a mudanças). Além disso, o latim foi, por séculos, a língua oficial das publicações científicas.

Glossário

Nomenclatura: conjunto de termos próprios de uma ciência (ou arte).

Cada nome científico referente à espécie é binomial, isto é, formado por duas palavras:
- a primeira palavra, um substantivo, é escrita com letra inicial maiúscula e corresponde ao gênero (nível que engloba várias espécies próximas);
- a segunda, um adjetivo, é escrita com letra inicial minúscula e corresponde ao termo específico da espécie dentro de um dado gênero.

As duas palavras juntas designam a **espécie**. Veja:

Viver

A classificação e a preservação da biodiversidade

Você sabe por que é importante classificar os seres vivos?

Em primeiro lugar, classificar permite organizar e é fundamental que a biodiversidade seja primeiramente organizada, para ser, então, estudada. Ter maior conhecimento sobre a diversidade dos seres vivos torna possível compreender melhor as funções exercidas por eles nos ecossistemas, evitando que causemos desequilíbrios ecológicos e possibilitando, por exemplo, a descoberta de novos remédios e a identificação de animais ainda desconhecidos.

Com frequência, os noticiários nos alertam sobre a diminuição da biodiversidade no planeta e, de forma preocupante, no Brasil.

A maior parte dos problemas ambientais da Amazônia, da Mata Atlântica, do Cerrado, do Pantanal e de outros biomas e ecossistemas brasileiros é resultado de ações do ser humano ligadas às atividades econômicas: **exploração predatória** da madeira, **tráfico de animais** silvestres, avanço dos **garimpos**, das **áreas cultiváveis**, da **pecuária**, da **urbanização**, da ocupação desordenada do solo e de problemas causados pela implantação de agroindústrias e construção de hidrelétricas.

Em decorrência da diminuição da biodiversidade, a preocupação com a possibilidade do desaparecimento de espécies que ainda nem conhecemos tem aumentado muito. Por isso, é urgente avançar na identificação e classificação dos seres vivos.

Atualmente, existe um programa internacional, denominado Systematics-Agenda 2000, que procura conhecer e conservar a biodiversidade do planeta.

Os objetivos desse programa são:
- conhecer, descrever e listar a diversidade global de espécies;
- sintetizar os dados obtidos em um classficação;
- desenvolver um sistema para lidar com as informações.

Glossário

Área cultivável: território em que se pode plantar, que é ou pode se tornar fértil para o plantio.

Exploração predatória: extração de recursos naturais de maneira exagerada, que supera a capacidade natural de reposição desse recurso.

Garimpo: extração de minerais que envolve, muitas vezes, o uso de substâncias tóxicas aos seres vivos, como o mercúrio no garimpo do ouro.

Pecuária: atividade econômica relacionada à criação de gado.

Tráfico de animais: comércio ilegal de animais.

Urbanização: crescimento das cidades em população e território.

A principal missão do Projeto Tamar envolve pesquisa e conservação das cinco espécies de tartarugas marinhas que ocorrem no Brasil, todas ameaçadas de extinção.

1. Com a orientação do professor, reúna-se com os colegas e, juntos, procurem informações sobre a existência de algum grupo ou alguma instituição que trabalha na defesa e na proteção da biodiversidade local.

2. Convidem um funcionário da prefeitura responsável pela gestão do meio ambiente, em particular da biodiversidade, para visitar a escola e fornecer informações sobre as ações de proteção à biodiversidade da região.

3. Pesquisem dados sobre ameaças a ecossistemas e biomas na região onde vocês moram e se há ações sendo implementadas para seu enfrentamento.

Conviver

Por que dar nome às coisas?

Leia este fragmento retirado do livro *Alice no País do Espelho*, de Lewis Carroll:

— Que espécie de inseto você ama, lá na terra donde vem?

— Não amo a nenhum, absolutamente — respondeu Alice —, porque tenho medo deles, sobretudo dos cascudos que usam ferrão. Conheço-os apenas de nome e posso citar vários.

— Esses insetos costumam atender a esses nomes? — perguntou o pernilongo.

— Nunca observei isso, mas duvido muito.

— Nesse caso, para que os homens lhes dão nomes?

Lewis Carroll. *Alice no País do Espelho*. São Paulo: Abril Cultural, 1978. p. 3.

1 Discuta com alguns colegas, considerando o que foi estudado sobre a nomenclatura dos seres vivos, a resposta que vocês dariam ao pernilongo.

É importante que haja um único nome científico para cada espécie; por isso foi estabelecido internacionalmente um código para nomear os seres vivos, padronizando os nomes e evitando possíveis confusões. Mas isso não ocorre com os nomes populares, pois um mesmo organismo pode ter vários nomes ou, ao contrário, um mesmo nome pode designar diversos seres vivos.

2 Reúna-se em um grupo com mais três colegas para a realização da atividade a seguir. Organizem as informações, analisem e elaborem uma breve apresentação com suas conclusões.

- Escolham um organismo pelo seu nome popular, em seguida, busquem o nome científico dele e verifiquem se existem outros nomes populares para esse ser vivo. Caso não exista, escolham outro organismo e repitam até encontrarem alguma espécie com vários nomes populares. Após acharem, verifiquem os locais em que esses nomes são frequentemente utilizados.

- Organizem um álbum ilustrado com essas informações. Por exemplo, a *Manihot esculenta* (veja a foto) tem diversos nomes.

- Primeiro, identifiquem que organismo é esse. Como ele é denominado na região onde vocês moram? Busquem, em uma pesquisa simples e breve, algumas explicações para o fato de existirem nomes populares para designar os organismos.

- Façam um cartaz sobre a relação desses organismos com seus respectivos nomes populares para pôr no mural da sala de aula. Não se esqueçam de escrever uma frase justificando a importância da nomenclatura científica.

- Apresentem o resultado da pesquisa aos outros grupos na data combinada com o professor.

- Seria muito interessante vocês organizarem, com a ajuda do professor, uma visita a um jardim zoológico ou a um jardim botânico. Nesses locais, os animais ou as plantas estão identificados por seus nomes científicos e populares. E se alguma espécie tiver mais de um nome popular, geralmente estes são também registrados nas placas de identificação.

Manihot esculenta.

As interações na busca de alimento

Em um ecossistema, os seres vivos relacionam-se com o ambiente físico e também entre si. Essa interação ocorre dentro da mesma população, espécie ou entre populações de espécies diferentes, diante da necessidade vital de recursos como nutrientes, água, ar, espaço, abrigo, luz ou parceiros para reprodução. Destacaremos a seguir as interações que se estabelecem na busca de alimento.

Os seres vivos obtêm o alimento basicamente de três maneiras: produzindo, consumindo ou decompondo. Essas características também fazem parte do nicho ecológico da espécie.

Alguns seres, como as plantas e as algas, realizam sua nutrição por meio da fotossíntese. Esses seres são chamados de produtores ou autótrofos, isto é, são capazes de produzir seu próprio alimento.

A sumaúma é uma das maiores espécies de árvore da Floresta Amazônica, chegando a 70 m de altura.

Algas marinhas. Medem cerca de 30 cm de altura.

No processo de fotossíntese, de modo geral, as plantas e as algas transformam a energia da luz do Sol na energia química da **glicose**, isto é, dos açúcares produzidos.

Representação simplificada em cores-fantasia e tamanho sem escala.

Esquema simplificado da fotossíntese.

Glossário

Glicose: açúcar formado durante a fotossíntese, capaz de fornecer energia ao organismo.

Muitos seres vivos não são capazes de produzir seu próprio alimento e, por essa razão, dependem de outros para se nutrir. São os **heterótrofos**, isto é, aqueles que se alimentam de outros seres. Eles podem ser classificados como consumidores e decompositores.

Animais, como o cachorro, e fungos, como o bolor presente na laranja da fotografia, são seres heterótrofos.

Consumidores

Os consumidores não fazem fotossíntese. Eles sobrevivem ingerindo outros seres vivos (ou parte deles). Classificamos os consumidores em subgrupos, de acordo com o tipo de alimento que consomem. Dentre eles, destacamos:
- os consumidores primários – alimentam-se dos produtores. Os seres herbívoros, que só se alimentam de algas e plantas, fazem parte desse grupo;
- os consumidores secundários – alimentam-se dos consumidores primários;
- os consumidores terciários – alimentam-se dos consumidores secundários.

De acordo com o hábito alimentar predominante, os consumidores secundários e terciários podem ser carnívoros (comem carne) ou onívoros (comem plantas, animais, fungos etc.). Nós, seres humanos, somos onívoros "por natureza", mas podemos adotar hábitos alimentares mais específicos por opção ou necessidade.

As cores e a proporção entre os tamanhos dos seres vivos representados não são as reais.

Neste exemplo, o capim corresponde ao produtor; o boi é o consumidor primário; o carrapato é o consumidor secundário e o anu-preto, o consumidor terciário.

Decompositores

Os decompositores (fungos e bactérias) obtêm energia e as substâncias necessárias à manutenção de suas atividades vitais por meio de sua ação degradadora na matéria orgânica de cadáveres ou de seus resíduos, por exemplo, restos de corpos de seres vivos, fezes, urina etc.

A decomposição libera água, gás carbônico e sais minerais no ambiente, que são utilizados pelos produtores na absorção desses componentes diretamente do solo ou do ambiente aquático. Os decompositores têm, portanto, grande importância na devolução dos nutrientes ao solo, evitando o acúmulo de cadáveres, restos de seres vivos e resíduos, atuando, assim, no equilíbrio ambiental.

Pão em processo de decomposição.

Bactérias e fungos não são plantas nem animais. As bactérias são seres microscópicos, unicelulares e procariontes. Os fungos são eucariontes e podem ser microscópicos ou macroscópicos. Existem bactérias e fungos causadores de doenças, mas eles não serão abordados neste momento.

117

As cadeias alimentares

As cadeias alimentares correspondem aos percursos ou caminhos feitos pela matéria e pela energia entre os seres vivos, nos seus processos de nutrição nos ecossistemas.

A representação gráfica de uma cadeia alimentar indica a sequência de organismos, por meio de setas, na qual cada ser vivo, exceto o produtor, alimenta-se do ser vivo que é representado antes dele e serve de alimento para o que é representado depois dele. Cada estágio da cadeia alimentar é denominado **nível trófico**.

Os produtores representam o primeiro nível trófico da cadeia alimentar. Eles realizam, de modo geral, a fotossíntese e iniciam o fluxo, que é o caminho da energia ao longo dos organismos constituintes da cadeia, no ecossistema.

Os consumidores, de acordo com o tipo de alimento que ingerem, podem ocupar diferentes posições nas cadeias alimentares. Os que se alimentam dos produtores são denominados consumidores primários; os que se alimentam dos consumidores primários são chamados consumidores secundários; e assim por diante.

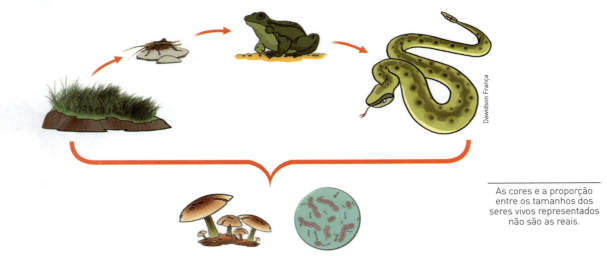

As cores e a proporção entre os tamanhos dos seres vivos representados não são as reais.

Cadeia alimentar com cinco níveis tróficos: a grama é o produtor; o grilo é o consumidor primário; o sapo é o secundário; a cobra é o terciário; e os fungos e bactérias são os decompositores.

Ocupando diferentes papéis – as teias alimentares

Certos tipos de consumidor podem ocupar diferentes papéis, dependendo da cadeia alimentar de que fazem parte. É o caso de nossa espécie, por exemplo. Ao comer uma banana, ocupamos o papel de consumidores primários. Já ao comer carne bovina assada, somos consumidores secundários, pois o boi, que come o capim, é o consumidor primário.

Essa interligação de cadeias alimentares na natureza forma um conceito, que é chamado de **teia alimentar**. Cada ser vivo pode ter mais de uma fonte de alimento na natureza e pode servir de alimento para mais de um tipo de organismo.

Nas teias alimentares, dependendo da cadeia, uma mesma espécie animal pode assumir papéis variados. E todos, produtores e consumidores, estão ligados aos decompositores, que possibilitam a reciclagem da matéria orgânica no ambiente.

> Diferentes cadeias alimentares envolvem vários seres vivos, entre eles, o ser humano, e apresentam elementos em comum. Assim, a mesma espécie de planta ou de animal, em geral, participa de cadeias diferentes. O esquema de uma teia alimentar representa as ações que envolvem os seres vivos na obtenção de alimento em diversas cadeias alimentares.

Na teia representada graficamente ao lado, a coruja ocupa o papel de consumidor terciário na cadeia de setas azul-escuras. Já na cadeia de setas vermelhas, ela ocupa o papel de consumidor secundário. Outras cadeias alimentares (representadas por setas de cores diferentes) podem ser identificadas na imagem. As plantas nunca mudam de papel: são sempre seres produtores.

As cores e a proporção entre os tamanhos dos seres vivos representados não são as reais.

CADEIA (SETAS)	PRODUTOR	CONSUMIDOR PRIMÁRIO	CONSUMIDOR SECUNDÁRIO	CONSUMIDOR TERCIÁRIO
azul-escura	milho	rato	cobra	**coruja**
vermelha	gramíneas	preá	**coruja**	—
verde	gramíneas	gafanhoto	sabiá	—

Observar

Esquematizando uma teia alimentar

Material:
- duas folhas de papel pardo coladas, formando uma folha maior;
- cola;
- caneta hidrocor;
- tesoura sem ponta;
- imagens recortadas de revistas, obtidas na internet e impressas ou desenhos de seres vivos variados (incluir plantas, animais, fungos, bactérias etc).

Procedimentos
1. Dividam-se em grupos e compartilhem as imagens dos seres vivos que todos trouxeram e discutam quais usar para montar uma única teia alimentar.
2. Montem essa teia alimentar no papel pardo, colando as imagens e desenhando as setas que representam as relações entre os seres vivos.
3. Usem cores de canetas diferentes para cada cadeia alimentar.

Após o término da montagem da teia alimentar, faça o que se pede.

1. Quantas cadeias há? Escolham um dos consumidores e verifiquem se ele participa de cadeias diferentes e de quais níveis tróficos participa.

2. O que aconteceria com os outros seres dessas cadeias alimentares se um evento provocasse a extinção ou a diminuição brusca da população desse consumidor no ecossistema?

1 Analise o esquema a seguir:

As cores e a proporção entre as dimensões das estruturas representadas nesta página não são reais.

A célula é a unidade estrutural dos seres vivos.

Um conjunto de células que atuam integradas, desempenhando determinada função, forma um tecido.

Vários tecidos que interagem entre si formam um órgão.

sistema digestório

Um conjunto de órgãos que atuam de modo integrado constitui um sistema.

O conjunto de todos os sistemas constitui o organismo.

a) A que ele se refere?

b) Para estudos ambientais, o que precisaria ser incluído nesse esquema?

2 Podemos afirmar que a célula é a unidade estrutural dos seres vivos. As bactérias são seres formados por apenas uma célula, do tipo procariota. Já os outros seres vivos são constituídos de células eucariotas.

a) O que diferencia células procariotas de eucariotas?

b) Faça, no caderno, um esquema simples que demonstre essa diferença.

3 A ilustração a seguir representa um experimento realizado em seres unicelulares denominados amebas para demonstrar a importância do material genético, contido no núcleo, no controle das atividades celulares.

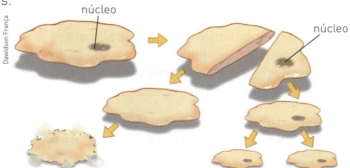

a) Analisando a imagem, podemos afirmar que, se retirarmos o núcleo de uma célula, ela não sobreviverá por muito tempo. Por quê?

b) Que processo celular deu origem às duas amebas na parte que ficou com o núcleo?

4. Que níveis de organização podem ser encontrados em indivíduos dos tipos bactérias, esponjas, insetos, cobras e pinheiros-do-paraná?

5. Na Região Centro-Oeste, encontramos um determinado bioma brasileiro. Veja ao lado uma foto tirada nessa região.

Nesse bioma há mamíferos (como o lobo-guará, o veado-campeiro e o tamanduá-bandeira), aves (como a ema) e muitas plantas típicas (como as gramíneas, a jurubeba e a sucupira, comuns na região).

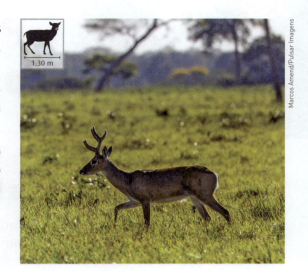

Com base nessa informação, responda:
a) Qual é o nome do bioma/ecossistema em questão?
b) Quantas populações animais foram citadas no texto? Quais são elas?
c) Quantas comunidades são mencionadas no texto e podem ser identificadas na foto?

6. Veja os animais das fotos:

Elefante.

Urso panda. Mede cerca de 80 cm de altura.

Lagarta de mariposa falcão.

Tartaruga de Galápagos.

a) Eles fazem parte de uma mesma população? Justifique.
b) Uma das características em comum desses animais é serem herbívoros. Por que dizemos que seres desse tipo são sempre consumidores primários nas cadeias alimentares?

7. Esquematize uma cadeia alimentar com pelo menos quatro níveis. Atenção para a orientação das setas!

CAPÍTULO 8
Percebendo o ambiente

A adaptação da espécie humana ao ambiente

A capacidade de raciocínio é uma grande característica adaptativa, o que torna todos os indivíduos da espécie humana, de acordo com suas potencialidades, capazes de criar instrumentos (desde as facas de pedra dos remotos ancestrais até os sofisticados computadores da atualidade) que suprem suas deficiências ou ampliam suas possibilidades de entendimento, percepção e ação sobre o meio.

O raciocínio possibilita ao ser humano criar objetos que lhe permitam viver em condições adversas, por exemplo, agasalho para suportar baixas temperaturas e ferramentas para transformar o ambiente de acordo com sua conveniência ou necessidade – aterrar lagos, mudar cursos de rios e até mesmo desviar rotas de asteroides. Assim, essa capacidade de transformar o ambiente garante oferta constante de alimentos, proteção contra o sol e a chuva, meios de transporte, além de cuidados com a saúde (vacinas, remédios etc.).

A espécie humana, portanto, é a única capaz de produzir cultura, que é o resultado do acúmulo de experiências vivenciadas por muitos indivíduos e que se torna propriedade, patrimônio de toda a humanidade.

A arte ilustra a capacidade humana de raciocinar e produzir cultura.

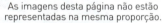
As imagens desta página não estão representadas na mesma proporção.

A arte é uma das grandes manifestações da cultura e da inteligência humana. Nesta página, vemos detalhe de máscara africana policromada (tinta sobre madeira); a tela *Trigal com ciprestes*, de Vincent van Gogh, 1889 (72,1 cm × 90,9 cm óleo sobre tela); e estátua grega da deusa Vênus (de mármore).

Outras adaptações importantes

Várias características da espécie humana atual já presentes em seus ancestrais, outros hominídeos extintos, mostraram-se vantajosas e foram importantes no processo de evolução, entre elas:

- a postura ereta da coluna vertebral e a locomoção apenas com o uso das pernas;
- a visão binocular frontal, que garante maior percepção de profundidade e das posições relativas de objetos em diferentes distâncias, favorecendo a visualização de alimentos, de parceiros e de perigos;
- o desenvolvimento da linguagem, fundamental para o avanço da cultura, a formação de grupos sociais e a transmissão de informações e de experiências para as sucessivas gerações;
- a oposição do polegar, que possibilitou à mão o movimento de pinça, tornando possível o manuseio delicado de instrumentos, a construção de objetos e, posteriormente, a escrita;
- o comportamento gregário, isto é, de vida em grupo, que favoreceu evolutivamente a espécie, possibilitando aos indivíduos mais fracos ou menos resistentes terem, em grupo, mais chance de sobreviver. Vale lembrar que esse comportamento não é exclusivo de **hominídeos**.

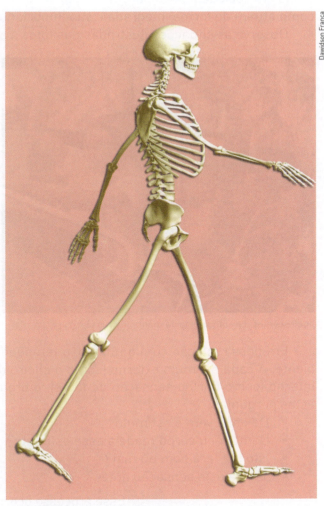

Representação simplificada em cores-fantasia e tamanhos sem escala.

Representação do esqueleto humano que mostra sua postura ereta e a locomoção apenas com os membros inferiores.

Indígena yanomâmi pinta o neto para festa. Geralmente, os ensinamentos das tradições indígenas são transmitidos na prática e ocorrem quando a criança sente necessidade de aprender. Barcelos (AM), 2012.

A oposição do polegar torna possível o manuseio de objetos delicados e a habilidade da escrita.

Glossário

Hominídeo: termo usado para referir-se tanto a indivíduos da espécie humana atual quanto de outras espécies ancestrais já extintas.

As imagens desta página não estão representadas na mesma proporção.

Neste capítulo, considerando o contexto de adaptação da espécie humana ao ambiente natural e à vida em sociedade, estudaremos o papel do sistema nervoso e dos órgãos dos sentidos, analisando como atuam de forma integrada e sua importância para a sobrevivência no planeta.

Observe as situações ilustradas nas fotos a seguir.

Adolescentes durante subida da montanha russa.

Jovens usando óculos 3-D durante sessão de cinema.

Em nossa relação com o mundo, o tempo inteiro somos estimulados e interagimos com o ambiente. A cada estímulo externo (como o cheiro de um alimento ou o som de uma buzina) e mesmo interno (como dor ou sensação de fome), o organismo reage, ou seja, de certo modo "responde" a estas perguntas:

- De onde vem o estímulo?
- Como meu corpo reage a esse estímulo?
- Isto me fará bem ou mal?
- Já tive esta sensação antes?

zoom — Que estruturas possibilitam e coordenam as funções do nosso corpo e sua interação com o ambiente?

Esse processo ocorre no sistema nervoso central de maneira tão instantânea que nossa consciência não tem como identificar todas as suas etapas, nem os milhares de estímulos que o organismo recebe a todo instante.

Ao vivenciarmos as emoções de andar numa montanha-russa ou assistir a um filme de aventura no cinema, por exemplo, todas as nossas reações, voluntárias ou involuntárias, são comandadas pelo sistema nervoso.

Sistema nervoso

Para compreender melhor como percebemos os estímulos externos e como respondemos a eles, é fundamental conhecer o sistema que forma a rede de comunicação do corpo.

O **sistema nervoso** é formado pelo conjunto de órgãos que têm a capacidade de captar mensagens e estímulos do ambiente; é responsável por decodificá-los, isto é, interpretá-los e "arquivá-los", bem como por elaborar respostas, se solicitadas. As respostas podem ser dadas por meio de movimentos e da percepção de sensações agradáveis ou desagradáveis.

O sistema nervoso integra e coordena praticamente todos os outros sistemas e funções do organismo.

Já estudamos, no capítulo anterior, os níveis de organização da vida. Os sistemas são formados por órgãos, que são compostos de tecidos, que, por sua vez, são constituídos por células.

Neurônios

O tecido nervoso é formado por células nervosas, os neurônios. Essas células têm forma alongada e ramificada.

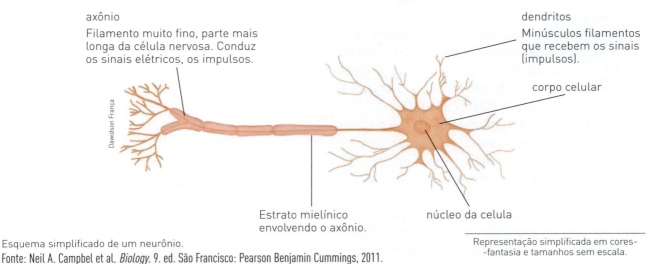

Esquema simplificado de um neurônio.
Fonte: Neil A. Campbel et al. *Biology*. 9. ed. São Francisco: Pearson Benjamin Cummings, 2011.

Representação simplificada em cores-fantasia e tamanhos sem escala.

As informações que transitam pelo nosso corpo, ou seja, o que percebemos do ambiente e nossas respostas a esses estímulos, por exemplo, são coordenadas pelo sistema nervoso e dependem de neurônios que atuam tanto de forma distinta quanto integrada. Assim, podemos classificar os neurônios em três tipos:

- **neurônio sensorial** – leva informações ou estímulos obtidos pelos órgãos dos sentidos – representados pelos olhos, orelhas, receptores do tato, do olfato e do paladar – para o sistema nervoso central;
- **neurônio motor** – leva as informações interpretadas no sistema nervoso central para os órgãos efetuadores ou motores, como os músculos ou as glândulas, onde as respostas aos estímulos serão executadas;
- **neurônio de associação** – faz a conexão entre o neurônio sensorial e o motor. Também pode transmitir os sinais dos neurônios sensoriais até o sistema nervoso central, além de ligar os neurônios motores entre si.

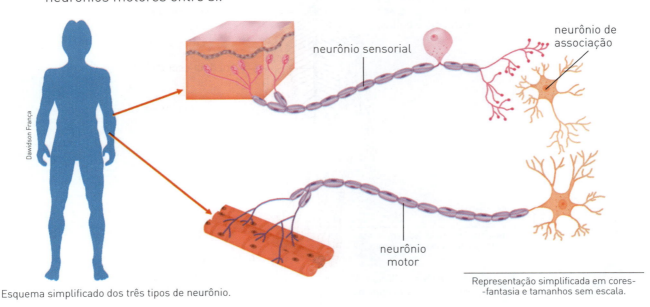

Esquema simplificado dos três tipos de neurônio.

Representação simplificada em cores-fantasia e tamanhos sem escala.

125

Transmissão do impulso nervoso

O impulso nervoso é um sinal elétrico ocorrido no neurônio, que é capaz de percorrer toda a extensão da célula nervosa. Esse sinal pode ser transmitido de um neurônio para outro e sempre terá o mesmo sentido, ou seja, origina-se nas ramificações dos dendritos, percorre o corpo celular e depois o axônio e suas ramificações.

A transmissão do impulso nervoso pelos neurônios possibilita que as informações do corpo e do ambiente sejam processadas e transmitidas entre os centros nervosos e os órgãos motores ou efetuadores.

Ao final do axônio, o impulso nervoso passa de uma célula nervosa para outra em uma região chamada sinapse, onde não há contato entre os neurônios. Quando o impulso chega às ramificações do axônio, estimula a liberação de substâncias chamadas mediadores químicos ou neurotransmissores, que são liberadas na fenda da sinapse, entre dois neurônios. Os neurotransmissores promovem alterações nas ramificações dos dendritos do próximo neurônio, que originam novo impulso nervoso a ser transmitido por essa célula nervosa até a seguinte, e assim por diante.

As sinapses ocorrem entrem dois ou mais neurônios e também podem ocorrer entre um neurônio e uma célula muscular (sinapse neuromuscular), e entre um neurônio e as células glandulares.

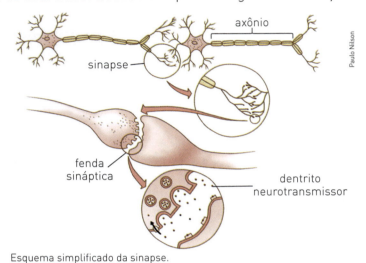

Esquema simplificado da sinapse.

Estrutura do sistema nervoso

O sistema nervoso humano, para facilitar o estudo, pode ser dividido em duas partes: sistema nervoso central e sistema nervoso periférico.

Além dos órgãos envolvidos, o que diferencia o sistema nervoso central do periférico?

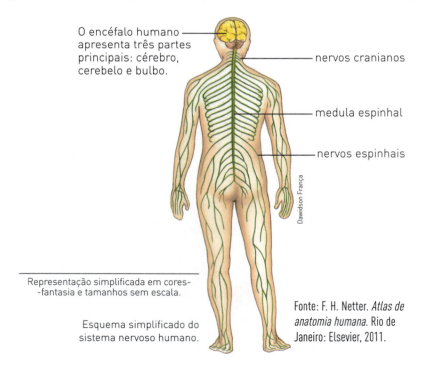

Representação simplificada em cores-fantasia e tamanhos sem escala.

Esquema simplificado do sistema nervoso humano.

Fonte: F. H. Netter. *Atlas de anatomia humana*. Rio de Janeiro: Elsevier, 2011.

Sistema nervoso central

No início deste capítulo, vimos que a capacidade de raciocínio é uma grande característica adaptativa da espécie humana.
- Que relação existe entre o sistema nervoso central e a capacidade de raciocínio?
- Você sabe que órgãos do nosso corpo compõem o sistema nervoso central?

Encéfalo

O encéfalo está localizado no interior do **crânio**, onde é protegido contra choques mecânicos e invasão de agentes externos. É constituído principalmente pelo **cérebro**, **cerebelo** e **bulbo**.

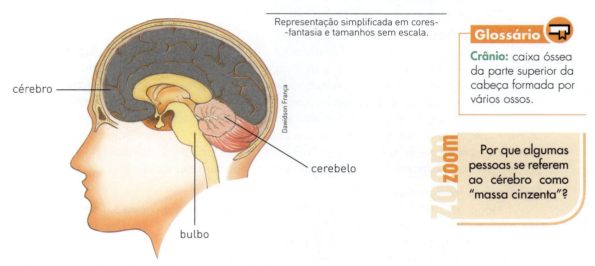

Esquema simplificado do encéfalo em corte longitudinal.

Glossário

Crânio: caixa óssea da parte superior da cabeça formada por vários ossos.

zoom Por que algumas pessoas se referem ao cérebro como "massa cinzenta"?

O **cérebro** ocupa a maior parte do encéfalo e está dividido em duas partes: hemisfério direito e hemisfério esquerdo. Ele é responsável pela expressão e manifestação da inteligência, da memória, da linguagem, da criatividade e controla as emoções e os movimentos voluntários, ou seja, aqueles dependentes de nossa vontade. Tem regiões especiais integradas a cada órgão dos sentidos (visão, audição, olfato, paladar e tato). A camada externa do cérebro denomina-se córtex cerebral. Essa camada contém os corpos celulares dos neurônios e tem cor cinzenta; por isso recebe o nome de substância cinzenta. A parte mais interna tem axônios e dendritos e apresenta a cor branca, devido à presença de uma substância chamada mielina, que envolve a maior parte dos axônios, formando a bainha de mielina. Por isso, a parte mais interna do cérebro é chamada de substância branca. A mielina é responsável por acelerar a transmissão dos impulsos nervosos nos neurônios, de modo que a comunicação entre os órgãos sensoriais, os centros nervosos e os órgãos efetuadores ou motores é muito rápida, quase instantânea.

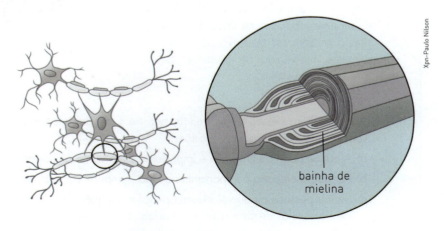

Representação simplificada em cores-fantasia e tamanhos sem escala.

Esquema de neurônio com destaque da bainha de mielina.

De olho no legado

Estudos em neurociências

Os conhecimentos de várias ciências são necessários para o estudo e pesquisa do cérebro e sistema nervoso em geral. Há influência de aspectos genéticos e ambientais (que envolvem desde doenças até a cultura) e isso exige um trabalho amplo e articulado para avançar no entendimento dos processos envolvidos.

Com o avanço da tecnologia, exames de imagem como tomografia computadorizada e ressonância magnética, entre outros, vêm tentando mapear as áreas do cérebro em atividade quando executamos certo tipo de ação ou acessamos imagens, palavras, emoções, lembranças, sonhos e tipos de pensamento, bem como as consequências de lesões no sistema nervoso em geral. Mas ainda há muito a ser desvendado.

Destacaremos a seguir alguns marcos na história da pesquisa neste campo de estudos.

Neurônios-espelhos

Os neurônios-espelhos foram identificados por pesquisadores italianos, liderados por Giacomo Rizzolatti, na década de 1990. O estudo em questão monitorava a atividade neural no cérebro de macacos que faziam movimentos. Os pesquisadores demonstraram que certos neurônios de área específica do cérebro, que eram ativados quando o macaco realizava um movimento determinado (por exemplo, apanhar uma fruta com os dedos), também eram ativados quando o animal observava outro indivíduo, da mesma espécie ou humano, realizando a mesma atividade. Alguns estudiosos julgam possível que os neurônios-espelhos sejam a base da empatia, da capacidade de se colocar no lugar de outra pessoa, de entender seus sentimentos e ideias e, importantes na interação social.

Gardner e as inteligências múltiplas

A teoria das inteligências múltiplas do psicólogo e neurologista estadunidense Howard Gardner, divulgada no início da década de 1980, provocou impacto na área educacional.

Ele observou o trabalho de indivíduos considerados gênios e constatou que poucos manifestavam essa genialidade em todas as áreas. Gardner também procurou evidências em pessoas com lesões e disfunções cerebrais, levantando hipóteses sobre possíveis relações entre habilidades e regiões específicas do cérebro.

Além disso, utilizou posteriormente dados do mapeamento encefálico que se tornaram acessíveis em décadas mais recentes. Em sua teoria, ele propõe que há vários tipos de inteligência.

O trabalho de Gardner desmistifica a ideia de gênios como detentores de todos os saberes e nos leva a valorizar as diversas potencialidades identificadas na diversidade humana. Todos nós somos inteligentes de alguma maneira. E todos os tipos de inteligência podem ser desenvolvidos com estímulos e vivência de situações de aprendizagem variadas.

---

1. Após a leitura desses textos, reflita, registre suas ideias e compartilhe com os colegas suas respostas às seguintes questões:

   a) A capacidade de imitação é importante em alguma atividade humana? Explique.

   b) Por que a empatia é importante na vida humana? Dê exemplos.

   c) Muitas pessoas ainda valorizam apenas a inteligência lógico-matemática na hora de avaliar o desempenho escolar de uma criança ou adolescente. O que pensam sobre isso?

   d) No aprendizado de Ciências, que tipos de inteligência são estimulados?

O **cerebelo** localiza-se abaixo do cérebro e coordena, com ele, os movimentos do corpo. É responsável pelo equilíbrio. Além disso, mantém o tônus muscular, isto é, regula o grau de contração muscular dos músculos em repouso e é responsável pela aprendizagem motora, por exemplo, para andar, pular, correr e nadar.

O **bulbo** controla algumas funções "automáticas" do corpo e também as informações que recebe dos órgãos, como os batimentos cardíacos, os movimentos respiratórios e os reflexos, por exemplo, tosse, espirro e deglutição (ato de engolir).

Pense: Você pode – pela própria vontade – parar de respirar?

O ato de inspirar (levar o ar para dentro do corpo) ou expirar (levar o ar para fora) de modo mais rápido ou lento, como é comum em exercícios de meditação e relaxamento, por exemplo, é voluntário, como prender a respiração por algum tempo. Mas, ao parar de respirar, o gás carbônico deixa de ser eliminado e acumula-se no sangue. Quando a concentração desse gás no sangue chega a determinado nível, o bulbo assume o comando da respiração, fazendo com que os músculos respiratórios aumentem involuntariamente a frequência de seus movimentos, independentemente da nossa vontade. Assim, a pessoa volta a respirar, mesmo que não queira, e o excesso de gás carbônico é eliminado.

Medula espinhal

Nós, seres humanos, somos mamíferos, uma classe de animais vertebrados, ou seja, temos vértebras alinhadas e sobrepostas umas às outras, formando uma estrutura de sustentação chamada coluna vertebral. O que nos diferencia de animais como baratas, polvos e estrelas-do-mar, por exemplo? O que significa ter coluna vertebral? No próximo capítulo estudaremos os ossos, mas é importante que você já saiba que a coluna vertebral é uma estrutura interna de sustentação do corpo dos peixes, anfíbios, répteis, aves e mamíferos. Por essa razão, todas essas classes de animais formam o grupo dos vertebrados.

A **medula espinhal** é um prolongamento do encéfalo com a forma de um cordão de tecido nervoso, localizado no interior da coluna vertebral, no canal vertebral, onde fica protegido. A medula conduz os impulsos nervosos entre o restante do corpo e o cérebro. Coordena, também, os atos involuntários chamados de reflexos.

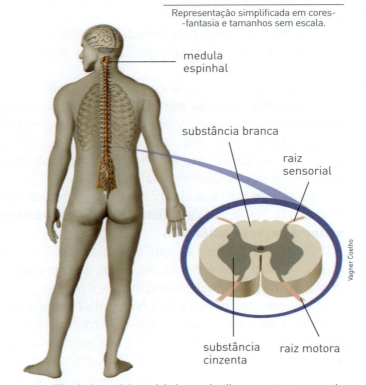

Representação simplificada em cores-fantasia e tamanhos sem escala.

Esquema simplificado da medula espinhal, com detalhe em corte transversal.

Na medula, ao contrário do cérebro, a substância cinzenta fica no centro e a substância branca, na parte externa, ou seja, os corpos celulares dos neurônios localizam-se no centro da medula e os axônios mielinizados, na parte periférica.

As meninges

O sistema nervoso central conta com a proteção dos ossos na coluna vertebral, que protegem a medula espinhal, e dos ossos cranianos, que protegem o encéfalo. Revestindo e protegendo todo o tecido nervoso, existem três membranas chamadas meninges, a mais interna (pia-máter), a mediana (aracnoide) e a mais externa (dura-máter). Entre a membrana mediana e a mais interna está o líquido cérebro-espinhal, chamado de liquor, que fornece proteção extra aos movimentos do corpo.

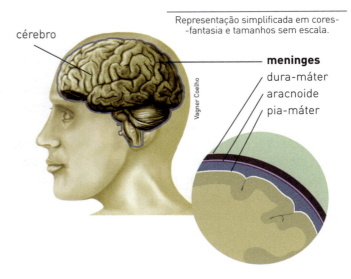

Representação simplificada em cores-fantasia e tamanhos sem escala.

Sistema nervoso periférico

Você sabe o significado de periférico? Consulte o termo no dicionário e tente explicar o porquê dessa denominação a essa parte do sistema nervoso.

O sistema nervoso periférico é constituído pelo conjunto dos axônios de vários neurônios, que formam os **nervos** cranianos, originados no encéfalo, e os nervos espinhais, originados na medula espinhal, além dos **gânglios nervosos**, que constituem o conjunto dos corpos celulares dos neurônios

A função desse sistema é conectar o sistema nervoso central ao restante do corpo.

Existem, portanto, dois tipos de nervos: os cranianos, que formam 12 pares que saem do encéfalo, e os espinhais, que formam 31 pares que saem da medula espinhal.

O conjunto de nervos cranianos e espinhais forma o **sistema nervoso periférico**. São os nervos que atuam na recepção de estímulos sensoriais e nas respostas glandulares, musculares e nos atos reflexos. Esses nervos estão ligados à locomoção, à mobilidade, aos órgãos dos sentidos e à fala.

De acordo com sua atuação, o sistema nervoso periférico pode ser dividido em **sistema nervoso somático** e **sistema nervoso autônomo**.

O sistema nervoso somático regula as ações voluntárias, ou seja, atua sobre os músculos que controlamos conforme nossa vontade, como braços e pernas.

Já o sistema nervoso autônomo atua sobre atividades de órgãos e estruturas que não controlamos. Sua atuação, em alguns casos, estimula a ação do órgão e, em outros, inibe.

Glossário

Gânglio nervoso: aglomerado de corpos celulares de neurônios localizado fora do sistema nervoso central.
Nervo: conjunto de neurofibras formadas por feixes de axônios e dendritos.

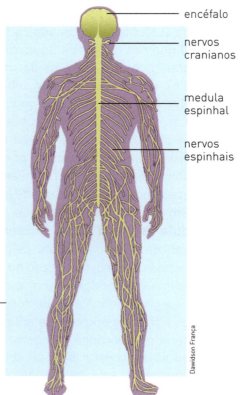

Representação simplificada em cores-fantasia e tamanhos sem escala.

Esquema simplificado do sistema nervoso periférico.

Fonte: F. H. Netter. *Atlas de anatomia humana*. Rio de Janeiro: Elsevier, 2011.

Viver

Os reflexos

Muitas vezes, em determinada situação de perigo, realizamos ações involuntárias e imediatas. Por exemplo: se pisarmos em um prego, levantaremos rapidamente o pé.

Para essas respostas imediatas e automáticas, o organismo utiliza um mecanismo mais simples – o **ato reflexo** –, sem necessitar recorrer ao cérebro para dar a resposta. A via nervosa associada ao ato reflexo é chamada de **arco reflexo**, que se constitui no conjunto formado pelos receptores sensoriais (neurônios modificados), nervo sensorial, neurônios de associação e nervo motor.

Vejamos, no esquema a seguir, o que acontece quando pisamos em um prego. A numeração indica a ordem dos eventos.

Atenção!
A ilustração ao lado é apenas uma demonstração de como se dá o ato reflexo quando alguém pisa num prego. Não tente reproduzir a cena.

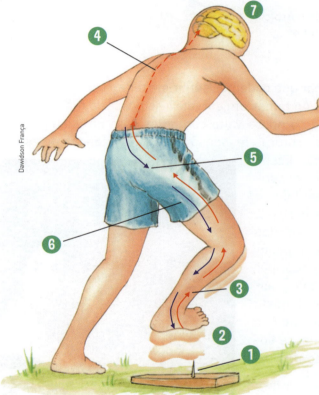

1. Ocorre o estímulo.

2. Os receptores sensoriais táteis recebem o estímulo.

3. O impulso nervoso gerado pelo estímulo é transmitido ao longo do nervo sensorial (setas vermelhas).

4. O impulso nervoso chega à medula espinhal.

5. A "resposta" na forma de impulso nervoso é transmitida ao longo do nervo motor da medula espinhal até os músculos (setas azuis).

6. A resposta: os músculos estimulados pelos neurotransmissores movem a perna.

7. O cérebro recebe e decodifica os sinais. Depois de a perna se mover, registra a dor. Isso tudo acontece em frações mínimas de segundo, a ponto de parecer que as ações foram simultâneas.

Representação simplificada em cores-fantasia e tamanhos sem escala.

Portanto, o **arco reflexo** é o caminho seguido pelo impulso nervoso após um estímulo até uma resposta involuntária e automática, enquanto o **ato reflexo** é a resposta rápida, automática e involuntária ao estímulo; nesse caso, a medula envia a resposta sem a intermediação do cérebro.

Agora faça o que se pede a seguir.

1 Cite exemplos de outras situações similares de respostas que sejam atos reflexos.

2 Reflita sobre a importância dessas respostas rápidas na sobrevivência de nossa espécie. Representam vantagens? Explique.

3 Pesquise outros tipos de reflexos, como os inatos e condicionados.

Sistema sensorial

Vivemos num mundo de cores, sons, percepções táteis, odores, sabores...

A sensibilidade sensorial, ou seja, a capacidade de perceber e responder a esses estímulos, depende principalmente da atividade integrada dos órgãos dos sentidos e do sistema nervoso.

zoom
1. O que ocorre em nosso corpo quando os estímulos do ambiente são captados pelos órgãos dos sentidos?
2. De que maneira as funções do nosso corpo são coordenadas e integradas?

Você já parou para pensar por que podemos sentir prazer ao contemplar um belo quadro? Ao ouvir uma música de que gostamos? Ao tomar um sorvete? Ao passar a mão no pelo macio de um gato?

Para percebermos o mundo a nossa volta contamos com um sistema sensorial que é formado por receptores sensoriais, estruturas responsáveis pela percepção de estímulos provenientes do ambiente e do interior do corpo. Esses receptores são neurônios modificados encontrados nos órgãos dos sentidos e atuam associados ao sistema nervoso. Graças ao sistema sensorial, além das sensações agradáveis, também podemos perceber os perigos, evitando, por exemplo, a ingestão de alimentos estragados, ao sentir o cheiro ou o gosto ruim. Essa possibilidade de perceber o que nos rodeia contribui para nossa sobrevivência e para a integração no ambiente onde vivemos.

Franz Xaver Winterhalter. *Rainha Vitória*, 1842. Óleo sobre tela, 132 cm × 97 cm. Este retrato da rainha Vitória (1819-1901), da Inglaterra, é o tipo de obra de arte que proporciona múltiplas sensações e remetem, ainda que indiretamente, aos diferentes sentidos. Os olhos da rainha acompanham os do observador independentemente do ângulo de visão. Além disso, é interessante observar as impressões que nos provocam todo o conjunto – os cabelos brilhantes, a pele "macia" e o delicado cetim da roupa (tato) – ou até mesmo imaginar o perfume da rosa (olfato) que pende da mão dela.

Pelos órgãos dos sentidos, nosso corpo recebe as informações vindas do meio ambiente, as quais denominamos **estímulos**: a luz, o calor, os cheiros, os sons, os sabores etc.

Os sentidos fundamentais do corpo humano, que captam informações do ambiente, são cinco: visão, audição, paladar ou gustação, olfato e tato. Cada um dos sentidos é captado por um órgão específico, que são os **receptores externos de estímulos**.

> Como percebemos o mundo? Ou seja, quais órgãos de nosso corpo se relacionam com o ambiente, e como se dá essa relação?

Os órgãos dos sentidos transformam os estímulos – luz, som, calor, pressão e outros – em **impulsos nervosos**. Esses impulsos percorrem as células nervosas até o centro nervoso, o cérebro – **receptor interno**.

O cérebro traduz, interpreta e transforma os impulsos nervosos em sensações de quente ou frio, de sabores, de cheiros, de sons, de luz e sombra ou de distinção das cores.

Além de interpretar e transformar os impulsos externos recebidos, o sistema nervoso comanda as reações ou respostas aos estímulos e nos possibilita perceber, também, o que acontece em nosso próprio corpo: seus movimentos, posição, equilíbrio, dores etc.

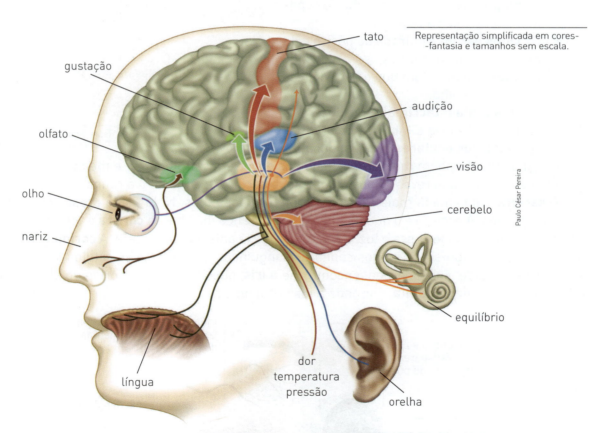

Representação simplificada em cores-fantasia e tamanhos sem escala.

Esquema simplificado que mostra a localização das diferentes regiões do cérebro humano nas quais se processam informações provindas do ambiente por meio de vários tipos de receptores sensoriais.

Na evolução dos seres vivos, as adaptações sensoriais foram decisivas para a sobrevivência das espécies.

Cada um dos sentidos – visão, gustação ou paladar, audição, olfato e tato – relaciona-se a um órgão ou estrutura específico (olho, língua, orelha, cavidades nasais, terminações e corpúsculos da pele), que tem como "função" captar estímulos provenientes do ambiente.

Os olhos e a visão

O sentido da visão nos possibilita perceber o mundo com todas as suas cores e formas. Os olhos são os órgãos do sentido da visão. Os fotorreceptores localizados nos olhos recebem os estímulos luminosos e os transformam em impulsos nervosos, que são enviados ao cérebro pelo nervo óptico.

Estruturas dos olhos

Os **bulbos dos olhos** são estruturas esféricas e encaixam-se em cavidades no nosso crânio denominadas órbitas. Seus movimentos são controlados por músculos.

Os olhos são órgãos extremamente delicados, por isso é importante que estejam bem protegidos e sejam bem cuidados e limpos.

Veja a seguir a descrição das estruturas dos olhos e localize-as no esquema.

- As **pálpebras** protegem os olhos e espalham sobre eles a lágrima.
- Os **cílios** evitam a entrada de poeira e de excesso de luz nos olhos.
- Os **supercílios** evitam que o suor da testa entre nos olhos.
- As **glândulas lacrimais** produzem a lágrima, que lava e lubrifica os olhos.
- Os **músculos oculares** são responsáveis pelo movimento.

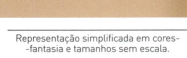

Representação simplificada em cores-fantasia e tamanhos sem escala.

Os olhos têm também membranas – que os envolvem e protegem – e meios transparentes.

As membranas que revestem os olhos são: a esclera, a corioide e a retina.

A **esclera** é a camada mais externa e protetora dos olhos. Nela estão presos os músculos que movem os olhos. A esclera é o que chamamos de "branco do olho"; a **córnea** é uma membrana curva e transparente por onde passa a luz, e constitui a parte anterior da esclera. A **corioide**, uma membrana intermediária, apresenta muitos capilares sanguíneos que nutrem as células oculares. Na parte anterior da corioide, sob a córnea, encontra-se a **íris**, que é o círculo colorido do olho. No centro da íris há uma abertura, a **pupila**, por onde a luz entra no olho depois de passar pela córnea.

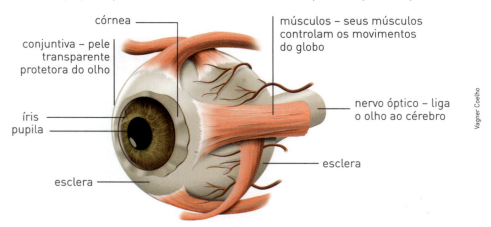

Esquema representativo da estrutura do olho.
Fonte: Gerard J. Tortora. *Corpo humano: fundamentos de anatomia e fisiologia.* Porto Alegre: Artmed, 2010.

Na **retina**, camada mais interna do olho, formam-se as imagens. Nessa região localizam-se as células sensíveis à luz: os **cones** – sensíveis à luz intensa, o que possibilita a percepção das cores – e os **bastonetes** – que conseguem captar iluminação menos intensa.

O **nervo óptico** sai da retina e conduz os impulsos nervosos correspondentes às imagens ao cérebro.

A cor da íris depende da quantidade de melanina (substância também responsável pela cor da pele) que a pessoa tem. A quantidade desse pigmento é hereditária, ou seja, é determinada pelos genes herdados dos pais biológicos.

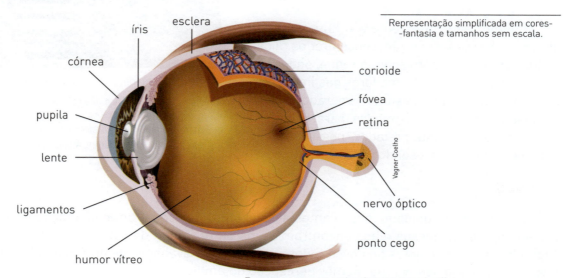

Representação simplificada em cores-fantasia e tamanhos sem escala.

Esquema representativo da estrutura do olho.
Fonte: Gerard J. Tortora. *Corpo humano: fundamentos de anatomia e fisiologia*. Porto Alegre: Artmed, 2010.

Os **meios transparentes** situam-se no interior do olho e permitem que a luz os atravesse e chegue até a retina, que é fotossensível. Trata-se da **lente** (ou **cristalino**), situada atrás da íris, que é a parte do olho que usamos para focalizar e regular a imagem a ser captada pela retina. A lente é uma estrutura em forma de lente biconvexa, elástica e mantém-se suspensa por finíssimos ligamentos presos à corioide.

Assim como o cristalino, que é uma lente biconvexa, há outros tipos de lente natural ou artificial. As ilustrações representam algumas delas, que podem ter aplicação na correção de defeitos da visão, os quais veremos daqui a pouco.

Glossário

Melanina: é um pigmento acastanhado que aparece em preto quando mais concentrado, ao qual se deve fundamentalmente a coloração normal da pele, dos pelos e do olho. A coloração, por exemplo, da pele humana em todas as suas gradações é relacionada ao número, tamanho, tipo e distribuição dessas partículas pigmentadas na epiderme.

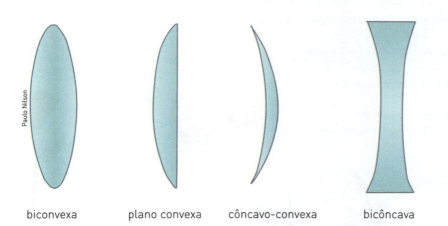

biconvexa   plano convexa   côncavo-convexa   bicôncava

O interior do bulbo do olho é preenchido por líquidos especiais, que contribuem para sua forma esférica. São chamados **humores**.

- **Humor aquoso** – líquido pouco espesso que fica entre a córnea e a lente.
- **Humor vítreo** – líquido de consistência gelatinosa que preenche a cavidade maior do bulbo do olho, entre a lente e a retina.

O humor aquoso, a lente e o humor vítreo atuam com a mesma função: concentrar os raios de luz para que incidam sobre a retina, onde estão os fotorreceptores formadores das imagens, que funcionam como os estímulos geradores dos impulsos nervosos transmitidos para o córtex visual, onde serão interpretados, possibilitando a percepção do que está sendo visto.

Representação esquemática das células fotossensíveis ou fotorreceptoras.
Fonte: Gerard J. Tortora. *Corpo humano: fundamentos de anatomia e fisiologia.* Porto Alegre: Artmed, 2010.

A visão

No início desta unidade, destacamos a visão binocular como uma adaptação importante para a espécie humana. Nossos olhos encontram-se na parte frontal da cabeça, possibilitando uma visão tridimensional dos objetos ao nosso redor e uma melhor avaliação de profundidade e distância relativas, favorecendo assim uma melhor percepção do ambiente.

A visão depende de uma certa intensidade de luz que chega à retina, capaz de estimular as células fotossensíveis, isto é, sensíveis à luz.

Mecanismo da visão

Quando olhamos um objeto, os raios de luz refletidos por ele entram em nossos olhos, passam pela lente e convergem sobre a retina. Os raios luminosos atravessam as estruturas oculares – a córnea, o humor aquoso, a pupila, a lente (ou cristalino) e o humor vítreo – e chegam ao fundo do olho, até a retina, onde se encontram as células fotossensíveis (cones e bastonetes), e se forma uma imagem invertida do objeto.

Retomando, a imagem, transformada em impulsos nervosos, é enviada através do nervo óptico ao cérebro. No cérebro, as informações (cor, forma, tamanho e posição) são "interpretadas", fazendo com que a imagem do objeto em foco seja vista na posição correta.

1. Luz refletida do objeto (flor) entra nos olhos pela pupila.
2. A lente foca o objeto (flor).
3. A imagem na retina (invertida) é transformada em impulsos nervosos.
4. O nervo óptico conduz os impulsos ao cérebro.
5. O cérebro interpreta a informação — vemos a flor na posição correta.

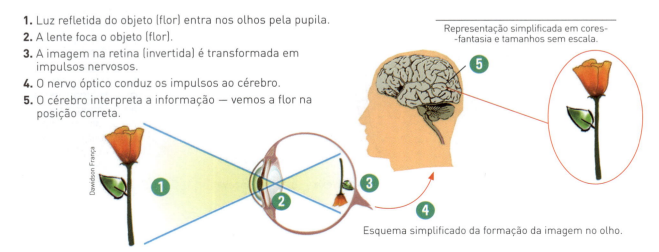

Esquema simplificado da formação da imagem no olho.

A parte do olho que controla a entrada de luz nesse processo é a íris. Ela tem músculos que se contraem ou relaxam automaticamente, de acordo com a intensidade da luz, diminuindo o tamanho da pupila quando há muita luz ou aumentando em situações de pouca luz, regulando, assim, a luminosidade que entra nos olhos.

Pupila dilatada.

Pupila contraída.

Ampliar

Janela da alma
Brasil, 2001. Direção: João Jardim e Walter Carvalho, 73 min.
Nesse documentário, o escritor José Saramago e várias pessoas com deficiência visual descrevem como percebem o mundo.

Quando entramos em um lugar escuro, por exemplo, num túnel, nos primeiros instantes ficamos sem enxergar nada.

Ao contrário, quando saímos de um ambiente escuro para outro fortemente iluminado, nossos olhos ficam ofuscados. Isso acontece porque pupila leva alguns segundos para se adaptar às mudanças bruscas de iluminação. Essa adaptação se deve à contração e ao relaxamento de músculos a ela associados. Quando eles contraem, a pupila abre e, quando relaxam, a pupila fecha. Pupila aberta possibilita a entrada de muita luz para a retina. Ao contrário, pupila fechada reduz a entrada de luz.

Por isso, quando entramos em um lugar escuro, são necessários alguns segundos até que possamos distinguir os objetos ali presentes.

Já citamos que a posição dos olhos na parte da frente do rosto nos possibilita um amplo campo de visão, bem como a visão em profundidade, ou seja, vemos o objeto em três dimensões: altura, largura e profundidade. Assim, a visão tridimensional que temos do mundo é resultado da interpretação, pelo cérebro, das duas imagens bidimensionais que cada olho capta.

Como isso é possível?
Observe a figura.

Representação simplificada em cores-fantasia e tamanhos sem escala.

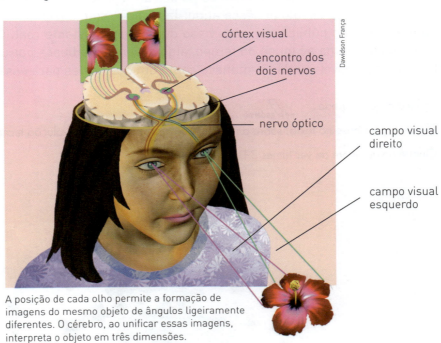

A posição de cada olho permite a formação de imagens do mesmo objeto de ângulos ligeiramente diferentes. O cérebro, ao unificar essas imagens, interpreta o objeto em três dimensões.

Nesse exemplo, o olho esquerdo vê a flor por um ângulo, enquanto o direito a vê por outro. No cérebro ocorre a unificação dessas duas imagens de ângulos diferentes; temos, então, a percepção do objeto (altura, largura etc. da flor) em três dimensões.

137

 **Viver**

O cinema e os óculos 3-D

O cinema depende do avanço da tecnologia para seu constante sucesso. Nos primeiros filmes ficcionais, rodados na primeira década do século XX, a câmera ficava parada em posição central, direcionada a um palco, gravando-se uma espécie de teatro filmado, sem edições ou outros planos de filmagem. Algumas das tecnologias testadas ao longo do tempo levaram a transformações definitivas, como o advento do som ou da cor nos filmes, hoje imprescindíveis. A inovação mais recente e que parece ter vindo para ficar é a do "cinema em três dimensões", ou "cinema 3-D", como popularmente é chamado.

Para assistir a um filme em 3-D usam-se óculos especiais. Eles funcionam alterando a maneira como a onda de luz é propagada. Se as ondas luminosas, em sua normalidade, vibram em todos os sentidos, os projetores de cinema fazem com que elas sejam polarizadas, ou seja, emitidas apenas verticalmente ou horizontalmente – os cinemas fazem isso por meio de dois projetores, que projetam a imagem de ângulos diferentes. Desse modo, cria-se a sensação de profundidade, aquela mesma percebida pelo olho humano quando se observam as coisas naturalmente.

Na visão normal que temos dos objetos, os volumes apresentam-se em três dimensões, o que não ocorreria com o filme projetado na tela do cinema, que é plana, não fosse o recurso dos dois projetores.

Com os óculos, a sensação criada pela projeção é potencializada, já que uma das lentes elimina todos os raios de luz, com exceção dos verticais, e a outra também elimina todos os raios de luz, exceto os horizontais. Isso faz com que cada olho receba a imagem de um dos projetores apenas, gerando um efeito de percepção, para a mente humana, em que sobressaem volumes e formas tridimensionais que, no entanto, não estão ali presentes, a não ser como simulação.

A sensação buscada pelos óculos 3-D é a mesma que se tenta criar desde suas primeiras apresentações públicas, em 1895, de *A chegada do trem à estação*, filme dos irmãos Lumière. Se naquele distante ano a plateia teve uma reação de pânico ao ver, na tela, um trem aproximando-se – as pessoas pensaram que o veículo pudesse atingi-las – hoje, com a tridimensionalidade, o que se almeja ainda é o encanto do público por uma visão que pareça bastante real. Com tanta tecnologia tendo transformado o cinema ao longo do tempo, algo essencial, a busca por uma representação que seja a mais realista possível, ainda permanece como um dos nortes para essa arte.

Agora faça o que se pede.

1. Disserte, com base no texto, sobre a relação dos óculos 3-D com a evolução tecnológica do cinema.
2. Qual é a vantagem de ver filmes 3-D?

Os cuidados com os órgãos da visão

É comum levar a criança ao oftalmologista apenas quando ela já está na escola e se queixa de dificuldades para ler o que está escrito na lousa. No entanto, os médicos especialistas aconselham consultas periódicas, a fim de possibilitar um tratamento adequado, caso seja necessário. Os exames oftalmológicos podem ser feitos gratuitamente nos postos de saúde.

Alguns problemas de saúde visual

Em uma pessoa sem problemas de visão, os raios de luz passam pela córnea e, ao chegar à retina, eles se juntam (convergem) em um mesmo ponto ou conjunto de pontos, formando, assim, a imagem.

Os óculos e as lentes de contato são utilizados para corrigir alguns problemas de visão relacionados com a formação da imagem. Entre outros, citamos miopia, hipermetropia, astigmatismo e presbiopia.

Na **miopia**, a pessoa tem dificuldade de enxergar objetos que estão longe. O olho do míope é longo e a imagem forma-se antes da retina, desfocada. As lentes recomendadas para corrigir a miopia são do tipo divergente, pois levam a imagem mais para trás no olho do míope. Dessa maneira, a imagem forma-se novamente sobre a retina.

O esquema está representado com cores-fantasia e as dimensões dos elementos não seguem a proporção real.

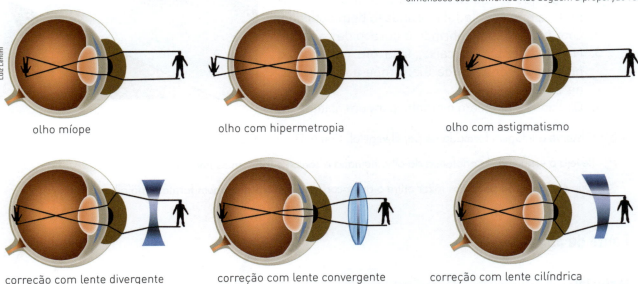

olho míope   olho com hipermetropia   olho com astigmatismo

correção com lente divergente   correção com lente convergente   correção com lente cilíndrica

Ilustração que representa como se formam as imagens nos casos de miopia, hipermetropia e astigmatismo e os seus respectivos tipos de lente corretiva.

Na **hipermetropia** ocorre o oposto da miopia, ou seja, a pessoa consegue enxergar os objetos mais distantes e percebe os objetos próximos fora de foco. Ou seja, essa pessoa tem dificuldade para enxergar de perto. O olho é curto e a imagem forma-se depois da retina. A correção da hipermetropia é feita com lentes convergentes.

O **astigmatismo** ocorre quando a pessoa tem a lente ou a córnea com formato irregular. Isso faz a imagem ficar fora de foco, ocorre a visão embaçada/manchada dos objetos em determinada direção. A correção é feita com lentes cilíndricas.

Na **presbiopia** ocorre o endurecimento da lente do olho e, portanto, a perda da capacidade de acomodação visual. É conhecida como "vista cansada" e mais comum a partir dos 40 anos de idade. A correção é feita com o uso de lentes convergentes, como na hipermetropia.

Há ainda outros problemas relativos à saúde visual, por exemplo: a conjuntivite, o glaucoma, a catarata, o tracoma. Esses problemas não são corrigidos com lentes, mas podem ser evitados com cuidados específicos, como visita regular ao oftalmologista, higiene, dieta equilibrada, tratamento de infecções e intervenções cirúrgicas.

Modelar

Câmera escura

Com seu grupo, você vai construir um modelo de câmera escura. A imagem que ela produz é semelhante à imagem produzida por uma lente convergente.

Material:
- uma caixa de papel retangular;
- papel vegetal;
- prego fino ou tachinha;
- fita adesiva;
- tesoura.

Atenção! Cuidado ao manusear tesoura e prego.

Procedimentos

1. Corte uma face lateral menor da caixa e retire-a.
2. Recorte um pedaço de papel vegetal um pouco maior que a lateral retirada (cerca de 2 centímetros em cada lado) e prenda-o bem esticado, com fita adesiva, cobrindo o buraco da caixa.
3. Na face oposta da caixa, faça um furo com o prego para entrada da luz. Tampe a caixa e vede-a bem.
4. Direcione a face com o furinho para um objeto.

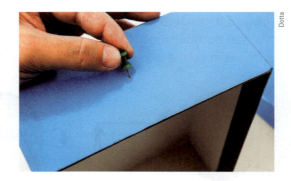

① Observe a imagem formada no papel vegetal. Como é?
② Reveja o esquema da anatomia do olho humano e como se formam as imagens.
③ Que comparação podemos fazer entre o que ocorre na caixa e a imagem formada no olho humano?

Lente de água

Material:
- pedaço de arame de aço fino;
- um lápis;
- água;
- pedaço de jornal ou qualquer papel com algo escrito ou desenhado.

Representação do procedimento (à esquerda) e modelo finalizado (à direita).

Procedimentos

1. Com cuidado, enrole e torça o pedaço de arame em volta do lápis de modo a formar uma argola.
2. Mergulhe a argola na água, até que uma gota fique presa a ela.
3. Aproxime a argola com a gota de um pedaço de jornal ou similar. Olhe o texto ou imagem do jornal através da gota. O que acontece?

① De acordo com o que você estudou sobre tipos de lente, por que podemos dizer que nesse caso a gota atua como uma lente convergente?
② Para a correção de qual defeito de visão esse tipo de lente é indicado?

Saúde em foco

Daltonismo

Nem todas as pessoas percebem todas as cores.

O **daltonismo** é um exemplo de distúrbio visual genético que faz com que as pessoas daltônicas sejam incapazes de distinguir certas cores.

Esse distúrbio resulta da ausência ou redução de cones (tipos de célula fotossensível) receptores do vermelho e do verde. São raros os casos de daltônicos que não percebem cor alguma, a não ser branco, preto e tons de cinza. Por razões genéticas, o daltonismo atinge com maior frequência os homens do que as mulheres.

Faça um teste de daltonismo

Em um lugar bem iluminado, observe esse quadro. O que você vê no meio dele?

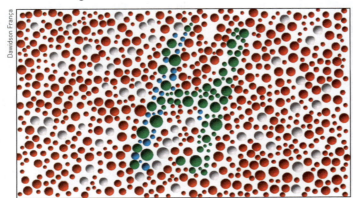

Uma pessoa com daltonismo terá dificuldade de identificar a letra **H**, nos tons de verde, no centro do quadro.

Caso você seja daltônico, faça o teste com outras pessoas de sua família.

> **Glossário**
>
> **Daltonismo:** a palavra originou-se do nome do inglês John Dalton, físico de renome que era daltônico e se dedicou ao estudo desse problema.

Cuidados com os olhos

Como vimos, os olhos têm estruturas próprias de proteção. Mesmo assim, devemos tomar alguns cuidados especiais com eles e consultar regularmente o médico oftalmologista.

- Não usar óculos sem receita médica.
- Para ter efeito protetor, os óculos de sol devem ter lentes adequadas.
- Não usar colírio sem recomendação médica.
- Em caso de cisco, lavar o olho com cuidado, sem esfregá-lo.
- Procurar ler e escrever em lugar adequadamente iluminado.
- Ao assistir à televisão, ler ou escrever, observar os seguintes aspectos: manter-se, no mínimo, a 1,5 m da tela da televisão. O livro, o caderno ou outro suporte de leitura deve estar a uma distância de aproximadamente 30 cm dos olhos; para usar o **computador**, posicionar-se entre 45 e 70 cm do monitor. A tela deve ter sua altura regulada um pouco abaixo da altura dos olhos.
- **Nunca olhar diretamente para o Sol**, pois isso pode causar sérios danos aos olhos. Evitar olhar também diretamente para fonte de intensa luminosidade, faróis de carro, por exemplo.

① Reúna-se aos colegas e, juntos, organizem uma campanha no bairro ou na escola para incentivar as pessoas a fazer exame oftalmológico. Para isso, procurem saber, no posto de saúde mais próximo de suas casas e/ou da escola, o dia e o horário de atendimento oftalmológico, e não deixem de informar esse dado na campanha.

A audição e as orelhas

A audição é um dos sentidos humanos, sua percepção se dá graças aos processos que ocorrem com os receptores localizados nas orelhas, cuja forma auxilia na captação das vibrações sonoras, originando impulsos nervosos, que são transmitidos pelos nervos auditivos ao cérebro.

Estrutura da orelha

A orelha é o órgão receptor dos sons e, também, responsável pela percepção do equilíbrio postural. É composta de três partes: orelha externa, orelha média e orelha interna.

A **orelha externa** é formada pelas seguintes estruturas:
- pavilhão auditivo, que é constituído por tecido cartilaginoso – essa parte do órgão capta os sons do ambiente e direciona-os para o meato acústico;
- meato acústico externo, que tem pelos e glândulas que secretam cerúmen, uma substância (a cera) que retém corpos estranhos e protege a orelha contra a entrada de poeira e micróbios.

> **zoom**
> Uma pessoa descia de elevador do trigésimo andar de um prédio. Ao sair do elevador sentiu um mal-estar, uma pressão no interior da orelha. Ela apenas bocejou e ficou tudo bem. Você sabe explicar o que aconteceu?

A **orelha média**, separada da orelha externa pela membrana timpânica, é um canal estreito cheio de ar onde se localizam:
- um conjunto de três ossos muito pequenos chamados martelo, bigorna e estribo, que são responsáveis pela amplificação do estímulo sonoro;
- a tuba auditiva, um canal que se comunica com a faringe, tubo que serve de passagem para o ar entrar e sair dessa região do nosso corpo.

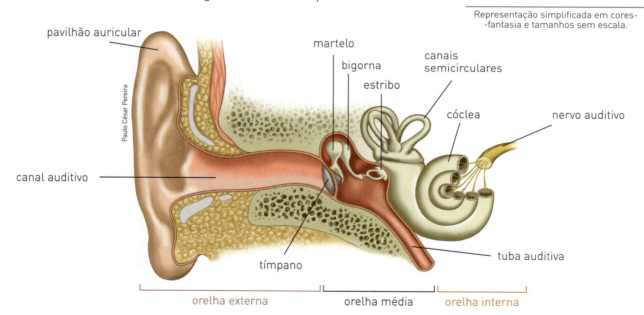

Representação simplificada em cores-fantasia e tamanhos sem escala.

- Ouvido ou orelha? O que comumente chamamos ouvidos, os anatomistas (cientistas que estudam a anatomia do corpo) denominam orelhas.
- E a orelha? O que comumente chamamos orelha é o pavilhão auditivo, uma das partes da orelha.

Quando subimos ou descemos uma montanha, ou quando viajamos de avião, sentimos um pouco de desconforto nas orelhas. Isso se deve à variação da pressão atmosférica, que diminui com o aumento da altitude, ficando menor a pressão externa do ar sobre a membrana timpânica, o que prejudica sua vibração. A saída do ar pela tuba auditiva e, por conseguinte, pela faringe equilibra a pressão do ar de dentro da orelha com a de fora do corpo.

Representação simplificada em cores-fantasia e tamanhos sem escala.

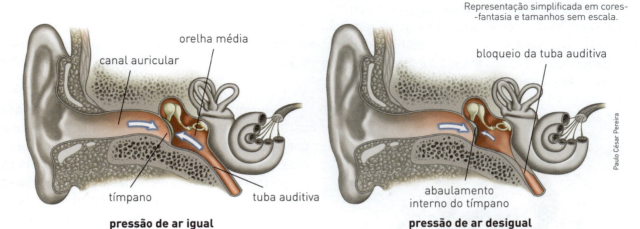

pressão de ar igual   **pressão de ar desigual**

Esquema simplificado que mostra o tímpano em variação de pressão.

A **orelha interna** está ligada às terminações nervosas. Ela é formada pelas seguintes estruturas preenchidas por líquido:
- canais semicirculares;
- utrículo;
- cóclea ou caracol, com minúsculas células ciliadas em toda sua extensão. Essa estrutura contém os terminais nervosos responsáveis pela audição.

Células ciliadas da orelha interna. Fotografia obtida por microscópio eletrônico e colorizada artificialmente. Ampliação aproximada de 2 000 vezes.

zoom

Você conhece a Língua Brasileira de Sinais (Libras)?

Pessoas com deficiência auditiva parcial ou total podem se comunicar por meio das línguas de sinais – como a Língua Brasileira de Sinais (Libras). Há também pessoas sem problemas de audição que, para se comunicarem melhor com os que apresentam deficiência auditiva, aprendem Libras: o processo é semelhante ao da aprendizagem de uma nova língua falada, como inglês, francês etc.

Veja o quadro ao lado e conheça os algarismos e o alfabeto de Libras.

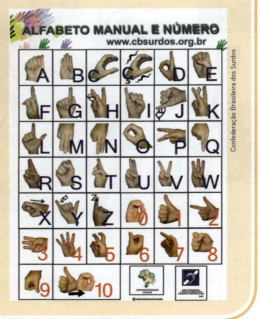

Funcionamento da orelha – audição

A audição é o primeiro sentido a se estabelecer na formação de nosso corpo, mesmo antes de nascermos já percebemos as vibrações sonoras. Essas vibrações propagam-se pelo ar, e as orelhas as captam no ambiente e as enviam ao cérebro.

Através da orelha externa, as ondas sonoras chegam à membrana timpânica, fazendo-a vibrar; essa vibração da membrana timpânica é recebida, na orelha média, pelos minúsculos ossos articulados entre si – martelo, bigorna e estribo –, que podem ampliá-la ou diminuí-la. Isso é possível devido aos pequenos músculos presos a esses ossos, que podem frear seus movimentos. Veja a ilustração dos ossículos em detalhe:

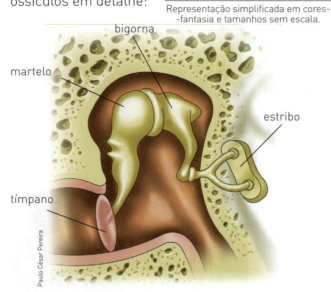

Representação simplificada em cores-fantasia e tamanhos sem escala.

Esquema simplificado dos ossículos da orelha.

O movimento do estribo transmite a vibração para a janela do vestíbulo, uma membrana que, por sua vez, faz vibrar o líquido no interior da cóclea, na orelha interna. As vibrações sonoras são propagadas na forma de ondas através do líquido da cóclea. Quando o líquido da cóclea é deslocado pelas ondas sonoras, as células sensitivas ciliadas curvam-se.

Esse processo estimula as células nervosas sensíveis aos diferentes tipos de vibração sonora presentes na cóclea. Estes são transformados em diversos impulsos nervosos, transmitidos pelos nervos auditivos ao centro auditivo no cérebro, onde eles são transformados em sensação sonora.

- O que acontece ao ouvir um latido?
- Você precisa ver o animal para associar o som a um cachorro?

Os sinais sonoros, no exemplo, os latidos, são interpretados em nosso cérebro com base nos registros de sons existentes na memória para então compor a resposta ao estímulo sonoro externo, fazendo com que nos lembremos de um cachorro. Algo semelhante ocorre quando os sinais externos captados pelos outros órgãos dos sentidos "chegam" ao cérebro.

A orelha e o equilíbrio

A orelha é mais conhecida como órgão do sentido da audição, mas ela também ajuda a manter o equilíbrio – a orientação postural – e o senso de direção.

Dentro da orelha interna, os componentes associados à percepção do equilíbrio são os **canais semicirculares**, o utrículo e o sáculo, também chamado labirinto, que são preenchidos por líquido e estão localizados em três planos. Essas estruturas constituem o aparelho vestibular, cujo papel é manter o corpo em equilíbrio com base em informações sobre sua postura, inclinação e movimento. Elas não participam do processo de audição. Conforme mexemos a cabeça, são estimuladas determinadas células ciliadas que enviam ao cérebro informação sobre os movimentos e a posição de nosso corpo em relação ao ambiente. Nosso cérebro interpreta a mensagem e comanda os músculos que atuam na manutenção do equilíbrio do corpo.

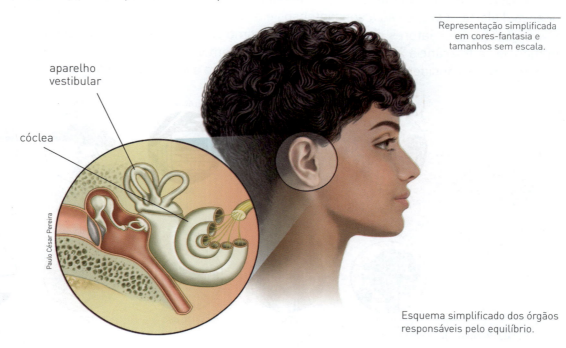

Representação simplificada em cores-fantasia e tamanhos sem escala.

Esquema simplificado dos órgãos responsáveis pelo equilíbrio.

A **labirintite** é um distúrbio do labirinto causado por: inflamação, problemas circulatórios, estresse, hipertensão, diabetes etc. O principal sintoma da labirintite é a perda do equilíbrio corporal.

Cuidados com os órgãos auditivos

Os problemas do sistema auditivo, como perda total ou parcial da audição, podem ter diversas causas, como: fatores hereditários, infecções, idade avançada, entre outros.

Com o passar dos anos, os componentes auditivos do organismo humano – a membrana timpânica, os pequenos ossos e as células sensitivas da orelha – vão se degenerando, e as pessoas, aos poucos, vão perdendo a capacidade de perceber os sons.

A limpeza da orelha deve ser feita com muito cuidado. Usando material macio, devemos limpar somente a orelha externa. A cera, de modo geral, não deve ser retirada. O excesso de produção, sua retirada e desconfortos devem ser avaliados por um médico otorrinolaringologista, pois a cera tem função protetora e impermeabilizante. Do mesmo modo, infecções e outros agravos à audição também devem ser analisados pelo médico especialista.

Não podemos introduzir objetos (grampos, palitos etc.) na orelha, pois eles podem romper a membrana timpânica, causando danos à audição.

Viver

Poluição sonora

O que é poluição sonora? Dizemos que há poluição sonora quando os ruídos incomodam por serem altos demais para nosso sistema auditivo.

A audição humana, em níveis normais, capta sons a partir de 10 ou 15 **decibéis**. Até cerca de 40 a 50 decibéis, os sons são inofensivos à audição humana. A exposição prolongada a um barulho acima dessa medida pode causar danos à membrana timpânica, aos ossos da orelha e às células sensitivas, o que pode resultar em diminuição ou perda da audição. O excesso de barulho provoca, também, dores de cabeça, irritabilidade e insônia.

A Sociedade Brasileira de Otologia (otologia: área da medicina que estuda o sistema auditivo e suas doenças) alerta: a exposição a sons intensos é a segunda causa mais comum de deficiência auditiva.

Embora outros fatores genéticos ou até mesmo situações temporárias como uma gripe possam influenciar a tolerância à intensidade sonora, existem valores médios para a maioria da população que devem ser considerados. A figura a seguir compara a intensidade sonora em algumas situações:

Escala de intensidade sonora.

Segundo a Organização Mundial da Saúde (OMS), o "volume sonoro" nas cidades não deve ultrapassar 70 decibels para evitar a poluição sonora.

Como regra para os cuidados com os órgãos auditivos, devemos:

- evitar o uso abusivo de aparelho de som com fones de orelha;
- não manter aparelhos sonoros com som alto demais;
- evitar ambientes cujos ruídos incomodem a audição.

Glossário

Decibel (dB): é a unidade de medida da intensidade dos sons. É submúltiplo da unidade de medida bel e sua forma no plural é decibels. Mas na linguagem corrente é comum encontrar a forma **decibéis**.

Agora responda:

1. Há muito barulho no local onde você mora ou estuda?
2. Em caso positivo, quais são as principais fontes de ruído?
3. Você tem o hábito de ouvir música alta? Conhece os riscos desse hábito?
4. Pesquise medidas individuais e coletivas para reduzir a intensidade sonora nos centros urbanos (equipamentos pessoais, tipos de janela e isolamento para prédios etc.).

Paladar e olfato

Ao levarmos um alimento à boca, percebemos se ele é doce, amargo, salgado ou azedo. Também somos capazes de perceber a mistura de dois ou mais sabores e ainda de identificar se o alimento está estragado por meio do odor e sabor. E ainda conseguimos distinguir as consistências (alimentos cremosos, crocantes, suculentos etc.).

zoom Você sabe explicar como podemos avaliar a maciez de uma carne, a suculência de uma melancia ou a cremosidade de um iogurte?

O que nos possibilita essas percepções são predominantemente os órgãos dos sentidos do paladar (ou da gustação) e do olfato em uma ação integrada. Mas vale lembrar que a visão e o tato também influenciam nossa resposta ao alimento.

Paladar

O órgão responsável pelo sentido do paladar ou gustação é a língua, que é um receptor externo das informações sobre a composição, textura e temperatura dos alimentos. E, como órgão muscular, ajuda a movimentar o alimento dentro da boca, inicia a deglutição e participa da articulação das palavras durante a fala.

Na superfície da língua, há numerosas elevações microscópicas denominadas **papilas gustatórias**. Cada papila contém **botões gustatórios**, os quais têm células que são estimuladas por partículas dos alimentos. Esses estímulos geram impulsos nervosos transmitidos pelas terminações nervosas e nervos até o cérebro. No cérebro, esses impulsos nervosos, em áreas específicas do paladar, são traduzidos em sensações de sabor.

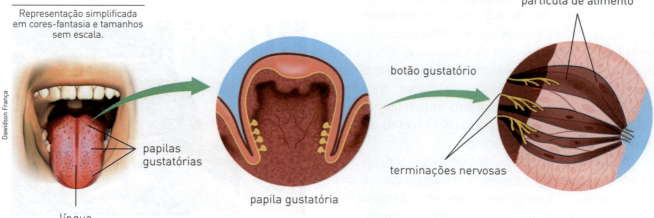

Representação simplificada em cores-fantasia e tamanhos sem escala.

Esquema das estruturas da língua – papilas e botões gustatórios. Cada botão gustatório contém de 40 a 60 células sensoriais e mais algumas células de sustentação.

Arthur C. Guyton e John E. Hall. *Textbook of medical physiology*. Filadélfia: Elsevier Saunders, 2006.

Na língua, há também as papilas táteis, que percebem a temperatura e a textura do que é levado à boca, isto é, captam as sensações: frio, quente, duro, mole, entre outras.

147

Olfato

O **nariz** é o órgão olfativo. Em suas cavidades nasais encontram-se as estruturas capazes de captar os odores ou cheiros. O contato com as substâncias presentes no ambiente é feito por meio das **narinas**.

Receptores olfatórios, localizados no alto da cavidade nasal, detectam as moléculas de substâncias aromáticas que estão presentes no ar. Eles ligam-se ao **nervo olfatório**.

Representação simplificada em cores-fantasia e tamanhos sem escala.

Esquema simplificado da estrutura do nariz – órgão olfativo.
Fonte: Arthur C. Guyton e John E. Hall. *Textbook of medical physiology*. Filadélfia: Elsevier Saunders, 2006.

Sentindo o cheiro

No ato frequente de inspirar, captamos o ar do ambiente. O ar entra no corpo pelas cavidades nasais.

Podemos perceber o cheiro das coisas, que liberam partículas gasosas ou partículas sólidas e líquidas muito pequenas. Por isso, se houver partículas de alguma substância diferente misturadas às partículas do ar, serão captadas pelos receptores olfatórios, que são sensíveis aos odores. Quando estimuladas pelas moléculas de substâncias aromáticas, esses receptores celulares, neurônios modificados, originam e enviam impulsos nervosos pelo nervo olfatório ao cérebro. No cérebro são produzidas as sensações olfativas.

Algumas delas detectam odores que proporcionam sensações agradáveis; outras detectam odores desagradáveis, que podem indicar a presença de substâncias perigosas ao organismo. Um exemplo é o gás de cozinha; naturalmente inodoro, nele é misturada uma substância que produz odor forte e desagradável ao nosso sentido olfativo – como modo de prevenir para o perigo de intoxicação e morte, caso haja vazamento desse gás em residências e locais fechados.

Em relação ao sentido do olfato de outros animais, o nosso não pode ser considerado um dos mais desenvolvidos. O cachorro, por exemplo, tem o sentido do olfato bem mais aprimorado.

zoom Imagine que uma pessoa perdeu o sentido do olfato. O que aconteceria com ela quando fosse comer?

Como o faro dos cães é bastante apurado, eles são utilizados pela Polícia e pela Defesa Civil para localizar coisas e pessoas.

A atuação do olfato em conjunto com o paladar

Quando mastigamos uma fruta, também sentimos o cheiro que ela exala. Isso ocorre porque partículas de substâncias existentes nela são captadas pelo sentido olfativo.

O fato de podermos detectar pelo olfato essas partículas nos possibilita identificar o sabor da fruta.

Quando degustamos um alimento, percebemos seu gosto nas partes da língua onde há papilas gustatórias. Ao mesmo tempo que as células gustativas enviam as mensagens de gosto ao cérebro, o nariz envia para lá as mensagens do cheiro do alimento. É pelo olfato associado ao paladar que identificamos os sabores específicos, por exemplo, da pera e da goiaba, mesmo ambas sendo doces.

Observe o esquema a seguir.

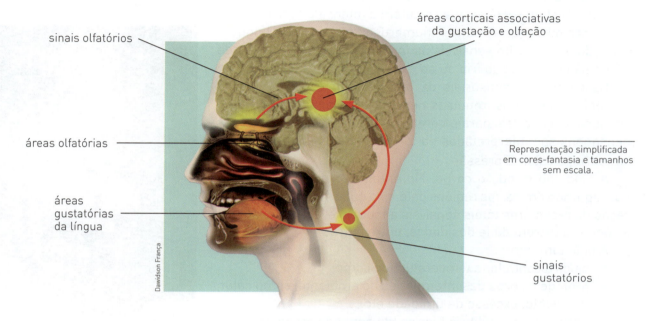

Representação simplificada em cores-fantasia e tamanhos sem escala.

Esquema ilustrativo da associação dos sentidos de gustação e olfação.

Quando ficamos gripados, podemos constatar mais facilmente a atuação conjunta do olfato e do paladar. Um dos sintomas da gripe ou do resfriado é a produção de muito muco pelo nariz e inchaço da mucosa nasal. Isso dificulta a circulação de ar (que carrega as partículas das substâncias) pela cavidade nasal. É mais difícil o ar chegar às células olfatórias, prejudicando a percepção dos cheiros.

Nessas ocasiões, temos a sensação de que os alimentos, até os mais saborosos, perderam o gosto e o sabor.

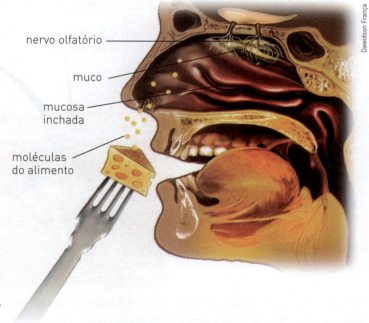

Esquema representativo do nariz "entupido" de uma pessoa com gripe ou resfriado. Observe que uma "barreira" de muco dificulta que as moléculas com o cheiro do alimento cheguem ao nervo olfatório.

Fonte: Gerard J. Tortora. *Corpo humano: fundamentos de anatomia e fisiologia*. Porto Alegre: Artmed, 2010.

Tato

Também percebemos e interpretamos o que está a nossa volta por meio do **tato** – o sentido que nos permite distinguir as sensações de **quente**, **frio**, **dor** e **pressão**.

A **pele** é o órgão do sentido do tato. Maior órgão do corpo humano, ela separa e, ao mesmo tempo, liga o corpo ao meio ambiente por meio de suas funções sensoriais.

Na pele existem vários tipos de receptor de estímulos táteis e cada um deles capta diferentes sensações, sendo estimulados de modos distintos. Há os que calculam a intensidade necessária para tocar ou segurar, outros (numerosos na ponta da língua e dos dedos) são muito sensíveis às formas e volumes, e há ainda os que são sensíveis ao frio ou ao calor.

Os receptores sensoriais da pele captam os estímulos do ambiente e geram os impulsos nervosos, enviando-os por meio dos nervos sensoriais para o cérebro. Nesse receptor interno, as mensagens são interpretadas na forma de **sensações táteis** – a dor, o frio, o calor, a pressão.

A pele cobre todo o corpo. No entanto, o sentido do tato é mais apurado em certas regiões dele, nas quais há maior concentração de receptores táteis sensíveis a toques leves, por exemplo: os lábios, a extremidade dos dedos, entre outras.

A pele também:
- ajuda a controlar a temperatura do corpo;
- protege o corpo das intempéries do ambiente, como calor, frio, vento, excesso de umidade etc.;
- participa do equilíbrio hídrico (da água) do organismo;
- serve de barreira à entrada de microrganismos;
- é o órgão do sentido do tato.

Na pele encontram-se as glândulas sebáceas e as sudoríparas.

zoom No sistema braile, a leitura é feita com as pontas dos dedos, onde temos grande sensibilidade. O que determina o fato de termos maior sensibilidade nas pontas dos dedos que em outras partes do corpo?

São determinados receptores táteis que nos possibilitam detectar a sensação de frio.

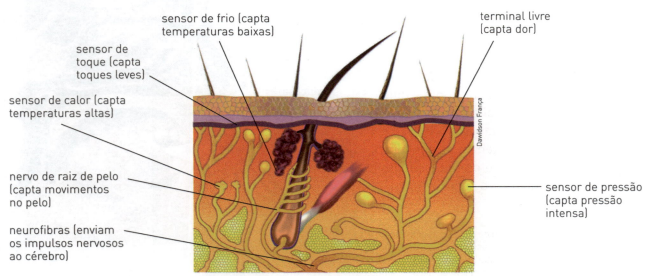

Esquema simplificado da pele, em corte, com a localização dos receptores táteis.
Fonte: F. H. Netter. *Atlas de anatomia humana*. Rio de Janeiro: Elsevier, 2011.

Representação simplificada em cores-fantasia e tamanhos sem escala.

Conviver

Lendo com a ponta dos dedos

Os deficientes visuais podem ler textos, algarismos, notas musicais etc. e também redigir seus próprios textos pelo sistema braile.

O alfabeto desse sistema é constituído de pequenos pontos salientes em uma folha de papel. Veja, no quadro ao lado, o alfabeto segundo o sistema braile.

A leitura é feita por meio de leve pressão da ponta dos dedos sobre os pontos para a percepção de sua posição e número.

A escrita é realizada por perfuração do papel por um instrumento apropriado.

Isso é possível graças à grande concentração de receptores sensíveis às pressões na ponta dos dedos.

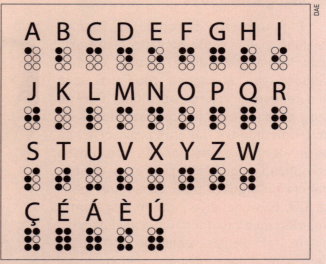
Alfabeto do sistema braile.

O sistema braile é utilizado internacionalmente e em todos os idiomas. Ele possibilita a representação de letras e de diversos outros sinais.

O sistema leva o nome de seu inventor, o francês Louis Braille (1809–1852). Cego desde os quatro anos de idade, ele era músico organista e professor em uma instituição para deficientes visuais.

Na fotografia, pessoa faz leitura de um texto escrito pelo sistema braile.

1. Organizem-se em grupos de quatro alunos. Procurem textos em braile em elevadores, cardápios de restaurantes, placas de informações em museus e outros espaços.

2. Cada grupo deverá "escrever" palavras ou numerais em alto-relevo e um membro de outro grupo, de olhos vendados, deverá identificar o que está escrito utilizando as pontas dos dedos. O alto-relevo poderá ser produzido com miçangas, lã ou barbantes colados em papelão ou cartolina reutilizados, veja o exemplo a seguir.

Inclusão em foco

Tecnologia assistiva

Para a maioria da população, falar ao telefone, pagar conta no caixa eletrônico, usar transporte público ou usar o computador são atividades cotidianas que não requerem esforço ou ajuda. Porém, para pessoas com deficiência, idosas ou com dificuldades motoras provisórias ou permanentes essas tarefas tornam-se complicadas, gerando, por vezes, dependência de alguém para conseguir realizá-las. Esse cenário pode mudar com a popularização da tecnologia assistiva.

As tecnologias assistivas correspondem a produtos, recursos, metodologias, estratégias, práticas e serviços que dão mais autonomia, independência e qualidade de vida a pessoas com deficiência, incapacidade ou mobilidade reduzida.

Elas apresentam uma forma de colocar ciência e tecnologia a serviço da inclusão social, permitindo acessibilidade a locais, produtos, serviços e informações às pessoas, independentemente de suas condições físicas, motoras ou intelectuais.

Pessoa com deficiência visual utiliza programa em que há interação entre escrita e som. O texto que está sendo digitado é lido para o usuário para que ele possa acompanhar a escrita.

1 O sistema sensorial faz parte do processo natural de defesa do organismo: estimula a procura do que é bom para a manutenção do organismo e alerta para os perigos. Os sentidos colaboram bastante para proporcionar prazer e emoções, ou seja, eles captam os deliciosos sabores, os sons harmoniosos das músicas e as cores, luzes e sombras de um quadro, por exemplo, tornando-nos sensíveis ao que é belo.

a) Com o professor e os colegas, programe uma visita a um museu para ver uma exposição de pinturas, por exemplo, ou assistir a um concerto musical. Seus sentidos "agradecerão" e estimularão muitas emoções. Se possível, convidem o professor de Arte para ir junto.

b) Agora contemple a obra do pintor Vincent van Gogh (1853-1890) apresentada ao lado.

Vincent van Gogh. *Amendoeira em flor* (1890). Óleo sobre tela. 73,3 cm × 92,4 cm.

 **Viver**

Alterações na percepção do ambiente e consciência – as drogas

Discutimos o papel do sistema nervoso e dos órgãos sensoriais na recepção de estímulos e emissão de respostas ao ambiente.

Existem substâncias que podem alterar nossa percepção da realidade?

De maneira generalizada, as **drogas** consideradas substâncias psicoativas são aquelas que produzem alterações nas sensações, no estado emocional, na percepção, no humor, no comportamento e no grau de consciência. As alterações causadas por essas substâncias variam de acordo com as características da pessoa que as usa, de qual droga é utilizada, da quantidade, do efeito que se espera e das circunstâncias em que ela é consumida.

Entre os tipos de substância que podem provocar alterações no comportamento do ser humano, podemos citar:

- **alucinógenas** – provocam alucinações, percepção distorcida da realidade. Estão nesse grupo, por exemplo: maconha, LSD e substâncias presentes em "chás" de alguns cogumelos;
- **euforizantes** – causam sensação de euforia e de poder, em geral seguida de depressão. Exemplos: cocaína, crack e anfetaminas (usadas em certos remédios para emagrecer);
- **depressoras** – causam sensação de torpor e de tontura, induzem ao sono após uma certa desinibição inicial. Exemplos: tranquilizantes, barbitúricos (remédios para dormir), álcool, cola de sapateiro, ópio, heroína e determinados xaropes para tosse.

Constata-se que, em nossa sociedade, costuma-se considerar drogas apenas os produtos ilegais, como a maconha, a cocaína e o crack. Porém, do ponto de vista da saúde, muitas substâncias legalizadas podem ser igualmente perigosas ao organismo, como o álcool.

Certos comportamentos observados nos jovens estão, em grande parte, ligados ao desejo de serem aceitos pelos grupos. Assim, muitos sucumbem às pressões de alguns grupos e começam a fumar, a beber e a usar outras drogas.

É preciso questionar esse tipo de atitude e avaliar as consequências que o consumo dessas substâncias pode trazer ao corpo e à mente do usuário, à família e à sociedade.

O **alcoolismo** é considerado doença pela Organização Mundial de Saúde, pois o álcool causa, no sistema nervoso e no fígado, danos irreversíveis, que podem levar à morte. Para ajudar o doente a vencer o alcoolismo, existem organizações como os Alcoólicos Anônimos (AA) em todo o mundo.

O cartaz ao lado alerta sobre o ato criminoso de vender bebida a menores de idade. Contra o consumo indevido de bebida alcoólica também foi criada a chamada "lei seca", que apresenta firmes medidas para impedir a condução de veículos por motoristas que tenham ingerido álcool.

O **tabagismo**, isto é, uso do fumo, está associado a moléstias como câncer, enfisema pulmonar, bronquite, úlcera; além disso, agrava a hipertensão arterial e as doenças cardíacas. A mulher que fuma durante a gravidez aumenta o risco de aborto e faz com que o bebê nasça com pouco peso, entre outras complicações.

Ampliar

Drogas: mitos e verdades, de Beatriz Carlini Marlatt (Ática).

O livro traz informações fundamentais que possibilitam a discussão e a reflexão sobre o tema na família e na escola.

123 respostas sobre drogas, de Içami Tiba (Scipione).

O livro reúne perguntas e respostas sobre as curiosidades e as inquietações que mais povoam a mente dos jovens a respeito desse tema.

Cartaz de campanha para conscientização contra o uso do *crack*.

Várias campanhas governamentais e de ONGs têm sido feitas para desestimular o consumo precoce e excessivo de álcool.

Organize-se em grupo e, juntos, façam o que se pede.

1. Pesquisem outras fontes para ampliar as informações sobre os efeitos das principais drogas no sistema nervoso, suas consequências físicas e sociais, possibilidades de tratamento e reabilitação.
2. Pesquisem também o crescimento do uso de drogas ilícitas entre os adolescentes e suas consequências.
3. Organizem uma cartilha com linguagem acessível para divulgar o que aprenderam com outros adolescentes da comunidade. Sejam criativos na criação de um material que estimule a leitura e seja de fato informativo. Esse trabalho pode ser feito com a ajuda dos professores de Arte e Língua Portuguesa.
4. Reflitam e discutam sobre as questões a seguir, com a mediação do professor:
    a) Sentem-se à vontade para tirar dúvidas com professores e/ou familiares sobre esse tema? Expliquem.
    b) Onde costumam obter a maior parte das informações sobre drogas e seus riscos?
    c) Algum tipo de preconceito interfere no debate sobre uso de drogas entre adolescentes e adultos (escola, família, agentes de saúde etc.)? Expliquem.
    d) A escola e a comunidade em geral abrem espaço para ações de protagonismo juvenil, isto é, desenvolvidas pelos próprios jovens? Expliquem.
    e) A escola desenvolve ações de parceria com as famílias? E com outras instituições, como centros de cultura? Expliquem.
    f) Qual é a importância dessas ações na prevenção ao uso de drogas?

Conviver

Os efeitos das drogas no organismo

Um relatório divulgado pela ONU mostra que, graças a campanhas educacionais, de segurança pública para repressão do tráfico, políticas de prevenção e tratamento de usuários, o consumo de drogas vem diminuindo no mundo, exceto no Brasil. Esta atividade busca conhecer um pouco melhor esse assunto, com destaque para os tipos de droga e sua ação sobre o sistema nervoso humano.

Organizem-se em grupos. Cada grupo deve encaminhar a resolução das questões a seguir. O professor indicará à turma as fontes de pesquisa adequadas e confiáveis para facilitar a resolução das propostas, a busca, o debate, o entendimento e a apropriação do conhecimento sobre o assunto.

1 O que entendem como drogas? Comparem a resposta do grupo com a encontrada neste livro e outros materiais didáticos.

2 Como podem ser classificadas as drogas? Expliquem e deem exemplos.

3 Toda droga tem um mecanismo de ação no corpo humano e, em específico, no sistema nervoso. É fundamental entender esse processo que provoca alterações na consciência, na percepção e na resposta ao ambiente. Ajudem o professor a organizar um sorteio para definir um exemplo de droga a ser estudada por cada grupo. Ao todo, comporão a atividade sete drogas: álcool, fumo (nicotina), cocaína, crack, cola, lança-perfume e anfetaminas. Cada grupo deve buscar entender o modo de ação de cada substância. Para que fique claro o objetivo da pesquisa, segue um exemplo de descrição do mecanismo de ação e dos efeitos do uso da maconha. Este texto deve servir de referência para a pesquisa e a elaboração do produto final, que deve ser entregue ao professor.

> Quando se inala a fumaça do cigarro de maconha, os efeitos são imediatos e podem durar até três horas. A substância natural presente na fumaça da maconha e responsável por toda a percepção sentida pelo usuário é conhecida como THC (tetrahidrocanabinol). O THC atinge os pulmões e é absorvido rapidamente nos alvéolos, de onde passa para a corrente sanguínea e percorre todo o corpo. Em pouco tempo chega ao cérebro, onde se liga aos neurônios através de receptores específicos em suas membranas plasmáticas. Essa ligação afeta o funcionamento neuronal das regiões do cérebro que controlam o movimento, o equilíbrio, o aprendizado, a memória, o prazer e as funções cognitivas superiores, como o raciocínio. Isto ocorre porque as transmissões dos impulsos nervosos nessas áreas cerebrais deixam de acontecer normalmente e o usuário, portanto, passa a ter grande dificuldade de desempenhar essas funções.

4 Faça o que se pede.
  a) Reveja no livro o esquema que representa a transmissão do impulso nervoso. Analise a figura, procurando identificar onde as drogas atuam, de modo geral, no sistema nervoso.
  b) As drogas atrapalham a transmissão de impulsos nervosos porque alteram qual processo?

5 Usem a criatividade e confeccionem um cartaz para uma campanha que sensibilize e chame a atenção para o problema das drogas do ponto de vista da saúde, inclusive as consideradas lícitas. Organizem uma mostra desse trabalho na escola.

 **Atividades**

Representação simplificada em cores-fantasia e tamanhos sem escala.

1. O esquema a seguir representa um neurônio.

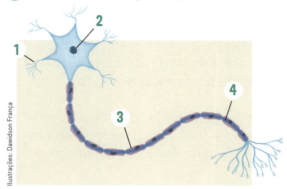

   a) Identifique as partes numeradas.
   b) Em nosso corpo existem neurônios com funções sensorial, motora e associativa. Qual é o tipo que está totalmente inserido na medula e qual é seu papel? Considere todas as partes do neurônio para responder à questão.

2. Para fins de estudo, costuma-se "dividir" o sistema nervoso. Quais órgãos compõem o sistema nervoso central? Eles estão protegidos por alguma estrutura?

3. Que relação existe entre os órgãos dos sentidos e o sistema nervoso periférico?

4. Leia com atenção as ações descritas a seguir.
   - Proteger o rosto contra a aproximação brusca de uma bola.
   - Preencher uma ficha de identificação.

   Qual desses comportamentos envolve maior número de órgãos do sistema nervoso? Justifique.

5. Observe a tirinha.

   A tirinha faz referência ao reflexo patelar (no joelho). Pesquise esse reflexo e explique como atuam os tipos de neurônio envolvidos.

6. A sensibilidade, ou seja, a capacidade de responder a estímulos, é uma característica dos seres vivos. Que importância essa característica tem para nós?

7 Os órgãos dos sentidos funcionam como receptores externos aos estímulos do ambiente. Como esses estímulos chegam ao cérebro (o receptor interno), onde as informações são interpretadas?

8 Além da audição, qual é a outra função da orelha?

9 Leia este texto:

Certa vez, um jovem foi socorrido num posto de saúde com intoxicação por ter ingerido comida estragada. O médico explicou que o acidente pode ter ocorrido pelo fato de o jovem estar com uma gripe muito forte e, por isso, com as cavidades nasais obstruídas.

Como você explica isso?

10 A pele é o maior órgão de nosso corpo.

a) Cite algumas das funções da pele que justifiquem sua importância.

b) Observe a figura, interprete o que nela está representado e explique que relação tem com o sentido do tato.

Atenção!
Você não deve fazer isso!

11 Observe o esquema representativo do processo da visão.

Quando olhamos, por exemplo, uma árvore, forma-se na retina uma imagem invertida. Por que não a vemos dessa maneira?

imagem formada sobre a retina

lente

objeto

O esquema está representado com cores-fantasia e as dimensões dos elementos não seguem a proporção real.

12 Observe a ilustração.

Mãe, quero dois ovos.

"Adivinhou" o que terá no almoço?

O menino de fato "adivinhou" o que a mãe estava preparando para o almoço? Justifique sua resposta no caderno.

13 Outras pessoas conseguem ouvir o som do fone de ouvido que Luís, como sempre, está usando. Seu pai o repreende: — Menino, diminua o volume desse som. Você vai ficar surdo!

É possível que Luís possa ter problemas de audição por esse motivo, mesmo sendo adolescente? Justifique sua resposta.

14 Quais riscos o uso de drogas, incluindo o cigarro e o álcool, traz à nossa saúde?

15 Por que dizemos que as drogas são substâncias que têm efeito psicoativo?

CAPÍTULO 9

Vida em movimento

Locomoção – ossos e músculos

Algumas características importantes diferenciam os seres humanos dos outros animais e a mais relevante delas é a capacidade de raciocínio complexo. Entretanto, sem as peculiaridades de nossa estrutura óssea e muscular, muitas coisas por nós imaginadas e desejadas não se tornariam realidade. A postura ereta do ser humano deu maior mobilidade e liberdade às mãos, o que nos possibilitou, entre tantas atividades importantes, projetar e erguer casas, cozinhar alimentos, escrever fórmulas, tirar belas fotografias e cultivar os campos.

zoom
Você já parou para pensar por que a planta pode viver fixa ao solo, mas para a maioria dos animais é importante se deslocar?
O ser humano, como a maioria dos animais vertebrados, loco-move-se. Que sistemas atuam na locomoção humana?

Ashley Hallan. *Colhedoras de tulipas*, 1950. Spalding (Inglaterra).

Sistema ósseo

A locomoção depende da ação conjunta e integrada dos ossos e dos músculos.

A mesma integração é requerida para tocar um instrumento ou dançar; o delicado dedilhar e os enérgicos movimentos são possíveis devido a sinais neuronais responsáveis por comandar esses sistemas, que passaremos a estudar.

Passistas de frevo na Praça do Marco Zero, com prédios históricos do bairro do Recife ao fundo. Recife (PE), 2016.

Os seres humanos, assim como os demais animais cordados ou vertebrados, são assim chamados porque têm coluna vertebral, um eixo ósseo de sustentação do esqueleto interno.

- Qual é a importância do sistema ósseo em nosso corpo?
- Se os ossos são duros e resistentes, por que nosso corpo é tão flexível?
- Os ossos são formados por células vivas?

Esqueleto humano

O esqueleto é formado por ossos, cartilagens e ligamentos, e tem várias funções:
- sustentação de todo o corpo;
- proteção das partes mais delicadas e dos órgãos vitais;
- apoio, alavanca e sustentação dos músculos, o que possibilita a execução dos movimentos;
- produção de células sanguíneas nas extremidades dos ossos longos (medula óssea vermelha);
- reserva de sais de cálcio.

O esqueleto humano adulto tem 206 ossos. Para fins de estudo, podemos dividir o esqueleto em **cabeça**, **tronco** e **membros**.

zoom Você sabe qual é a importância do esqueleto para o encéfalo e para órgãos como o coração e os pulmões? O crânio é constituído por uma peça única ou por vários ossos?

A proporção entre as dimensões das estruturas representadas não é a real.

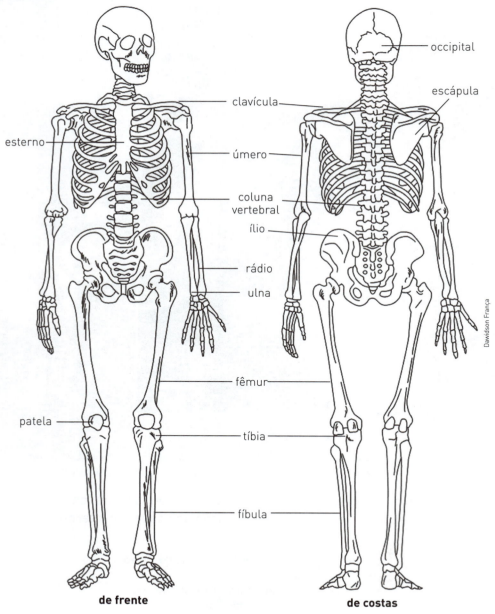

Esquema simplificado do esqueleto humano indicando alguns ossos. Vista frontal e dorsal.

A cabeça

Os ossos da cabeça protegem o encéfalo e a maioria das partes internas dos órgãos dos sentidos. Para facilitar o estudo, esses ossos são divididos em duas partes: **crânio** e **face**.

Na face, a mandíbula é o maior e único osso móvel da cabeça e há músculos fortíssimos associados e responsáveis pela apreensão de alimentos e mastigação.

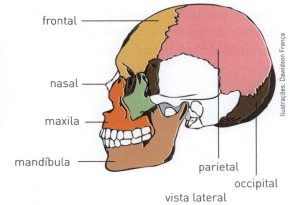

As cores e a proporção entre as dimensões das estruturas representadas nesta página não são reais.

Esquema do crânio humano em vista frontal e lateral.

O tronco

O tronco é formado por duas partes principais: a **coluna vertebral** e a **caixa torácica**.

A **coluna vertebral** é constituída de 33 vértebras.

As **vértebras** são ossos pequenos, com um orifício no centro. Estão dispostas e alinhadas umas sobre as outras e, entre elas, há um disco intervertebral — de cartilagem.

A junção dos orifícios internos das vértebras forma o canal vertebral, onde está protegida a medula espinhal.

> **zoom** Você sabe por que os discos intervertebrais são importantes para as vértebras?

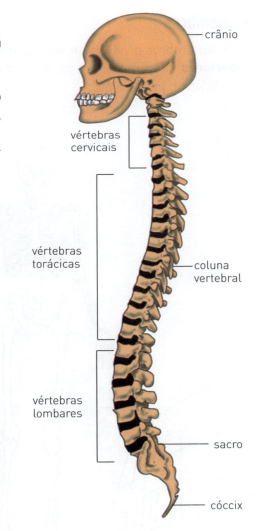

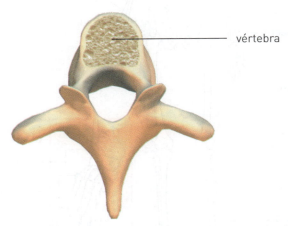

Esquema da coluna vertebral em vista lateral e vértebra em detalhe.

A coluna vertebral pode ser dividida em cinco regiões: **cervical**, próxima à cabeça; **torácica** ou **dorsal**, constituindo a maior parte das costas; **lombar**, região que antecede o início das nádegas; **sacral**, na região das nádegas e **coccigeana**, onde finaliza a coluna. Ela funciona como um eixo de sustentação do corpo, ao qual estão ligados a cabeça, os membros superiores e os inferiores.

A caixa torácica é formada por 24 costelas, que estão presas por meio de ligamentos flexíveis, em pares, ao osso esterno, ao peito e à coluna vertebral, na região dorsal (nas costas).

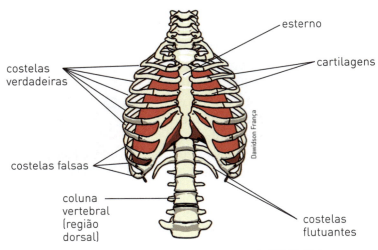

Esquema da caixa torácica que protege os órgãos do sistema respiratório e o coração.

As cores e a proporção entre as dimensões das estruturas representadas nesta página não são reais.

Os membros

Os membros dividem-se em superiores (braços e mãos) e inferiores (pernas e pés). Os **membros superiores** são ombro, braço, antebraço e mão; já os **membros inferiores** são quadril ou cintura pélvica, coxa, perna e pé.

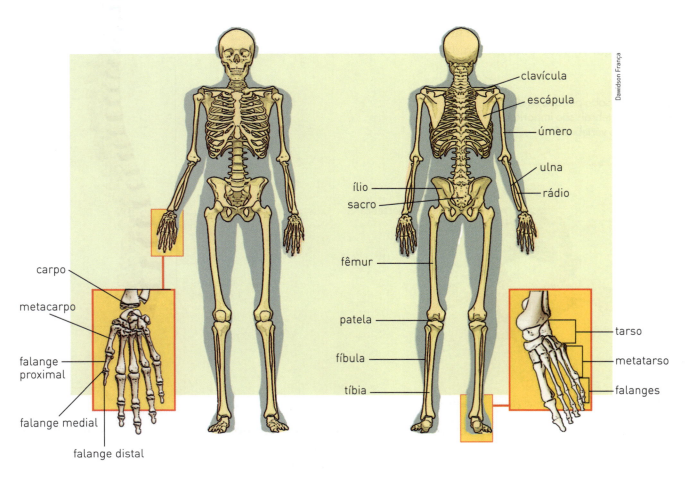

Ossos dos membros superiores e inferiores, com a mão e o pé em detalhe.

Tecido ósseo

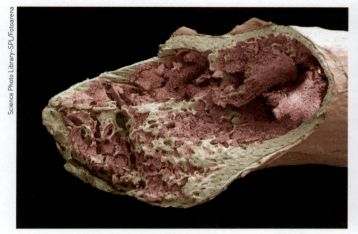

Interior do osso que mostra aspecto esponjoso e compacto. Fotografia obtida por microscópio eletrônico e colorizada artificialmente. Ampliação aproximada de 40 vezes.

Tecido ósseo humano. Fotografia obtida por microscópio eletrônico. Ampliação aproximada de 100 vezes.

zoom Os ossos podem se regenerar? Por quê?

Os ossos são duros e resistentes, por isso são capazes de sustentar o corpo, proteger alguns órgãos e suportar a força imposta pelos músculos para efetuar os movimentos.

Os ossos são órgãos formados por vários tipos de tecidos, principalmente pelo **tecido conjuntivo ósseo**, que se integra a vasos e nervos em seu interior e pode, inclusive, reservar gordura.

Esse tecido apresenta grande rigidez e resistência, pois a substância intercelular (matriz óssea) é impregnada de **sais de cálcio**, que cristalizam tornando-a dura.

Desmineralizando ossos

Material:
- osso de asa de galinha;
- copo de vidro;
- vinagre.

Procedimentos
1. Coloque o osso de galinha em um copo com vinagre e deixe-o de molho por 7 dias.
2. Após esse período, retire o osso do copo e tente dobrá-lo.

O que aconteceu com o osso? Por quê?

As células adultas que compõem o tecido ósseo têm a forma estrelada e se chamam **osteócitos**. Há também células jovens, os osteoblastos, que depositam a matriz óssea e as células que a reabsorvem, os osteoclastos. Essas ações conjuntas são fundamentais na regeneração e no crescimento dos ossos. Enquanto os osteoblastos adicionam a nova matriz, os osteoclastos a retiram. Assim, o osso cresce ou se regenera com forma, largura e comprimento adequados, sem deformações.

Saúde em foco

Osteoporose

[...] O osso, além de promover sustentação ao nosso organismo, é a fonte de cálcio, necessária para a execução de diversas funções, como os batimentos cardíacos e a força muscular. É uma estrutura viva que está sendo sempre renovada. Essa remodelação acontece diariamente em todo o esqueleto, durante a vida inteira.

A osteoporose é uma doença que se caracteriza pela diminuição de massa óssea, com o desenvolvimento de ossos ocos, finos e de extrema sensibilidade, tornando-os mais sujeitos a fraturas.

1. A osteoporose é uma doença silenciosa, isto é, raramente apresenta sintomas antes que aconteça sua consequência mais grave, isto é, uma fratura óssea. O ideal é que sejam feitos exames preventivos, para que ela seja diagnosticada a tempo de se evitarem as fraturas.

2. Os nossos ossos recebem forte influência do estrogênio, um hormônio feminino, mas que também está presente nos homens, só que em menor quantidade. Este hormônio ajuda a manter o equilíbrio entre a perda e o ganho de massa óssea. Por este motivo, as mulheres são as mais atingidas pela doença, uma vez que, na menopausa, os níveis de estrogênio caem bruscamente. Com esta queda, os ossos passam a se descalcificar e se tornam mais frágeis. De acordo com estatísticas, a osteoporose afeta um homem para cada quatro mulheres.

3. 10 milhões de brasileiros sofrem de osteoporose. Uma a cada quatro mulheres com mais de 50 anos desenvolve a doença. No Brasil, a cada ano ocorrem cerca de 2,4 milhões de fraturas decorrentes da osteoporose. 200 mil pessoas morrem todos os anos no país em decorrência destas fraturas. [...]

4. Os locais mais comuns atingidos pela osteoporose são a espinha (vértebras), a bacia (fêmur), o punho (rádio) e braço (úmero). Destas, a fratura mais perigosa é a do colo do fêmur. Um quarto dos pacientes que sofrem esta fratura morrem dentro de 6 meses.

5. Muita dor nas costas e diminuição de estatura podem representar fraturas vertebrais da osteoporose. Preste atenção!

6. O diagnóstico precoce da osteoporose é feito pela medida da Densitometria Óssea. Possuem maior risco para desenvolver osteoporose as mulheres, indivíduos de raça branca, pessoas miúdas (magrinhas e pequenas), que tiveram menopausa precoce e não fizeram reposição hormonal, os fumantes, que possuem história de fraturas na família, que possuem doenças graves ou que utilizam corticoides por longo tempo, e aquelas que já tiveram fraturas na idade adulta.

7. Uma medida de Densitometria Óssea está indicada para todas as mulheres a partir de 65 anos e para todos homens com 70 anos ou mais. Além disto, todas mulheres menopausadas e todos homens com mais de 50 anos que possuam um dos fatores de risco descritos acima devem realizar o exame para confirmar a presença da osteoporose.

8. A prevenção da osteoporose deve se iniciar na infância, através de uma alimentação saudável, com boa quantidade de alimentos ricos em cálcio (especialmente presente nos laticínios e, em menor quantidade, nas verduras escuras, no gergelim, no feijão branco e no tofu). Além disto, deve-se proporcionar para a criança e ao adolescente a possibilidade de brincadeiras e atividades ao ar livre. Isto não somente vai estimular o exercício físico que fortalece o esqueleto em crescimento, mas também possibilitar a exposição ao sol para que ocorra a produção [de] Vitamina D na pele.

[...]

Sociedade Brasileira de Endocrinologia e Metabologia (Sbem).
Disponível em: <www.endocrino.org.br/10-coisas-que-voce-precisa-saber-sobre-osteoporose>. Acesso em: jul. 2018.

---

1 Pesquise em outras fontes para ampliar as informações sobre a osteoporose. Com a ajuda do professor, organizem e agendem a seguinte atividade:

- Elaborem um pequeno folheto ilustrado sobre o assunto com uma folha A4 dobrada. Elaborem uma capa, coloquem informações e ilustrações nas duas páginas internas e finalizem com mais algumas referências e contatos sobre o assunto. Usem linguagem adequada e acessível para informar à comunidade o que é osteoporose e as principais medidas preventivas.

Tipos de ossos

Os ossos podem ser classificados em três tipos principais, considerando sua forma: curtos, chatos e longos.

- Os ossos curtos têm três dimensões — comprimento, largura e espessura — semelhantes, ou seja, não são muito mais largos que compridos e vice-versa. Os ossos do carpo e do tarso são exemplos de ossos curtos.
- Os ossos chatos ou planos têm o comprimento e a largura maior que a espessura. A escápula é um exemplo de osso chato.

Localize esses tipos de ossos na ilustração do sistema ósseo (ou esqueleto), na página 160.

A proporção entre os tamanhos dos seres vivos não é a real.

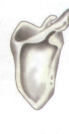

Ossos curtos do corpo.   A escápula é um osso chato.   O fêmur é um osso longo.

Ossos

Você já teve a oportunidade de observar um osso externa e internamente?

Combine com os colegas e o professor para irem até um açougue ou matadouro, pedir alguns ossos de animais (fêmur, de preferência) e observá-los detalhadamente. Peçam antes a autorização do responsável pelo local e solicitem dois ossos. Expliquem a ele qual é o objetivo dessa observação e peçam que serre um dos ossos ao longo de seu comprimento, na horizontal, e serre o outro na transversal, ou seja, como uma fatia circular.

Veja estas ilustrações, que mostram um osso longo.

Representação simplificada em cores-fantasia e tamanhos sem escala.

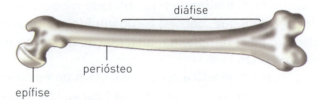
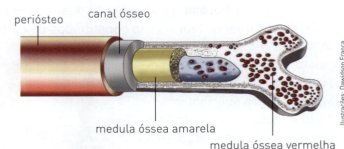

Esquema simplificado de osso longo, em corte.

Fonte: Gerard J. Tortora. *Corpo humano: fundamentos de anatomia e fisiologia*. Porto Alegre: Artmed, 2010.

1 Desenhem o que observarem ou tirem fotos. Depois montem um cartaz com o passo a passo das observações e coleta de dados.

a) Desenhem o osso e identifiquem a diáfise, o periósteo e a epífise. Meçam o comprimento, a largura e a espessura do osso e escrevam todos esses dados no desenho.

b) Identifiquem nos dois ossos cortados uma substância mole, diferente da matriz óssea e amarelo-amarronzada. Pesquise na internet que tecido é esse e qual é sua função.

Os ossos longos

Os ossos longos têm quatro partes:
- **epífise** — são as extremidades, cobertas pela cartilagem que faz parte da articulação;
- **periósteo** — é a membrana que reveste o osso externamente;
- **diáfise** — é o corpo do osso, a parte rígida (dura) que contém grande quantidade de sais de cálcio;
- **canal ósseo** — é o canal preenchido pela medula óssea.

Em adultos, no interior de alguns ossos, está a medula óssea vermelha. Esse tecido é responsável pela produção dos componentes do sangue (hemácias, leucócitos e plaquetas). Nos fetos e em crianças, a medula óssea vermelha está presente em quase todos os ossos. Entretanto, à medida que nos desenvolvemos, esse tecido é gradativamente substituído por células de gordura na maioria dos ossos.

Você já roeu um ossinho de galinha? Imagine um pedacinho de frango bem frito.

Se o osso for torrado, ele se torna quebradiço, apesar de continuar rígido. Isso ocorre porque o calor destrói o colágeno, um tipo de proteína que dá resistência, maleabilidade e flexibilidade ao osso.

Cartilagens

Além dos ossos, nosso esqueleto também tem **tecido cartilaginoso**, que forma as cartilagens. Elas não são tão rígidas e duras como os ossos, porque não contêm sais de cálcio, mas são resistentes e flexíveis. Diferentemente dos ossos, a capacidade de regeneração das cartilagens é muito pequena. Não são irrigadas por sangue e não têm nervos.

As cartilagens podem ser classificadas em três tipos: hialina, elástica e fibrosa.

A cartilagem **hialina** tem quantidade moderada de fibras de **colágeno**. Forma o primeiro esqueleto do embrião, que, depois, é substituído por tecido ósseo. É a mais abundante do corpo humano, encontrada, por exemplo, na sustentação da forma dos brônquios, na traqueia, e compõe as articulações dos ossos longos.

A cartilagem **elástica** apresenta, além do colágeno, grande quantidade de fibras elásticas. Ela é encontrada na orelha, na epiglote, na tuba auditiva e na laringe e tem maior elasticidade e flexibilidade.

Na cartilagem **fibrosa** há abundante quantidade de fibras colágenas e ela suporta altas pressões. Os discos intervertebrais são constituídos de cartilagem fibrosa.

Antes de o bebê nascer, seu esqueleto é, principalmente, cartilaginoso, por isso é resistente e flexível, mas não é suficientemente rígido e duro para suportar o deslocamento de um corpo cuja massa tende a aumentar. À medida que o corpo do feto vai crescendo, o esqueleto sofre ossificação e vai sendo substituído, aos poucos, pela matriz óssea. As células adultas do tecido cartilaginoso são chamadas **condrócitos**.

O tecido cartilaginoso também forma as cartilagens do nariz, da orelha e da traqueia.

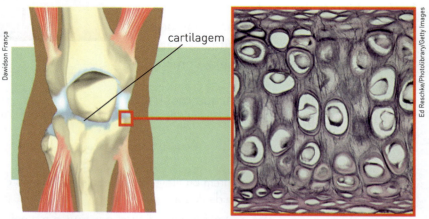

Representação da articulação do joelho com tecido cartilaginoso fibroso no detalhe.

As cores e a proporção entre as dimensões das estruturas representadas nesta página não são reais.

Toque essas partes de seu corpo. Você consegue constatar resistência e flexibilidade ao mesmo tempo?

Saúde em foco

Transplante de medula óssea

O transplante de medula óssea consiste na substituição de uma medula óssea doente, ou deficitária, por células normais, com o objetivo de reconstituição de uma nova medula.

O transplante pode ser autogênico ou alogênico. No caso dos autogênicos, a medula provém do próprio paciente. O alogênico é feito a partir de células precursoras de medula óssea obtidas de outra pessoa, chamada doador. A escolha entre o transplante autogênico ou alogênico é baseada no tipo de câncer, na idade, no estado geral do paciente e na disponibilidade de um doador compatível.

Depois de se submeter a um tratamento que destrói a própria medula, o paciente recebe a medula sadia como se fosse uma transfusão de sangue. Essa nova medula é rica em células chamadas progenitoras, que, uma vez na corrente sanguínea, circulam e vão se alojar na medula óssea, onde se desenvolvem. Durante o período em que estas células ainda não são capazes de produzir glóbulos brancos, vermelhos e plaquetas em quantidade suficiente para manter as taxas dentro da normalidade, o paciente fica mais exposto a infecções e hemorragias. Isso acontece por duas a três semanas e cuidados com a dieta, limpeza e esforços físicos são necessários.

O paciente precisa ficar internado e, apesar de todos os cuidados, os episódios de febre são frequentes. Após a recuperação da medula, o paciente continua a receber tratamento, só que em regime ambulatorial, sendo necessário, em alguns casos, o comparecimento diário ao hospital.

Redome – Instituto Nacional de Câncer. Disponível em: <http://redome.inca.gov.br/paciente/transplante-de-medula-ossea/>. Acesso em: 8 set. 2018.

Além da leucemia, várias outras doenças podem ser tratadas com esse procedimento. Contudo, o número de doadores de medula cadastrados ainda é pequeno para o número de doentes. Isso ocorre principalmente por desinformação e porque muitas pessoas têm medo do processo cirúrgico, achando que há risco de paralisia. Entretanto, não se trata da medula espinhal, mas da medula óssea. A medula espinhal fica na coluna. A medula óssea é o que chamamos de tutano do osso. Geralmente, a retirada de medula óssea é feita do osso da bacia do doador, como uma punção, e em pequena quantidade.

Veja um cartaz usado em campanhas para incentivar a doação.

Cartaz de campanha de doação de medula óssea.

1. Organizem-se com a ajuda do professor para visitar um local da cidade que cadastre doadores de medula óssea. Informem-se sobre os procedimentos e condições para a doação.

2. Complementem as informações pesquisando em livros ou na internet informações sobre essas doenças. Depois compartilhem com os colegas o que encontrarem.

3. Façam uma campanha na comunidade escolar, com cartazes e/ou folhetos, para informar a importância do transplante de medula. Caso já haja uma campanha em andamento, que tal apoiar com a divulgação?

Como o esqueleto se movimenta

No esqueleto humano, os ossos estão encaixados e articulados entre si formando um conjunto que possibilita os movimentos do corpo.

Os ossos se encaixam uns nos outros pelas **articulações** ou **juntas**. A articulação é envolvida pela membrana sinovial, uma película resistente fixa nas extremidades dos ossos que se articulam. Essas extremidades dos ossos têm formatos complementares que permitem os encaixes necessários e se encostam umas nas outras, mas isso não provoca desgaste porque são revestidas por cartilagem fibrosa.

O espaço entre os ossos, dentro da membrana sinovial, é cheio de um líquido que funciona como lubrificante, o **líquido sinovial**.

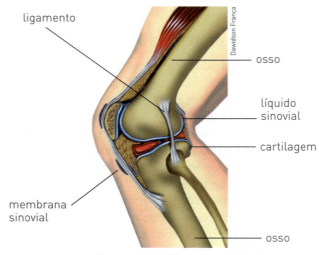

Esquema simplificado de articulação.

Fonte: Gerard J. Tortora. *Corpo humano: fundamentos de anatomia e fisiologia.* Porto Alegre: Artmed, 2010.

As articulações podem ser móveis, semimóveis e imóveis.

Articulações móveis

As articulações móveis, também chamadas **diartroses**, possibilitam grandes movimentos, dependendo do encaixe dos ossos. Podem ser de dois tipos, como veremos a seguir.

As articulações do tipo **dobradiça** nos permitem os movimentos de dobrar e esticar, fechar completamente e abrir num ângulo de até 180 graus. Exemplos: articulações dos joelhos e cotovelos.

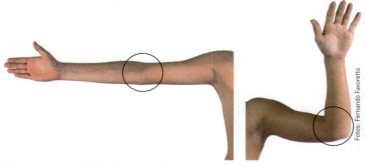

Movimentos possibilitados por articulação do tipo **dobradiça**.

As cores e a proporção entre as dimensões das estruturas representadas nesta página não são reais.

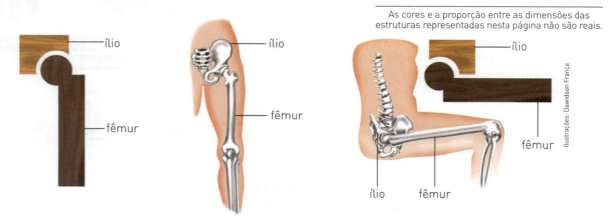

Representação do tipo de articulação em encaixe.

Em outro tipo de articulação, a extremidade de um dos ossos se encaixa na cavidade do outro, possibilitando movimentos mais amplos e em direções variadas. Exemplos: articulações do quadril (ílio) com a perna (fêmur), e do ombro (escápula) com o braço (úmero).

Articulações semimóveis

As articulações semimóveis são as **anfiartroses**, que possibilitam movimentos mais limitados. Exemplo: articulações da coluna vertebral.

Com as articulações semimóveis da coluna vertebral podemos realizar movimentos variados.

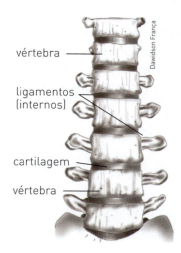

Ilustração de parte da coluna vertebral.

Ampliar

Instituto Nacional de Traumatologia e Ortopedia

www.into.saude.com.br

No *site* do Ministério da Saúde, o Instituto Nacional de Traumatologia e Ortopedia (Into) responde às perguntas mais frequentes sobre lombalgia (problema postural que acarreta dor na região lombar).

Articulações imóveis

Há também as articulações que não permitem movimentos, são apenas encaixes, chamadas de articulações imóveis ou **sinartroses**, como a maioria das que estão entre os ossos do crânio.

No feto e no bebê recém-nascido, há um espaço aberto entre os ossos do crânio, a moleira, para que esses ossos se movimentem no momento do parto, facilitando o nascimento. A moleira demora cerca de 18 meses para desaparecer, quando o espaço entre os ossos do crânio se fecha e ocorre a ossificação completa.

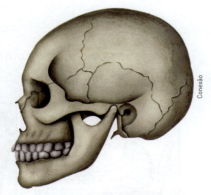

Representação simplificada em cores-fantasia e tamanhos sem escala.

Esquema das articulações imóveis da cabeça.

Podemos dobrar e torcer nosso corpo?

Procedimentos

1. Segure seu pulso esquerdo e sinta os movimentos que sua mão pode fazer.
2. Repita o procedimento com o cotovelo e com o joelho.

No caderno, responda às questões.

1. E o pescoço? Que movimentos você pode fazer com ele?
2. Por que podemos dobrar e torcer o corpo?
3. Quais são as vantagens de podermos fazer esses movimentos de dobra e torção?

Curvaturas na coluna

As cores e a proporção entre as dimensões das estruturas representadas nesta página não são reais.

Quando vista de frente, a coluna vertebral parece reta. Contudo, ao ser observada lateralmente, podemos notar que ela tem a forma de uma letra S, graças ao que chamamos de curvaturas fisiológicas, consideradas normais e importantes no processo de sustentação e movimentação do corpo em diferentes posições do dia a dia. Contudo, é considerado um problema de saúde quando essas curvaturas sofrem grandes alterações comprometendo o alinhamento da coluna e todo o equilíbrio das estruturas a ela associadas. Os desvios na coluna causam dores e dificuldades nas funções de sustentação e locomoção e é preciso buscar tratamento médico para não agravar o problema. Veja nos esquemas a seguir uma representação das curvaturas – normais e patológicas – da coluna vertebral humana.

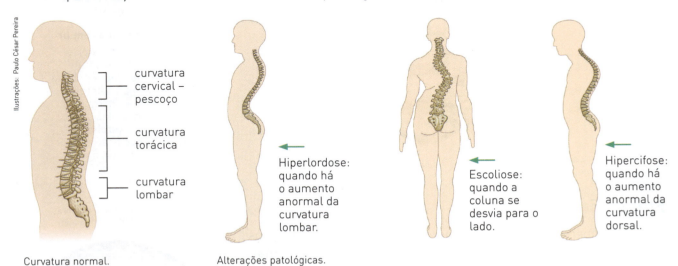

Curvatura normal.

Alterações patológicas.

Hiperlordose: quando há o aumento anormal da curvatura lombar.

Escoliose: quando a coluna se desvia para o lado.

Hipercifose: quando há o aumento anormal da curvatura dorsal.

Veja alguns cuidados recomendados para evitar dores e desvios patológicos na coluna.

- Postura sentado.
- Uso de telefone celular.

Errado. Recomendado.

Errado.

Recomendado.

- Uso adequado de bolsas e mochilas.

O braço que puxa o acessório deve ficar levemente flexionado.

Alças largas e peso adequado (não mais do que 10% do peso corporal).

Perceba os ombros anteriorizados.

Muito pesada.

O cabo deve ficar um pouco abaixo da linha da cintura, de maneira que fique confortável.

As alças precisam estar nos dois ombros.

Recomendado.

Sistema muscular

O sistema muscular do corpo humano tem mais de 650 músculos. Eles ajudam na locomoção, na manutenção postural do corpo e dos órgãos internos, em pequenos movimentos e também são responsáveis pelas expressões faciais.

> **zoom**
> Nossos músculos são todos do mesmo tipo?
> De que maneira os músculos promovem os movimentos?
> Que cuidados devemos ter para mantê-los saudáveis?

Nas expressões faciais, os músculos nos possibilitam sorrir ou manifestar outros sentimentos e estados emocionais, como quando franzimos a testa e comprimimos pálpebras e lábios, por estarmos zangados, por exemplo.

Vários músculos se movimentam quando expressamos sentimentos: ao sorrir, usamos 17 músculos; já no franzir da testa, são 43.

Os **músculos** são órgãos formados por um grande número de células alongadas, as **fibras musculares**, que têm no citoplasma enorme quantidade de miofibrilas, que são proteínas contráteis. As miofibrilas são filamentos microscópicos de proteínas que conferem ao tecido muscular a capacidade de se contrair e se alongar ou encurtar-se e relaxar.

Representação simplificada em cores-fantasia e tamanhos sem escala.

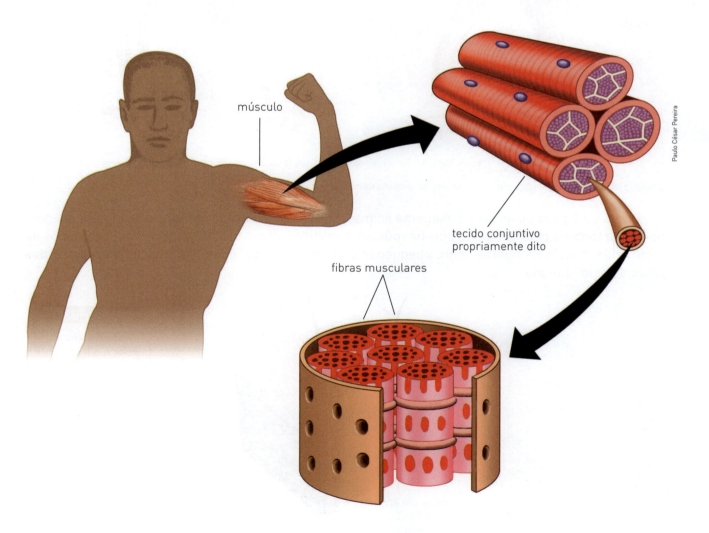

Esquema simplificado representa a estrutura do músculo em detalhe.

Observe as ilustrações.

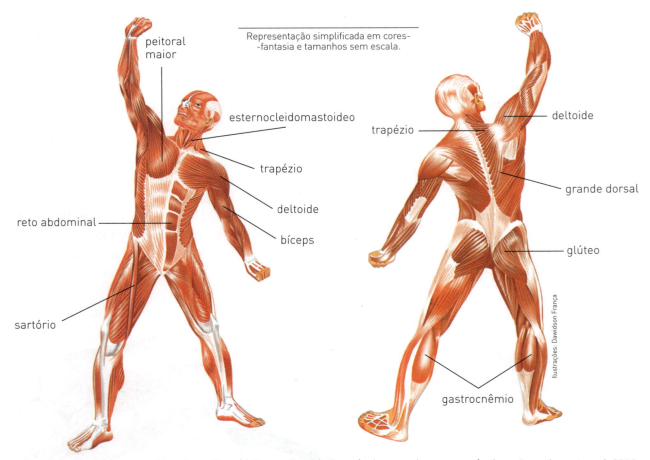

Fonte: Gerard J. Tortora. *Corpo humano: fundamentos de anatomia e fisiologia*. Porto Alegre: Artmed, 2010.

Esquema simplificado que indica alguns músculos do sistema muscular humano.

Como você pode observar no esquema acima, os músculos não são todos iguais. Eles se diferenciam pela forma e pelo tamanho, pois há músculos grandes, como os das panturrilhas, chamados de gastrocnêmio (veja na figura), outros pequenos e até minúsculos, como os **músculos eretores dos pelos** da pele humana.

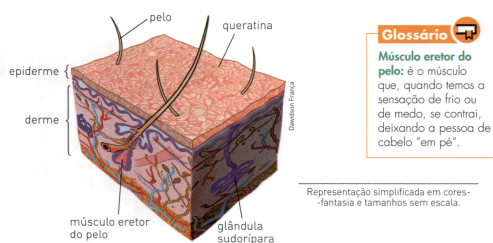

Glossário

Músculo eretor do pelo: é o músculo que, quando temos a sensação de frio ou de medo, se contrai, deixando a pessoa de cabelo "em pé".

Esquema de fragmento da pele em corte. Observe os pelos e os músculos eretores de pelos.

Tipos de músculos

Podemos classificar os músculos do corpo em três grupos principais: músculos estriados esqueléticos, estriado cardíaco e não estriados ou lisos.

Os **músculos estriados esqueléticos** têm células com estrias ou divisões transversais. As contrações dessa classe de músculo são rápidas e voluntárias, ou seja, podemos controlá-las. Esses músculos são, também, denominados esqueléticos, porque estão presos pelos **tendões** aos ossos. Eles são os principais responsáveis por nossa locomoção. Exemplos: músculos dos braços e das pernas.

O **músculo estriado cardíaco** é encontrado exclusivamente no coração. Apesar de ser estriado, suas contrações são involuntárias, ritmadas e vigorosas. São as contrações desse músculo que garantem a circulação do sangue no corpo, pois impulsionam o sangue do coração para os pulmões e para o restante do organismo.

Os **músculos lisos** são constituídos de células sem estrias transversais e têm contrações lentas e involuntárias, isto é, que não dependem da nossa vontade. Não as controlamos. A musculatura lisa é encontrada na maioria dos nossos órgãos internos, por exemplo, o estômago, o intestino e a bexiga.

Os músculos que usamos para correr são do mesmo tipo de músculos que formam o estômago?

Glossário

Tendão: cordão de tecido conjuntivo fibroso que prende os músculos aos ossos. Localiza-se nas extremidades dos músculos.

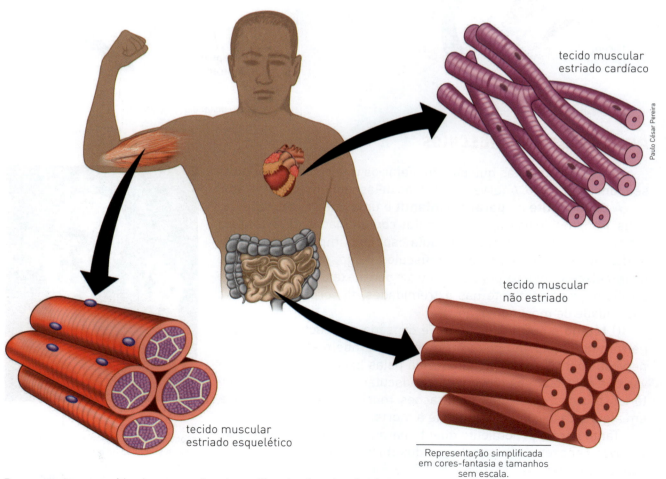

Representação esquemática de comparação entre os diferentes tipos de músculos.

Propriedades dos músculos

Os músculos têm duas propriedades que os caracterizam: contratilidade e elasticidade.

Contratilidade é a propriedade que permite ao músculo se contrair gerando movimento. Quando um músculo se contrai, torna-se mais curto; ao relaxar, alonga-se novamente.

A propriedade de o músculo se distender e voltar ao tamanho anterior depois de cessar a pressão que o fez se contrair é a **elasticidade**.

A locomoção depende do sistema ósseo, da contração muscular, de estímulos provindos do sistema nervoso e de energia para que o corpo execute os movimentos.

Enquanto um músculo se contrai, o outro relaxa, e vice-versa. Como os músculos só podem puxar, para que ocorram os movimentos musculares é necessário um par de músculos trabalhando sempre em conjunto: enquanto um deles puxa em um sentido, o outro faz a mesma coisa, mas em sentido contrário.

Representação simplificada em cores-
-fantasia e tamanhos sem escala.

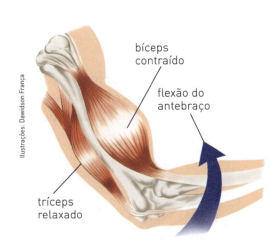

Braço flexionado.

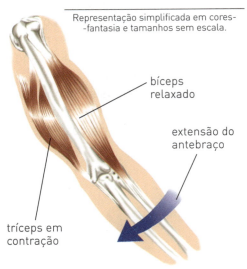

Braço distendido (relaxado).

As doenças e os músculos

Há muitas doenças que podem afetar os músculos e prejudicar seu funcionamento. Aqui veremos duas delas: poliomielite e tétano.

A **poliomielite** ou **paralisia infantil** é uma doença causada por vírus, transmitido por água e alimentos contaminados. O vírus ataca o sistema nervoso central, a medula espinhal, impedindo o contato dos nervos motores com os músculos. Logo, como não recebe os impulsos nervosos para se contrair ou relaxar, os músculos se atrofiam, principalmente nas extremidades do corpo, e perdem a capacidade de movimentação.

O **tétano** é outra doença grave causada por bactérias que penetram no organismo pelos ferimentos e também ataca o sistema nervoso central. A "toxina" produzida pelas bactérias afeta os nervos que controlam os movimentos musculares. A atuação das bactérias provoca espasmos (contrações musculares demoradas) e, em alguns casos, pode causar até a morte.

Tanto para a poliomielite quanto para o tétano, há vacinas preventivas capazes de evitar a ação dos microrganismos que provocam essas doenças.

Albert Bruce Sabin (1906-1993), médico norte-americano de origem russa, especialista em virologia, estudou os vírus e sua ação no organismo. Ele desenvolveu a vacina antipoliomielite por via oral, chamada de **vacina Sabin**.

Saúde em foco

Vacinação contra poliomielite

Embora desde 1990 a poliomielite tenha sido erradicada do Brasil, o Ministério da Saúde emitiu, em 2018, um alerta sobre a possibilidade de ressurgimento da doença por que muitas crianças não foram levadas para ser vacinadas.

Para efetiva proteção contra a poliomielite, são necessárias cinco doses da vacina antes dos 5 anos de idade.

Cartaz de campanha de vacinação.

1. Verifique com sua família se você e outras crianças tomaram todas as doses da vacina contra poliomielite e outras. Em caso negativo, procurem um posto de saúde para regularizar a Carteira de Vacinação e se proteger de doenças.

2. Debata com os colegas porque a vacinação é importante do ponto de vista individual e também coletivo; lembrem-se de que é uma preocupação da saúde pública.

Viver

Locomoção

A diversidade de estratégias de locomoção encontradas na natureza é resultado de milhões de anos de evolução, que originaram e favoreceram adaptações aos mais variados meios.

A maior parte dos seres vivos se desloca pelo menos em alguma fase do seu ciclo de vida, às vezes só no início. A locomoção amplia as possibilidades de fuga de uma ameaça, busca de alimento, refúgio, procura de parceiros para a reprodução ou de um território com menos competição por recursos.

Guepardo perseguindo impala.

1. Observem diferentes tipos de mamíferos (em filmes e fotografias).

2. Comparem esses animais com o ser humano em relação aos tipos de movimentos, à postura do corpo, à forma de locomoção e às adaptações que só a espécie humana tem. Identifiquem uma vantagem e uma desvantagem a que essas adaptações estão relacionadas na espécie humana e redijam suas conclusões.

175

Com a palavra, o especialista

Quem é

Cláudio Gil Soares de Araújo.

O que faz

É médico cardiologista.

Pergunta: Qual é a importância da prática de exercícios físicos para a saúde do coração e de todo o corpo?

Cláudio: Quando fazemos exercício físico, todos os órgãos do corpo passam a funcionar melhor, de forma mais eficiente. São liberados hormônios; as reservas energéticas são mobilizadas; a captação, o transporte e o uso do oxigênio são otimizados; o cérebro fica mais alerta; e ocorrem muitas outras ações relevantes em todo o corpo. Uma simples corrida de alguns minutos ou uma partida de futebol, por exemplo, fazem com que as células que revestem a parede de nossos vasos, chamada de endotélio, passem a funcionar melhor, liberando óxido nítrico, entre outras respostas. Esse efeito é quase imediato, mas persiste por apenas um ou dois dias, de modo que temos de nos exercitar sempre, para que os benefícios permaneçam.

Pergunta: Cada vez mais o adolescente está sedentário, preso a computadores e *video games*. Como despertá-lo para a prática saudável de exercícios físicos?

Cláudio: Estudos norte-americanos mostraram que indivíduos jovens que falecem em acidentes já têm algum grau de obstrução nas artérias coronárias. Parece claro que comer mal e fazer pouco ou nenhum exercício é o caminho mais rápido para danificar os vasos sanguíneos. Assim, devemos recomendar às crianças e aos adolescentes que façam exercício; o ideal é que seja diário ou, pelo menos, na maioria dos dias.

Pergunta: Em que idade há maior desenvolvimento ósseo e muscular? Que fatores podem contribuir para otimizar esse desenvolvimento?

Cláudio: Até o início da vida adulta, nosso corpo está sempre crescendo e se desenvolvendo. Dados de pesquisa mostraram que meninas que dançaram nos anos de adolescência tiveram menos osteoporose quando chegaram aos 60 anos de idade. Isso foi denominado de capital ósseo e deve ser garantido nos anos de juventude, da mesma forma que pensamos em poupar para a aposentadoria na velhice. Musculação, atividades de impacto, lutas marciais e dança, ou ainda voleibol, basquetebol e outros esportes semelhantes, ajudam bastante nesse sentido.

Pergunta: A partir de que idade o jovem pode iniciar a prática de atividades como musculação sem prejudicar o seu desenvolvimento físico? Que cuidados devem ser tomados nesse início?

Cláudio: Uma criança que está aprendendo a engatinhar está fazendo um exercício de musculação, utilizando o seu próprio peso corporal. Os exercícios com sobrecarga podem ser feitos desde a infância, desde que criteriosamente supervisionados e prescritos por profissionais habilitados e bem treinados de Educação Física ou de Medicina do Exercício e do Esporte. O maior cuidado a ser tomado é para que a execução do movimento seja correta.

Pergunta: O culto ao corpo pode levar à prática exagerada de exercícios e ao consumo de anabolizantes. Quais são as consequências dessas práticas?

Cláudio: O ganho de massa muscular é alcançado gradativamente com um programa adequado de exercício físico. Não há nenhuma necessidade do uso adicional de vitaminas e suplementos para uma resposta saudável e fisiológica. Qualquer tentativa de acelerar ou ampliar esses efeitos pode trazer prejuízos ao organismo, principalmente quando isso é feito à custa de medicamentos como os esteroides anabolizantes. Essas substâncias são extremamente perigosas e muitas vezes estão inseridas em produtos aparentemente inócuos. Elas podem causar graves danos à saúde, chegando mesmo a casos de degeneração estrutural e elétrica cardíaca seguidos de morte súbita.

Conviver

A acessibilidade é um direito

Acessibilidade é um atributo essencial do ambiente que garante a melhoria da qualidade de vida das pessoas. Deve estar presente nos espaços, no meio físico, no transporte, na informação e comunicação, inclusive nos sistemas e tecnologias da informação e comunicação, bem como em outros serviços e instalações abertos ao público ou de uso público, tanto na cidade como no campo. [...]

Secretaria Especial dos Direitos da Pessoa com Deficiência. Disponível em:<www.pessoacomdeficiencia.gov.br/app/acessibilidade-0>. Acesso em: set. 2018.

A Lei de Acessibilidade – nº 10.098 – foi criada em 2000 para estabelecer normas e critérios básicos para a promoção da acessibilidade a pessoas com deficiência e/ou mobilidade reduzida (idosos, pessoas conduzindo carrinhos de bebê, usando bengalas, muletas etc.). Ela determina, principalmente, a eliminação de barreiras e obstáculos em vias, espaços públicos e edificações (prédios).

1 Organizem-se em grupos de 4 alunos e façam as atividades propostas.

Segundo dados divulgados pelo Censo Escolar 2014, do Instituto Nacional de Estudos e Pesquisas Educacionais Anísio Teixeira (Inep), três em cada quatro escolas do país não têm condições básicas de acessibilidade, como rampas, corrimãos e sinalização adequada. Em menos de um terço delas há sanitários adaptados para pessoas com deficiência.

Banheiro equipado para uso de pessoas portadoras de deficiência física. São Paulo (SP), 2017.

2 Procurem informar-se sobre as condições de acessibilidade da escola onde vocês estudam. Sob orientação do professor, transitem pelos espaços observando se há barreiras, como escadas, buracos, pisos irregulares, como é a condição dos banheiros e bebedouros, se há transporte escolar adequado, tecnologias assistivas etc.

3 Escolas que não são acessíveis não cumprem um dos princípios básicos previstos pela legislação brasileira: o direito de toda criança de frequentar uma escola. Debatam sobre essa questão.

4 Para ajudá-los nesta atividade, consultem o *Manual de Acessibilidade Espacial para Escolas: o direito à escola acessível,* disponível em: <www.mp.go.gov.br/portalweb/hp/41/docs/manual_escolas_-_deficientes.pdf.pdf>.

Atividades

1. Uma pessoa musculosa tem mais músculos do que outra menos musculosa. Você concorda com essa afirmação? Justifique.

2. Os músculos possibilitam ao corpo se locomover, e isso ocorre graças a uma propriedade muscular. Que propriedade é essa? Dê exemplos de situações em que o corpo pode perder a capacidade da mobilidade e locomoção.

3. De que nosso corpo precisa para se locomover?

4. Identifique os tipos de músculos a que se referem as características a seguir.
   a) É encontrado na parede de órgãos internos e nas paredes dos vasos sanguíneos.
   b) Principal responsável pela locomoção.
   c) Auxilia nas contrações uterinas e no esvaziamento da bexiga.
   d) É o único grupo de músculos que apresenta contração voluntária.
   e) Tem estrias e se contrai involuntariamente.

5. Os ossos protegem órgãos e estruturas importantes como o sistema nervoso, por exemplo.
   a) Que ossos protegem nosso sistema nervoso central?
   b) Há alguma diferença na interação desses ossos?

6. Os ossos têm a função de sustentação, proteção e produção de células sanguíneas. Essa frase está correta conceitualmente? Explique.

7. Os ossos encaixam-se uns nos outros pelas articulações. Dependendo do tipo de articulação, o movimento pode ser maior ou menor.
   a) Que tipo de articulações possibilitam grandes movimentos?
   b) E quais não permitem movimentos?

8. No esqueleto humano, além dos ossos, há também cartilagens. Elas são resistentes e flexíveis.
   a) Por que as cartilagens não são duras como os ossos?
   b) Onde encontramos cartilagens em nosso corpo?

9. Os ossos são órgãos constituídos por células vivas e, apesar de sua rigidez, têm intensa atividade metabólica. Explique a frase, considerando uma fratura óssea.

10. Considerando o papel dos ossos em nosso corpo, por que é importante que os ossos sejam rígidos?

11. Joana foi ao médico e foi constatado que ela está com fraqueza óssea, o que a torna mais suscetível a fraturas e à osteoporose. Além de medicação, o médico recomendou a inclusão de certos alimentos em sua dieta a fim de fortalecer os ossos. Cite três exemplos de alimentos recomendáveis e explique o porquê dessa indicação.

12. Consulte as figuras do esqueleto humano das páginas 160 e 162 e, com base no que você aprendeu, classifique em longo, curto ou chato os ossos representados.
    a) fíbula
    b) tíbia
    c) escápula
    d) tarso
    e) rádio

13. A poliomielite é uma doença causada por um vírus que ataca o sistema nervoso.

  a) Por que esse vírus causa paralisia?

  b) Qual é a melhor maneira de evitar a poliomielite?

14. Que cuidados você recomendaria a alguém que quer cuidar do corpo para ter músculos saudáveis?

15. A figura a seguir representa um esquema simplificado de osso longo inteiro, em corte longitudinal.

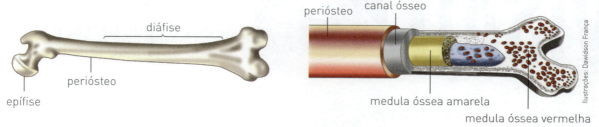

Esquema simplificado de osso longo, em corte.

Nele observamos a medula vermelha nas extremidades e a medula amarela no canal ósseo.

  a) Qual é a importância da medula óssea vermelha?

  b) Essa distribuição da medula vermelha nos ossos é igual em crianças e adultos? Justifique sua resposta.

  c) A medula amarela é constituída por tecido adiposo. Cite uma função importante desse tecido.

  d) No primeiro esquema, observamos que o osso tem partes distintas, como a epífise e a diáfise. Esse padrão é encontrado em todos os tipos de ossos? Justifique.

16. Com base no que você estudou sobre os tipos de músculos, compare o tipo de contração da musculatura dos braços, do coração e do estômago.

17. Observe as imagens a seguir.

  a) Que recomendações você daria a cada um deles quanto à postura em que se encontram? Por quê?

  b) No cotidiano, você fica atento aos seus hábitos posturais? Dê exemplos de situações em que isso ocorre.

Caleidoscópio

VISÃO

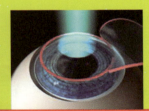

O mais complexo dos cinco sentidos. Seu órgão receptor é o olho, que percebe a luz e envia sinais ao cérebro.

DO OLHO AO CÉREBRO

A retina transmite sinais por meio do nervo óptico, os quais passam para o lado oposto do cérebro. A imagem é interpretada no córtex visual.

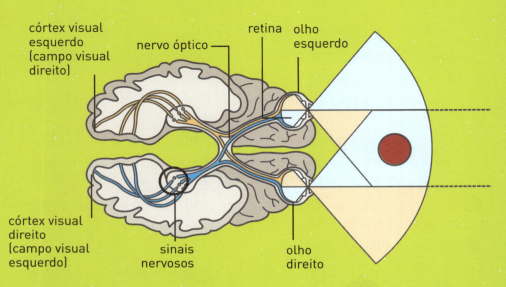

TRANSTORNOS VISUAIS

MIOPIA

A imagem forma-se à frente da superfície da retina.

Correção com lentes côncavas

Aumenta o ângulo de entrada dos raios.

A imagem forma-se na retina.

Distorção

Os objetos distantes são vistos sem foco, os próximos, com nitidez.

HIPERMETROPIA

A imagem forma-se atrás da superfície da retina.

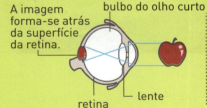

Correção com lentes convexas

Reduz o ângulo de entrada dos raios.

A imagem forma-se na retina.

Distorção

Os objetos distantes são vistos com nitidez, os próximos, sem foco.

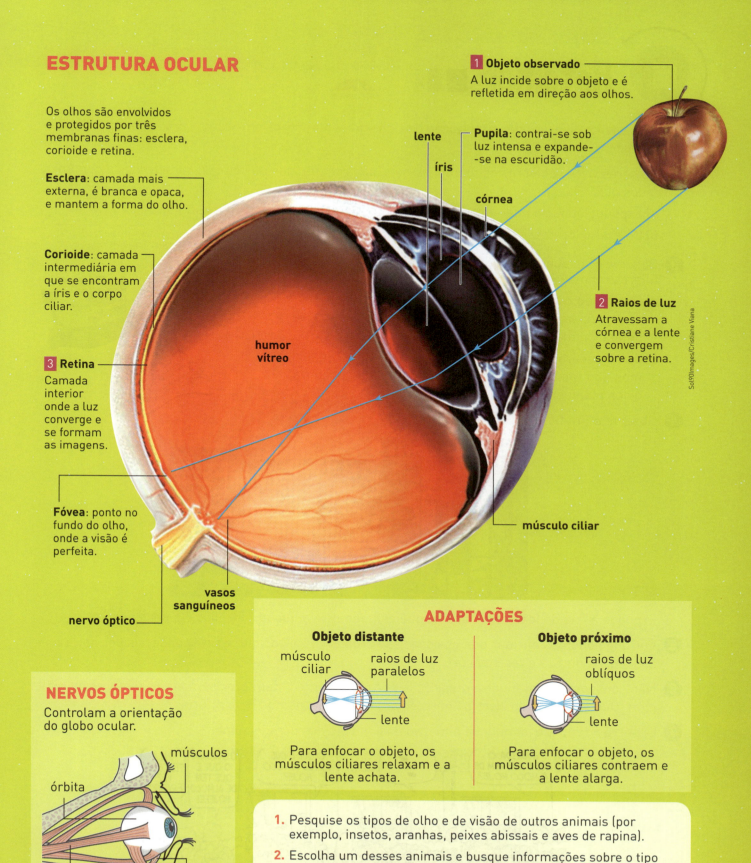

ESTRUTURA OCULAR

Os olhos são envolvidos e protegidos por três membranas finas: esclera, corioide e retina.

Esclera: camada mais externa, é branca e opaca, e mantem a forma do olho.

Corioide: camada intermediária em que se encontram a íris e o corpo ciliar.

3 Retina — Camada interior onde a luz converge e se formam as imagens.

Fóvea: ponto no fundo do olho, onde a visão é perfeita.

nervo óptico

vasos sanguíneos

humor vítreo

lente

íris

córnea

1 Objeto observado — A luz incide sobre o objeto e é refletida em direção aos olhos.

Pupila: contrai-se sob luz intensa e expande-se na escuridão.

2 Raios de luz — Atravessam a córnea e a lente e convergem sobre a retina.

músculo ciliar

NERVOS ÓPTICOS
Controlam a orientação do globo ocular.

músculos, órbita, músculos, músculos

ADAPTAÇÕES

Objeto distante
músculo ciliar — raios de luz paralelos — lente
Para enfocar o objeto, os músculos ciliares relaxam e a lente achata.

Objeto próximo
raios de luz oblíquos — lente
Para enfocar o objeto, os músculos ciliares contraem e a lente alarga.

1. Pesquise os tipos de olho e de visão de outros animais (por exemplo, insetos, aranhas, peixes abissais e aves de rapina).
2. Escolha um desses animais e busque informações sobre o tipo de ambiente onde ele vive. O tipo de visão representa alguma vantagem ou é um aspecto neutro na sobrevivência dessa espécie?
3. Reúna-se com os colegas e, juntos, organizem um mural com as informações obtidas e as imagens pesquisadas por vocês.

Retomar

1. Represente os níveis de organização da vida apresentando-os em ordem crescente, da célula até a biosfera.

2. Os seres vivos são seres celulares, ou seja, são constituídos de células, característica comum a todos eles.

    a) Explique qual é a diferença entre seres unicelulares e seres pluricelulares.

    b) Dê exemplos desses seres.

3. Observe os esquemas e identifique no caderno os tipos celulares representados.

    a) De acordo com os esquemas apresentados, identifique as principais características das células bacteriana, vegetal e animal.

    b) Se considerarmos a organização celular, que organismos são mais parecidos com os animais: as bactérias ou as plantas?

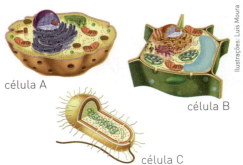

A proporção entre as dimensões dos elementos representados bem como as cores usadas não são as reais.

célula A

célula B

célula C

4. Observe a tirinha.

Explique a fala do leão com base no que estudamos e a que nível trófico ele pertence.

5. Por que podemos afirmar que os ossos são órgãos? Quais os fatores responsáveis por dar a esses órgãos dureza e resistência?

6. Não conseguimos prender a respiração por muito tempo, nem precisamos nos lembrar de respirar. Que estrutura do sistema nervoso atua nos movimentos respiratórios?

7. Observe a tirinha e identifique o motivo da irritação dos personagens.

a) O que dificulta a comunicação entre esse casal de idosos?

b) Várias podem ser as causas desse problema, mas qual é a mais comum em pessoas idosas?

8. Após o levantamento de quantos alunos da escola usam óculos, os alunos da turma 602 fizeram um inquérito para saber quais problemas de saúde visual levam essas pessoas a usá-los. Veja o gráfico que eles organizaram e responda às questões no caderno.

a) Qual é o problema de saúde visual de maior incidência? E em que ele consiste?

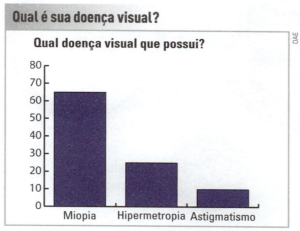

Gráfico elaborado para fins didáticos.

b) Verifica-se que também é alta a incidência de pessoas com hipermetropia. Em que consiste esse problema?

9. Soltar rapidamente um objeto muito quente é um ato reflexo. Por que atos reflexos são importantes para os animais?

10. Uma das muitas funções desempenhadas pelo sistema nervoso é a coordenação dos movimentos do corpo por meio de impulsos nervosos. Explique como o neurônio transmite o impulso nervoso ao músculo.

11. Por que há poluição sonora quando o nível do som ultrapassa 90 decibéis? E quais as consequências disso para nossa saúde e nosso bem-estar?

12. Na imagem do esqueleto ao lado, há algumas estruturas indicadas. Faça a correspondência entre o nome dos ossos e a função destacada.

( ) sustentação

( ) proteção

( ) produção do sangue

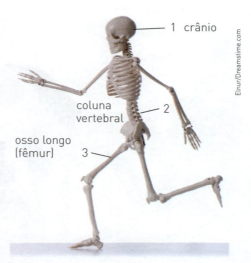

Visualização

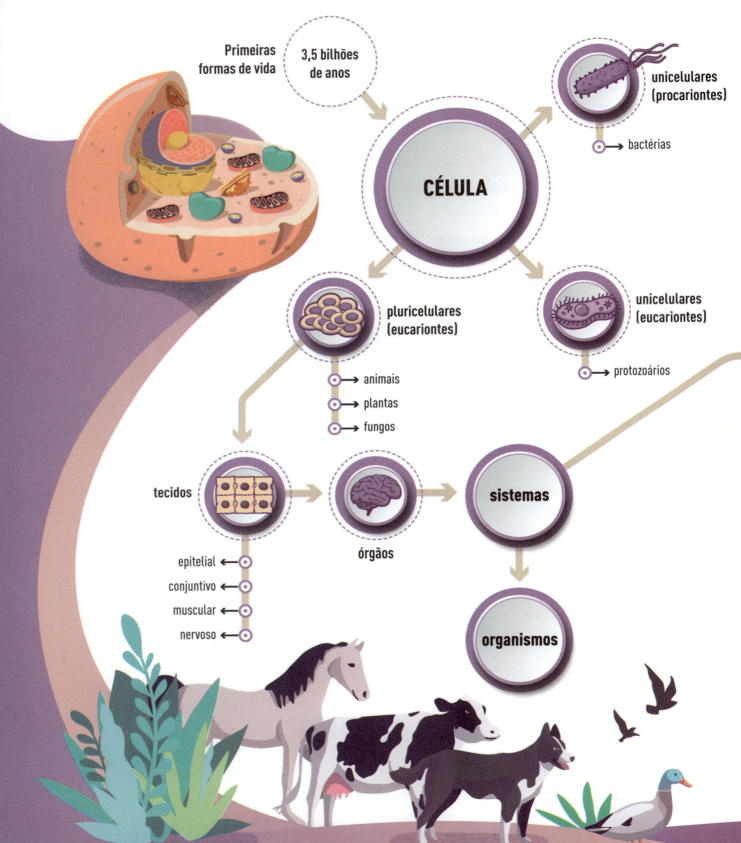

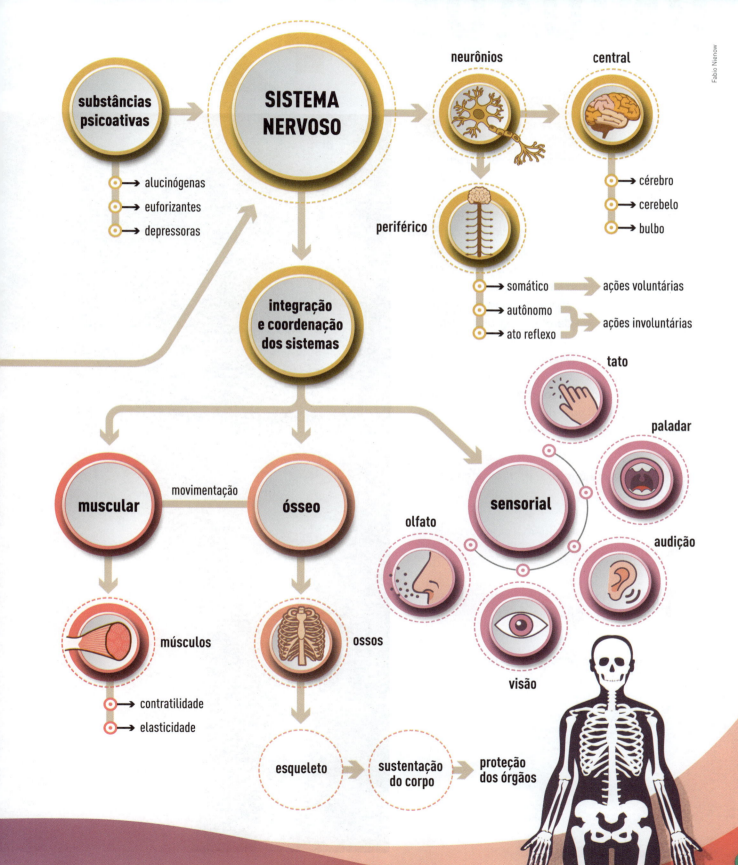

UNIDADE 4

> **Antever**
>
> A imagem da Terra desta abertura é uma combinação entre fotografia, que foi tirada do espaço sideral, e computação gráfica, pois é impossível obter imagens do interior do planeta dessa forma.
>
> Entretanto, mesmo sem ver diretamente o que está no interior da Terra, os estudos científicos possibilitam reconhecer que há diferentes camadas em sua estrutura interna. Da mesma forma, é graças à engenhosidade humana que podemos alcançar o espaço sideral e fotografar o planeta.
>
> Observando a imagem, temos a impressão de que há algo semelhante a uma casca que separa o interior da Terra de tudo o que está na parte externa, onde fica toda a diversidade de ambientes, de climas, de relevos, de seres vivos – que é a superfície onde vivemos.
>
> **1** Descreva o que você vê na imagem.
>
> **2** Observando a imagem, como parece ser o interior do planeta Terra?
>
> **3** O que são essas regiões esbranquiçadas na superfície do planeta?
>
> **4** Quais partes você acredita que são sólidas? E quais são líquidas ou gasosas?

Representação simplificada em cores-fantasia e tamanhos sem escala.

Representação do planeta Terra com um recorte do seu interior.

186

A Terra no Universo

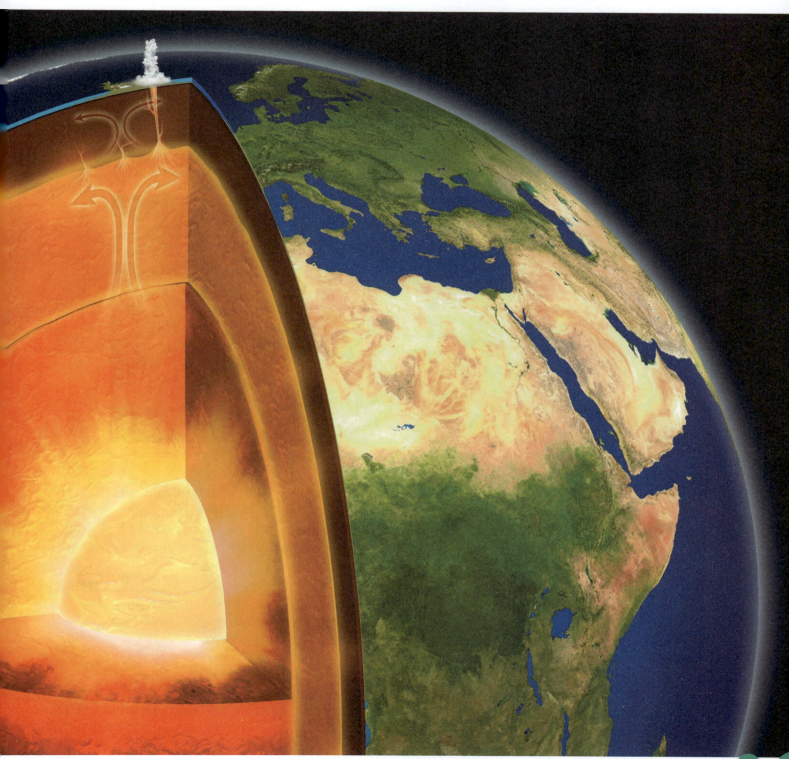

CAPÍTULO 10

Estrutura da Terra

Nós, os seres humanos, somos bichos curiosos. Estamos o tempo todo buscando entender o mundo ao nosso redor. Procuramos respostas para diversas perguntas que aparecem enquanto conhecemos mais e mais coisas. Essas perguntas são feitas de diversas formas e muitas delas nós mesmos formulamos.

Você já se perguntou, por exemplo, qual país está do outro lado do globo? Seria possível construirmos um túnel para chegar até lá?

E já teve curiosidade de saber o que há debaixo do solo? Ou qual foi a cavação mais profunda que os seres humanos já fizeram?

A escavação abaixo, em uma mina, é uma das mais profundas feitas pelo ser humano.

Buraco cavado para a exploração de diamantes em Mirna, na Sibéria (Rússia), década de 1950. Tem 525 metros de profundidade e perto de 1 250 metros de diâmetro.

E para chegar ao espaço sideral, será que não conseguiríamos fazer uma torre bem alta?

Chegar ao espaço sideral usando um elevador ou ao outro lado do mundo por um túnel poderia facilitar muito nossa locomoção pelo planeta e fora dele, mas por que essas obras ainda não foram feitas? Será que elas são possíveis? Podemos tentar responder a essas perguntas, e a uma infinidade de outras, observando com cuidado o que acontece a nossa volta.

Os cientistas são pessoas que fazem exatamente isso: observam o mundo com curiosidade e buscam responder às perguntas que surgem. O que, então, eles fazem diferente de uma pessoa curiosa? Eles **sistematizam** o que observam, isto é, organizam as informações que vão colhendo ao longo do tempo, durante suas pesquisas, e elaboram uma teoria sobre o que estão observando. Vão acumulando evidências que podem, ou não, comprovar essa teoria e assim vão aumentando o conhecimento sobre determinado assunto.

Vamos agora saber um pouco desse conhecimento acumulado sobre a formação e a estrutura de nosso planeta.

> **Glossário**
>
> **Sistematizar:** organizar elementos em um sistema. Fazer um apanhado de ideias, conceitos etc., organizando-os.

A superfície da Terra

As imagens desta página não estão representadas na mesma proporção.

Em geral, associamos o espaço sideral à ausência do ar, essencial para nossa respiração.

Mesmo se estivermos próximos à superfície do nosso planeta ainda podemos ter dificuldade em respirar; isso porque, quanto maior a altitude, mais **rarefeito** o ar. Em outras palavras, entre a camada de ar do nosso planeta e o espaço sideral não há um limite claro que diferencie o que ainda faz parte do planeta e o que não faz.

O lugar em que vivemos, as montanhas que vemos, os vales, os rios e os oceanos, tudo a nossa volta é apenas uma pequena parte, na verdade a parte mais externa, do que chamamos de **crosta terrestre**. A crosta é como se fosse uma casca que separa a parte interna da externa do nosso planeta. Na parte externa dessa crosta há uma camada gasosa formada pelo ar, que é uma mistura de diversos gases e vapor de água. Vivemos dentro de uma espécie de "oceano de ar". Da mesma forma que os peixes e diversos outros seres marinhos vivem "dentro do mar", nós e os outros seres terrestres vivemos "dentro do ar". Essa camada de ar é chamada de **atmosfera**.

A primeira imagem abaixo é uma fotografia tirada por astronautas da Missão Apollo 17, em 1972. Ela possibilita visualizarmos a superfície da Terra, não sendo fácil distinguir a atmosfera. Já na segunda visualizamos a atmosfera de um ponto próximo à superfície do planeta. Observe que em ambas as imagens identificamos nuvens.

> **Glossário**
>
> **Espessura:** é o mesmo que grossura. No caso da atmosfera, corresponde à sua altura a partir da superfície da Terra.
>
> **Rarefeito:** qualidade daquilo que é escasso ou pouco denso. Por exemplo, temos ar rarefeito nas grandes altitudes, onde a respiração é difícil por conta da baixa disponibilidade do gás oxigênio.

A Terra fotografada de uma nave espacial.

Fotografia tirada por um astronauta da Estação Espacial Internacional.

Perceba que, às vezes, algo pode ser muito grande e, ao mesmo tempo, muito pequeno, dependendo da comparação que fazemos. Por exemplo, o rato é pequeno em relação ao elefante, mas grande se comparado a uma formiga. Isso também acontece com a atmosfera: para nós, ela parece ser grande, pois vemos as nuvens tão distantes, assim como os pássaros, as pipas e os aviões. Agora, se compararmos a **espessura** da atmosfera com o tamanho do planeta, ela é extremamente pequena, tanto que nas imagens da Terra feitas do espaço, mal conseguimos vê-la.

Portanto, a Terra tem uma parte gasosa – a atmosfera –, que a envolve completamente, e outra que não é gasosa. Trata-se da superfície e do interior do planeta. A superfície é composta dos oceanos e continentes, que, por sua vez, estão sobre a **crosta terrestre** – a camada que nos separa da parte interna do planeta.

A superfície e o interior do planeta

Você já cavou um buraco na terra por algum motivo? Se sim, quão fundo conseguiu cavar? Agora, compare o olhar para o céu com o olhar para o chão: em qual deles é possível observar mais elementos constituintes?

Visualizar o interior do planeta é uma tarefa complexa. Por isso, os cientistas precisam adotar modos indiretos para observar e concluir o que há abaixo da crosta terrestre.

Você já entrou em uma caverna? Esta pode ser uma aventura muito interessante, desde que você esteja acompanhado de pessoas que conheçam bem esse lugar (um guia, por exemplo) e tenham autorização para fazer essa exploração. Mesmo as cavernas mais profundas ainda estão na crosta terrestre.

Caverna do Diabo, em Eldorado (SP), 2015. Explorar uma caverna sem estar acompanhado de guia especializado pode ser muito perigoso!

Faz parte do imaginário popular a ideia de que podemos chegar ao interior do planeta por caminhos embaixo da terra. Inclusive, foi esse o modo imaginado pelo escritor Júlio Verne, em seu livro *Viagem ao centro da Terra*. Você já leu esse livro ou ouviu falar dele?

Ampliar

Viagem ao centro da Terra
Discovery Channel, 2006, 60 min.
Documentário inspirado no romance de Júlio Verne, segue o trabalho de cientistas na exploração do interior da Terra.

Capa do livro de Júlio Verne.

Vulcões

Uma forma de se conhecer o que existe no interior do planeta é por meio dos vulcões. Você já viu a imagem ou vídeo de um vulcão em erupção? Sabe por que a atividade vulcânica traz riscos às cidades próximas?

Os vulcões são como passagens entre o material que existe no interior do planeta e a superfície. Observando uma erupção vulcânica, podemos concluir que abaixo da crosta terrestre são encontrados materiais líquidos – por causa das temperaturas elevadas – chamados de magma. Quando esse magma atinge a superfície, passa a ser chamado de lava. A lava resfriada fica endurecida e pode formar outros tipos de rochas.

Além disso, essas erupções também nos possibilitam observar que há muita pressão no interior da Terra, pois a lava é jorrada pelo vulcão para a superfície.

Vulcão de Fogo em atividade. Guatemala, 2017.

As imagens desta página não estão representadas na mesma proporção.

 De olho no legado

Você já ouviu falar em Arqueologia?

Arqueologia é a ciência que estuda populações e culturas humanas antigas. É graças a ela que obtemos muitas informações históricas de como as pessoas viviam. Mas você sabia que a Arqueologia só surgiu por causa de um vulcão? Leia o texto a seguir.

No início do século XVI, o arquiteto italiano Domenico Fontana, encarregado de cavar um túnel sob a montanha La Civita, que trouxesse água do rio Sarno para a cidade de Torre Annunziata, descobriu as ruínas de uma antiga cidade.

A cidade era Pompeia, e havia sido destruída por uma violenta erupção do vulcão Vesúvio, no ano de 79 d.C. As ruínas estavam recobertas por vários metros de depósitos vulcânicos.

As escavações arqueológicas de Pompeia permitiram que se reconstituísse com bastante precisão a vida na antiguidade romana a partir do plano da cidade, das casas, dos objetos de uso cotidiano, das obras de arte.

Fotografia tirada através do vidro protetor do *Orto dei fuggiaschi* (O jardim dos fugitivos), mostra os corpos de vítimas que foram enterrados pelas cinzas enquanto tentavam fugir de Pompeia, durante a erupção do vulcão Vesúvio, em 79 d.C . Pompeia (Itália), 2012.

Os arqueólogos conseguiram moldar em gesso, nas cinzas amontoadas, as cavidades deixadas pelos corpos de certas vítimas, e reconstituir a posição dessas pessoas em seus últimos movimentos.

A arqueologia, como disciplina, foi propriamente desenvolvida a partir da descoberta da cidade de Pompeia.

As ruínas de Pompeia. *Ciência Hoje das Crianças*.
Disponível em: <http://chc.org.br/as-ruinas-de-pompeia/>. Acesso em: 14 set. 2018.

Você acredita que a humanidade aprendeu alguma lição com episódios como o ocorrido na cidade de Pompeia? Caso acredite, escreva com suas palavras que lição seria essa.

Estrutura interna da Terra

A parte sólida da Terra é dividida em três camadas: a **crosta**, que é a camada mais externa, o **manto**, que é uma camada intermediária, e o **núcleo**, que é a camada mais interna.

Essas camadas não têm limites bem definidos porque são divisões feitas apenas para termos uma ideia das diferenças que podem existir à medida que pesquisamos o interior do planeta.

Se pudéssemos "cortar" um pedaço da Terra, é bem provável que veríamos algo bem parecido com a figura ao lado, que é uma representação simplificada do que as pesquisas científicas indicam existir no interior.

Um aspecto importante de se entender é o que situamos como "abaixo" ou "acima". À medida que discutimos posições que estão cada vez mais próximas do centro da Terra, dizemos que estamos mais abaixo. Nossa referência é, portanto, o centro do nosso planeta. Mais próximo do centro da Terra significa mais abaixo e, quanto mais longe desse centro, mais acima.

Abaixo da superfície da Terra, depois da crosta, encontramos o manto, que se divide em duas partes: manto superior e manto inferior. Até o momento, não conseguimos acessar essa camada, devido à espessura da crosta terrestre.

Ainda mais abaixo encontramos outra camada, o núcleo da Terra, que também é dividido em duas partes: núcleo externo e núcleo interno. O núcleo é a camada mais profunda do nosso planeta.

Mesmo que os limites entre cada camada não sejam bem definidos, podemos representar o interior do planeta por meio de imagens. Observe-a com atenção, nela estão indicadas as distâncias das camadas até o centro do núcleo (centro da Terra). Este esquema é uma simplificação, para que você tenha apenas uma ideia das distâncias médias das camadas até a superfície da Terra.

É importante ficar muito claro que não podemos visitar essas regiões mais profundas da Terra. As informações que temos sobre esses lugares são obtidas de maneira indireta, o que veremos mais adiante no capítulo.

> **zoom**
> Com base na imagem, qual deveria ser a extensão de um túnel que atravessasse nosso planeta, passando pelo seu centro (caso isso fosse possível)?

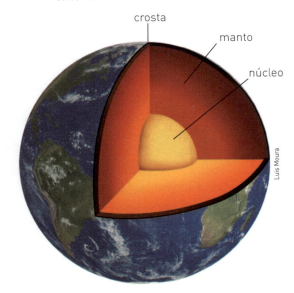

Representação do que existe no interior da Terra.

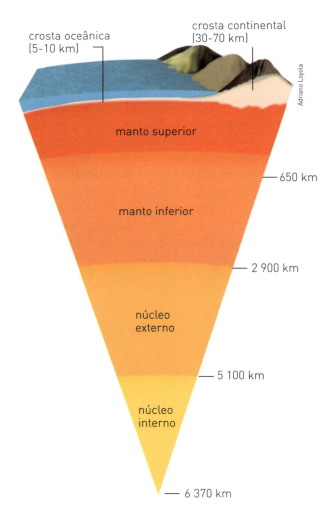

Esquema de representação das camadas da Terra.
Fonte: Wilson Teixeira et al. *Decifrando a Terra*. São Paulo: Companhia Editora Nacional, 2009. p. 71.

Características das camadas da Terra

Crosta

A crosta tem aproximadamente entre 30 e 70 quilômetros de espessura nas regiões continentais, isto é, onde estão os continentes, e entre 5 e 10 quilômetros sobre os oceanos.

Por ser a camada mais superficial, é a única camada realmente conhecida, onde são encontrados todos os relevos e seres vivos conhecidos. Ela é formada por rochas e, na sua parte continental, encontramos o solo.

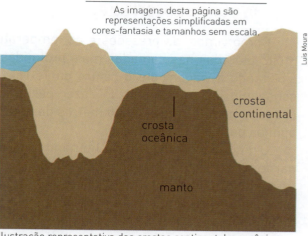

As imagens desta página são representações simplificadas em cores-fantasia e tamanhos sem escala.

Ilustração representativa das crostas continental e oceânica.

Manto

Logo abaixo da crosta, encontramos o manto com suas duas camadas. O manto superior é sólido e forma, com a crosta, uma região de aproximadamente 150 quilômetros de espessura denominada litosfera.

Abaixo está o manto inferior, que é muito maior que o manto superior. Nele encontramos rochas derretidas e rochas sólidas; tem cerca de 2 900 quilômetros de espessura. Quanto mais profunda é a região do manto, maior é a temperatura, podendo chegar até 3 000 °C. Nessas regiões encontramos o magma, que é formado por rochas derretidas. Quando esse magma chega à superfície pelos vulcões, recebe o nome de lava. A figura a seguir representa como isso acontece.

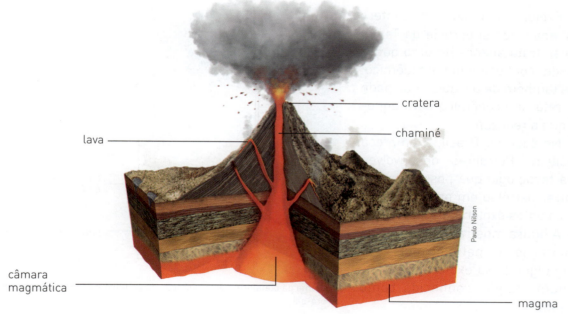

Esquema que representa a formação de lava vulcânica.

Núcleo

Ainda mais abaixo se encontra o núcleo terrestre. Ele também é dividido em duas partes. No núcleo externo, que é líquido, podemos encontrar temperaturas da ordem de 4 000 °C, ou ainda mais altas. Acredita-se que a última camada da Terra, o núcleo interno, seja sólida. Apesar de as temperaturas poderem passar de 5 000 °C, a pressão sobre o núcleo interno é tão grande que faz com que sua constituição seja totalmente sólida, formada basicamente de ferro e níquel.

193

Exploração subterrânea

Como vimos, as pressões e as temperaturas são muito elevadas nas camadas mais profundas, impossibilitando a viagem até o centro da Terra. O que se conseguiu até o momento foi fazer perfurações que chegam, no máximo, a 12 000 metros de profundidade, apenas para fins de pesquisa.

O mais profundo que o ser humano conseguiu chegar foi 4 000 metros, na mina de ouro de Mponeng, na África do Sul. No ponto mais baixo, a temperatura interna pode chegar a 66 °C e precisa ser resfriada artificialmente.

Para fins de exploração de petróleo, a Petrobras já atingiu a profundidade recorde de 6 060 metros no pré-sal.

Ampliar

Estrutura interna da Terra
www.cprm.gov.br/publique/Redes-Institucionais/Rede-de-Bibliotecas---Rede-Ametista/Canal-Escola/Estrutura-Interna-da-Terra-1266.html

Portal do Serviço Geológico do Brasil, com informações sobre a estrutura do nosso planeta.

Pré-sal
www.petrobras.com.br/pt/nossas-atividades/areas-de-atuacao/exploracao-e-producao-de-petroleo-e-gas/pre-sal

Portal da Petrobras, com informações sobre a exploração do petróleo na zona do pré-sal.

 Conviver

Pesquisa profunda

Explorar as regiões mais internas, abaixo da superfície da Terra, não se trata apenas de uma questão de conhecimento acadêmico, mas também de pesquisa que pode dar retorno econômico para aqueles que a realizam.

No caso do Brasil, a empresa brasileira Petrobras desenvolveu uma tecnologia que possibilita encontrar petróleo em profundidades nunca antes exploradas.

A figura mostra o esquema da exploração de petróleo por essa tecnologia. Essa exploração é feita numa região conhecida como pré-sal.

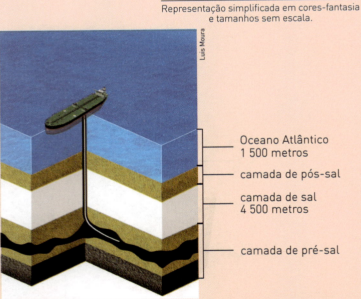

Representação simplificada em cores-fantasia e tamanhos sem escala.

- Oceano Atlântico 1 500 metros
- camada de pós-sal
- camada de sal 4 500 metros
- camada de pré-sal

Esquema da plataforma de exploração do petróleo e a faixa que corresponde ao pré-sal.

1. Com base na imagem, qual é a profundidade da camada onde fica o pré-sal? Em que camada do planeta ele se encontra?

2. Pesquise o que é pré-sal e qual é sua importância para o Brasil. Elabore, junto com os colegas, um vídeo ou um panfleto que contenha os aspectos mais relevantes das pesquisas, para divulgar a importância das atividades da Petrobras voltadas à exploração do pré-sal.

Estrutura e composição da atmosfera terrestre

As imagens desta página não estão representadas na mesma proporção.

Como estamos na superfície da Terra, temos a impressão de estarmos mergulhados em um "oceano de ar". Entretanto, a camada de ar que envolve nosso planeta é muito fina se comparada ao tamanho dele.

Para se ter uma ideia da espessura dessa camada de ar, pense no planeta como se ele fosse uma laranja. Nesse cenário, a camada formada por gases seria a casca dessa laranja. Essa camada gasosa que existe em torno de toda a Terra é uma mistura de diferentes gases e é chamada de **atmosfera** (palavra que significa "esfera de ar").

O que retém essa camada de ar em volta da Terra é a força da gravidade, que atrai tudo o que existe nela em direção ao seu centro, incluindo os gases a sua volta. A atmosfera terrestre estende-se da superfície do nosso planeta até centenas de quilômetros em direção ao espaço. Entretanto, a vida fica restrita a uma parcela da atmosfera, que são as regiões mais próximas da superfície terrestre.

Na imagem, vemos parte da Terra envolta em uma fina camada azulada, a atmosfera.

Pressão atmosférica

Muito antes de a eletricidade ser investigada pelos cientistas, existiam bombas de água manuais (semelhantes à disponível para uso em galões de água) e bombas que funcionavam com a queima de combustíveis em vez da força humana. Nos anos 1700, essas bombas eram usadas para retirar água do interior de minas para se poder extrair o carvão, principal combustível usado na época (antes da descoberta do petróleo).

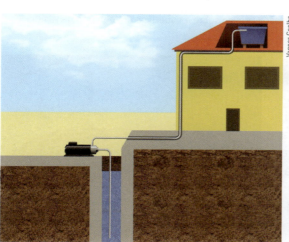

Representação simplificada em cores-fantasia e tamanhos sem escala.

Algumas casas usam bombas de água para retirar água de poços e levar até a caixa-d'água.

Bomba de água usada em garrafões de 20 litros.

Foi nesse contexto que os cientistas se depararam com um problema: essas bombas, por mais potentes que fossem, só conseguiam tirar água de uma profundidade de cerca de 10 metros!

195

Medindo a pressão atmosférica

Quem resolveu esse problema foi o cientista italiano Evangelista Torricelli, em 1643, por meio do seguinte experimento: ele encheu até a boca um tubo com um líquido chamado **mercúrio**, tampou-o e colocou-o numa vasilha que continha o mesmo líquido, tudo isso com muito cuidado para não entrar ar no tubo. O que você acha que aconteceu?

Apesar de o problema ter se originado com as bombas de água, o cientista preferiu usar mercúrio como o líquido de seu experimento em vez de água porque ele é mais denso.

Assim, ao liberar o gargalo do tubo, que estava dentro da vasilha, o mercúrio dentro dele desceu só até um certo ponto, ou seja, o tubo não esvaziou totalmente, nem o líquido ficou com a mesma altura dentro do tubo. Ele parou de descer, ficando 76 cm mais alto do que o mercúrio da vasilha.

Glossário

Mercúrio: metal líquido em temperatura ambiente, usado em modelos antigos de termômetro. É um material muito tóxico que não deve ser manuseado.

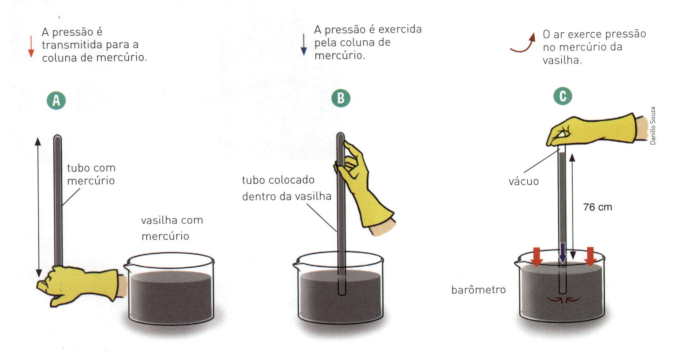

Imagem do experimento de Torricelli. As setas vermelhas representam a pressão exercida sobre a superfície do mercúrio na vasilha aberta, e a seta azul, a pressão exercida pela coluna de mercúrio.

Ele chegou à conclusão de que o ar atmosférico pressiona toda a superfície de mercúrio da vasilha aberta com a mesma intensidade (setas vermelhas) que a pressão exercida pela coluna de mercúrio do tubo (seta azul). Como as pressões são iguais, a coluna fica estabilizada nessa altura de 76 cm. Na parte interna do tubo, onde não há mais mercúrio, formou-se um vácuo, ou seja, uma região onde não existe nenhuma matéria.

Em 1648, Florin Pérrin levou o experimento de Torricelli para a montanha Puy de Dôme, na França. Ele observou que, na altitude de mil metros da montanha, o mercúrio no interior do tubo baixou oito centímetros, ou seja, ficou só 68 cm acima da superfície do líquido do recipiente.

Montanha Puy de Dôme, onde foi realizada a observação por Pérrin. França, 2018

Assim, o cientista concluiu que, quanto maior a altitude de um lugar, menor é a pressão exercida pelo ar, possibilitando que mais mercúrio escoe do tubo para o recipiente, diminuindo assim a altura da coluna do líquido. E se a pressão do ar é menor, é porque naquela altitude há menos ar, ou seja, a atmosfera fica mais rarefeita.

Mas se tudo isso foi feito usando o mercúrio, como resolvemos o problema das bombas de água?

Torricelli, fazendo considerações teóricas apenas pela diferença de densidade, usou a seguinte lógica: se a água é menos densa do que o mercúrio, precisaria de muito mais água para fazer uma pressão igual à feita pelo mercúrio. Assim, fez os cálculos e chegou ao resultado de que a coluna de água deveria ter aproximadamente 10 metros de altura!

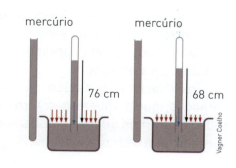

Imagem do experimento de Torricelli ao nível do mar (altitude zero) e a 1 000 m de altitude.

Como podemos observar nas imagens, o experimento de Torricelli assemelha-se ao problema real, em que o recipiente aberto seria a mina cheia de água e o tubo simularia a mangueira da bomba. Assim, por mais que a bomba sugue todo o ar da mangueira, criando um vácuo, a água não consegue subir mais que 10 metros por causa da pressão atmosférica.

Experimentar

A presença da pressão atmosférica

Por ser um fator corriqueiro no dia a dia, não nos damos conta da presença da pressão atmosférica e de sua influência em nossa vida.

Observe o material que o professor irá disponibilizar. Você acha que ele consegue encher o copo de água até a boca e virá-lo, de modo que a água não caia?

Material:

- copo de vidro;
- pedaço de papel sulfite (maior que a boca do copo);
- água.

Procedimentos

1. Encha o copo de água até a boca.
2. Tampe o copo com o papel e apoie a palma da mão sobre ele.
3. Mantenha o papel pressionado contra a boca do copo.
4. Vire rapidamente o copo, com a mão ainda pressionando o papel.
5. Retire a mão que segura o papel.

① O que aconteceu ao retirar a mão que apoiava o papel?
② Como você explica o ocorrido?

As camadas da atmosfera

Vimos que a atmosfera terrestre não é exatamente igual em toda sua extensão. Além da mudança na quantidade de ar, que vai ficando mais rarefeito conforme nos aproximamos do espaço sideral, ela apresenta variações na composição de acordo com a altitude.

Para facilitar o estudo da atmosfera, ela é dividida em camadas, que também não têm limites definidos, do mesmo modo que vimos quando estudamos o interior do planeta. Cada camada será descrita a seguir.

Troposfera

A troposfera é a camada mais próxima da superfície terrestre. Nela formam-se as nuvens e ocorrem as chuvas, os ventos e os relâmpagos. É ainda nessa camada que as aves e os aviões voam, e onde concentra-se a maior quantidade do gás oxigênio, utilizado na respiração da maioria dos seres vivos. Nessa camada, conforme aumenta a altitude, diminui a temperatura, ou seja, em uma mesma região, ambientes montanhosos apresentam temperaturas mais baixas do que ambientes ao nível do mar. A altitude da troposfera é de cerca de 15 quilômetros.

Representação simplificada em cores-fantasia e tamanhos sem escala.

Ilustração que representa as camadas da atmosfera, os fenômenos que podem ocorrer em cada uma e como o ser humano as utiliza.

Estratosfera

Nessa camada, que se situa entre, aproximadamente, 15 e 50 quilômetros de altitude, encontramos a importantíssima camada de ozônio. Essa camada filtra grande parte dos raios ultravioleta do Sol, evitando assim danos aos seres vivos.

Mesosfera

Apresenta baixas temperaturas, chegando a menos de 100 °C negativos. Apesar dessa temperatura baixa, a quantidade de ar que existe nessa camada provoca a combustão de **meteoros**, que muitas vezes são chamados de estrelas cadentes. Isso ocorre porque o atrito entre o ar e objetos em alta velocidade produzem aquecimento.

Quando as naves espaciais retornam do espaço, ao atravessarem essa camada, devido ao atrito com o ar, aquecem tanto que precisam de uma proteção especial para não serem destruídas.

Essa camada da atmosfera está situada numa faixa de altitude que varia aproximadamente de 50 a 80 quilômetros.

Ônibus espacial em manobra de reentrada na atmosfera terrestre. Observe a combustão provocada pelo atrito na proa dessa nave espacial.

Glossário

Meteoro: pedaço de matéria rochosa ou metálica em alta velocidade proveniente do espaço sideral que penetra na atmosfera terrestre, produzindo um rastro brilhante.

Termosfera

O ar que existe nessa camada absorve os raios solares que chegam com muita intensidade. Esse fenômeno facilita a transmissão de ondas de rádio, muito importantes para as comunicações a longa distância. Essa camada está situada numa faixa de altitude entre 80 até 600 quilômetros aproximadamente.

Exosfera

É a camada mais alta da atmosfera, isto é, o limite entre nosso planeta e o espaço sideral, numa altitude de mais de 600 quilômetros. Nessa camada, o ar é muito rarefeito, e seus componentes eventualmente "escapam" para o espaço por conta da pouca gravidade. Na exosfera geralmente estão localizados os satélites artificiais.

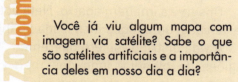

Você já viu algum mapa com imagem via satélite? Sabe o que são satélites artificiais e a importância deles em nosso dia a dia?

Viver

Um salto de 39 quilômetros

Salto de paraquedas bate recorde de altura e velocidade

Após planejamento de dois anos, o austríaco Félix Baumgartner, nascido em Salzburgo em 20 de abril de 1969, então com 43 anos, bateu no dia 14 de outubro de 2012 o recorde que pertencia anteriormente a Joseph Kittinger, que em 1960 saltou de uma altura de 31 km. Baumgartner quebrou esse recorde saltando de uma altura de 39 mil metros, chegando durante a queda a ultrapassar a velocidade do som. Assim, ele passa a ser também o primeiro ser humano a romper essa barreira em queda livre. Antes dessa façanha, a velocidade do som apenas podia ser atingida no interior de aviões ou foguetes. Repare na foto à direita que a altura do salto é tão grande que a curvatura da Terra fica perfeitamente identificada.

O piloto Felix Baumgartner salta de cápsula. Estados Unidos, 2012.

① Com base em seus conhecimentos sobre a atmosfera, identifique a camada atmosférica de onde o paraquedista Félix Baumgartner saltou para quebrar o recorde desse tipo de salto.

② Faça uma pesquisa sobre a velocidade do som. Ela tem o mesmo valor perto da superfície da Terra do valor que tem na região da atmosfera onde aconteceu o salto de Baumgartner?

Biosfera: onde há vida

A região da Terra onde encontramos seres vivos chama-se biosfera. Existe um número muito grande de formas de vida. Todas elas estão adaptadas às regiões do planeta onde vivem. Assim, podemos dizer que biosfera é o conjunto de todos os ecossistemas encontrados na Terra.

Ecossistema é o conjunto formado pelos seres vivos e pelos fatores não vivos do ambiente, como luz, água, ar e solo, entre outros, que estão relacionados entre si. Ele pode ser aquático (como um rio), terrestre (como uma floresta) ou misto (como um manguezal).

Observe a imagem abaixo. Nela podemos observar um ecossistema dentro de outro ecossistema, neste caso, uma lagoa localizada no interior de uma floresta.

A vida distribui-se em diferentes regiões do planeta, indo dos mais profundos oceanos até a troposfera. Essas regiões podem ser divididas em hidrosfera, litosfera e atmosfera. Ao conjunto das regiões do planeta cobertas por águas chamamos de **hidrosfera**. As regiões onde existem solos de diversos tipos são chamadas de **litosfera**. E, como já sabemos, em torno da Terra existe uma camada de ar chamada **atmosfera**. A biosfera compreende, portanto, os diversos ambientes do planeta onde pode existir vida.

Os seres humanos têm promovido profundas mudanças em toda a biosfera. Muitas delas provocam a destruição da natureza. Assim, diversas formas de vida sofrem com impactos ambientais, como a devastação de florestas e a poluição de rios e lagos.

Também somos responsáveis pelo nosso planeta. Não podemos continuar destruindo o lugar em que vivemos com acúmulo de lixo, descarte irresponsável de material que polui o ambiente e outras diversas formas de devastação ambiental. É preciso promover formas de uso racional dos recursos naturais que a Terra oferece para garantir a sobrevivência de todas as espécies de seres vivos que ainda existem.

Lagoa no interior de uma floresta. Diversas formas de vida estão presentes na lagoa e na floresta ao seu redor. Serra de Santa Helena, Sete Lagoas (MG), 2014.

Representação simplificada em cores-fantasia e tamanhos sem escala.

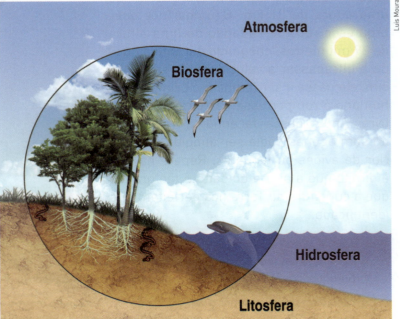

A biosfera compreende todas as regiões onde pode existir vida, seja no ar, seja na terra ou nas águas.

As imagens desta página não estão representadas na mesma proporção.

1 Considere a estrutura da Terra e identifique os elementos que a constituem.

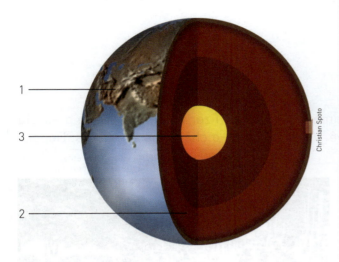

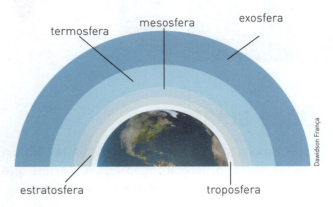

2 Como é chamada a camada da Terra sobre a qual vivemos?

3 Qual é o nome da camada gasosa que envolve totalmente o planeta com os diversos gases que formam o ar?

4 Uma das camadas da Terra é formada por rochas derretidas e por rochas sólidas. Qual é o nome dessa camada?

5 Qual é a diferença entre magma e lava?

6 Explique com suas palavras as dificuldades que são encontradas para se escavar profundamente a superfície da Terra, indo em direção ao centro. Realize as mesmas reflexões para explicar as dificuldades para se construir altos prédios ou chegar às camadas atmosféricas mais próximas do espaço sideral.

7 Observe a figura a seguir. Ela representa as camadas que compõem a atmosfera terrestre.

Lembre-se que essa é uma representação para efeito didático. Verifique na imagem da página 195 como é fina a camada azulada que evidencia a existência da atmosfera.

Escreva no caderno a qual dessas camadas se refere cada item a seguir.

a) Maior quantidade de ozônio.
b) Onde se formam as estrelas cadentes.
c) Onde ficam os satélites artificiais.
d) Rica em gás oxigênio.
e) Mais próxima da superfície da Terra.
f) Mais distante da superfície da Terra.
g) Onde ocorrem chuvas, ventos e relâmpagos.
h) Onde há transmissão de ondas de rádio.

8 No dia 22 de maio de 2014, após quatro horas fechado por conta de uma forte neblina, o Aeroporto Internacional Eduardo Gomes, na cidade de Manaus (AM), teve quase 70 voos atrasados ou cancelados. Em qual camada da atmosfera se forma o nevoeiro?

9 Como é chamada a região do planeta onde estão todos os seres vivos?

10 Escreva no caderno em qual região da biosfera os seres abaixo podem ser encontrados.

a) baleia
b) beija-flor
c) gaivota
d) anta
e) jaboticabeira
f) peixe-boi
g) foca
h) lagosta
i) caracol
j) serpente

201

CAPÍTULO 11

Solo, subsolo e vida

Onde pisamos

Como é seu caminho para a escola? Na próxima vez que você fizer o caminho entre a escola e onde mora, preste atenção nos materiais que vê. Vá observando o chão e os arredores. Depois, anote no caderno quais materiais você viu.

As imagens desta página não estão representadas na mesma proporção.

Viaduto Otávio Rocha sobre Avenida Borges de Medeiros. Porto Alegre (RS), 2016.

Vista de avenida asfaltada e com ciclovia em São Paulo (SP), 2015.

> **zoom**
> Lembre-se de alguma vez que você ficou observando um gramado ou o solo diretamente. O que há no solo?

Calçadão da orla da Praia de Boa Viagem com Parque Dona Lindu à direita. Recife (PE), 2013.

Depois disso, analise: Em alguma parte do caminho o chão é "natural"? Há partes nas quais você consegue ver diretamente o solo de terra? Se houver, anote onde fica esse lugar. Se não, procure se lembrar de algum lugar aonde costuma ir em que você consegue ver a terra no chão.

Nós vivemos sobre a superfície terrestre e, na maior parte do tempo, pisamos em chão artificial, de piso, concreto, asfalto ou pedras, ou seja, feito pela mão humana. Algumas vezes, pisamos diretamente no solo ou sobre folhas que o cobrem, e nesse momento podemos perceber as rochas e vários outros elementos naturais que estão no solo.

O solo se constitui de uma parte **orgânica** e uma **inorgânica**.

A parte inorgânica do solo terrestre é composta por rochas e sedimentos de rocha. Cada rocha é feita da união de um ou mais minerais, por exemplo, o granito é uma rocha feita dos minerais quartzo, mica, feldspato, entre outros. Os sedimentos que formam o solo também se originam de rochas que foram desgastadas. Exemplos são a areia e a argila, que chamamos comumente de terra. Esses sedimentos também são formados por minerais.

As imagens desta página não estão representadas na mesma proporção.

Glossário

Inorgânica: refere-se a materiais ou substâncias sem elementos de origem animal ou vegetal em sua composição.

Orgânica: refere-se a materiais ou substâncias pertencentes ou que já fizeram parte de seres vivos, ou que foram produzidos por eles.

A ardósia é uma rocha que pode ser cortada e usada em pisos.

Das rochas é possível extrair minerais, como o alumínio, matéria-prima para objetos como as latas da imagem.

Você já se perguntou o que há embaixo do solo onde você pisa? O subsolo é a camada de rocha que está abaixo do solo. Enquanto no solo há muitos sedimentos de rocha, o subsolo é formado por rochas. Tanto o solo como o subsolo fazem parte da crosta terrestre.

O solo é mais fragmentado e pode ser removido com alguma facilidade, especialmente nas camadas mais superficiais.

A profundidade do solo varia em razão de diversos fatores, mas principalmente de há quanto tempo a rocha original foi exposta na superfície, da ocorrência de eventos que a degastaram e da ação de seres vivos.

Abaixo dessa camada de solo, no subsolo, são encontradas apenas rochas consolidadas.

Existem três tipos de rochas: magmáticas, sedimentares e metamórficas. Grande parte das rochas da crosta terrestre são magmáticas e metafórmicas, mas a situação é inversa quando consideramos apenas a superfície do planeta, seja nos continentes, seja no fundo oceânico – nesse caso, a maior parte das rochas é sedimentar. Essas rochas estão distribuídas do seguinte modo:

Esquema simplificado que permite ver as primeiras camadas da crosta terrestre.

O esquema está representado com cores-fantasia e as dimensões dos elementos não seguem a proporção real.

Distribuição entre rochas sedimentares e cristalinas no subsolo e no solo, respectivamente.
Fonte: Wilson Teixeira et al. *Decifrando a Terra.* 2. ed. São Paulo: Companhia Editora Nacional, 2009. p. 150.

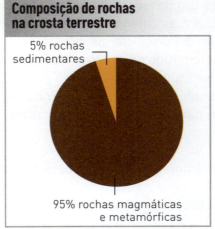

Composição de rochas na crosta terrestre
- 5% rochas sedimentares
- 95% rochas magmáticas e metamórficas

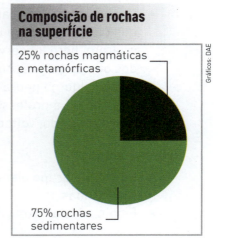

Composição de rochas na superfície
- 25% rochas magmáticas e metamórficas
- 75% rochas sedimentares

203

Conviver

Investigação geológica

Vamos observar como são as rochas e os minerais que fazem parte do nosso cotidiano? Veja no bairro onde você mora se há locais em que existem pequenas rochas que podem ser coletadas e trazidas para a sala de aula. Elas podem ser encontradas até dentro de nossas casas!

Material:

- fragmentos de rochas;
- papel;
- câmera fotográfica ou celular com câmera.

Coletando amostras

- Selecione e traga para a sala de aula três **amostras** de rochas. Você pode coletá-las dentro de casa ou em algum jardim, mas dê preferência às "naturais", que fazem parte do solo de seu bairro.

Rochas encontradas em diferentes solos. Será que identificamos algum mineral?

Preparando

- Na sala de aula, forme grupo com alguns colegas e juntem os fragmentos de rocha de vocês. Em seguida, organizem amostras de rochas semelhantes. Depois, recortem o papel em retângulos, identifiquem cada um com o nome do grupo e numerem-nos, colocando uma amostra em cima de cada papel e deixando-as expostas sobre a carteira.

Glossário

Amostra: unidade, porção, modelo.

Representação simplificada em cores-fantasia e tamanhos sem escala.

Investigando

- Com o grupo, procure identificar aspectos semelhantes e diferentes entre as amostras, criando categorias. Use os números escritos nas folhas de papel para classificá-las.
- Depois, seu grupo fará um passeio pelas carteiras dos outros grupos e usará as categorias que vocês criaram para observar e classificar as amostras dos outros grupos. Anotem tudo no caderno, usando a numeração das amostras. Se, por acaso, alguma pedra for muito diferente e não puder ser classificada, anotem também.
- O grupo ou o professor podem fotografar as amostras para facilitar o estudo, mas, em caso de dúvida, voltem para observar as amostras de rocha ao vivo.

Sugestões de modelo para expor as rochas.

Sistematizando

- Por fim, o grupo elegerá um representante para explicar aos demais grupos as categorias criadas.
- Finalizadas as explicações, seguem questões para reflexão e discussão.

Discutindo e refletindo

1. Algum tipo de pedra apareceu muitas vezes?
2. Existem semelhanças entre as categorias criadas por diferentes grupos?
3. Alguma pedra é um mineral? Investigue com os colegas que mineral pode ser esse.
4. Pesquise a diferença entre pedra, rocha e mineral.

Materializando

5. Com as fotografias que vocês tiraram, criem um painel com as imagens das pedras. Vocês podem usar programas de computador, celular e internet para montar esse painel. Decidam com o grupo a melhor forma de elaborá-lo.

Contextualizando

6. Pesquise a composição rochosa de sua região. Será que ela tem algum valor econômico? Será que sua região já sofreu extração mineral? Verifique se há empresas de mineração, garimpeiros, **lavras**. Converse com adultos para se informar e recorra também a museus locais e à internet. Busque identificar e coletar exemplares dessas rochas e crie uma campanha para divulgar a importância da formação rochosa de sua região, seja para o equilíbrio ambiental, seja para fins econômicos. Depois, apresente as informações obtidas à turma.

Modelo para elaborar o painel.

Representação simplificada em cores-fantasia e tamanhos sem escala.

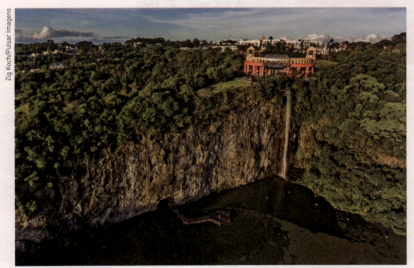

Antigas pedreiras sendo usadas como área de lazer. Pedreira do Chapadão, da qual era extraída a rocha diabásio. Campinas (SP), 2016.

Glossário

Lavra: lugar de exploração de jazidas minerais; a palavra também é usada como sinônimo de preparação da terra para o plantio. Neste capítulo, usamos a primeira definição.

205

Os minerais

Minerais são materiais sólidos, com composição química definida, formados naturalmente por processos inorgânicos ao longo da vida da Terra. Alguns minerais têm maior valor econômico para o ser humano do que outros, sendo também chamados de "minérios".

Os minerais são os principais elementos que compõem as rochas. Ainda que existam milhares de minerais diferentes, a maioria é rara e são relativamente poucos os que formam a maior parte das rochas. No entanto, como a quantidade e o tipo de minerais em cada rocha são diferentes, há uma grande diversidade de rochas, enquanto os minerais são mais facilmente identificáveis.

Além disso, há minerais que algumas vezes podem ser encontrados "soltos" na natureza, ou seja, não precisam ser extraídos das rochas. Exemplos são o diamante, o enxofre, o talco, o mercúrio e o ouro. Por muito tempo estes minerais encontrados "soltos" foram os mais procurados.

zoom Você conhece o nome de pedras preciosas com alto valor comercial? Elabore uma hipótese que explique por que essas pedras são tão caras.

Você já ouviu falar dos garimpeiros? São pessoas que coletam sedimentos no leito de rios usando uma espécie de grande peneira, tentando identificar e separar fragmentos do mineral no meio da areia. Outra imagem comum é a do garimpeiro usando uma picareta no interior de cavernas, nesse caso ele é também conhecido como mineiro (pessoa que trabalha nas minas).

No Brasil, o garimpo se destacou inicialmente com a busca de ouro e diamantes em Minas Gerais, que começou por volta de 1700. Na nossa história, há vários outros episódios ligados à extração de minerais, sendo que, ainda hoje, esta é uma das principais atividades econômicas do país, ou seja, muitos minérios ainda são extraídos por empresas e vendidos para a fabricação de objetos.

Garimpo de ouro em Serra Pelada, Curionópolis (PA), 1986. Mais de 100 mil pessoas ocuparam a jazida na década de 1980.

Glossário

Gema: centro, parte essencial. Aquilo que é mais puro, que é genuíno. É por isso que usamos a palavra "gema" tanto para as joias como para a parte amarelada do interior do ovo.

As gemas

As imagens desta página não estão representadas na mesma proporção.

Perceba que o ouro e o diamante são tipos diferentes de minerais. Enquanto o ouro é um metal que pode ser moldado para ser usado como joia ou em outras aplicações, os diamantes são **gemas** minerais – não são moldados, mas passam por um processo de polimento para ficar visualmente atraentes; eles também são usados em joias.

Há outros minerais que formam gemas, como a granada, o topázio, a esmeralda e o rubi. Também são chamados de gemas outros materiais considerados valiosos, ainda que de origem orgânica – como as pérolas, produzidas por alguns moluscos – ou de origem sintética, produzidos por processos industriais – como a zircônia.

A ametista é um tipo de quartzo, mineral encontrado diretamente na natureza e utilizado como gema.

De olho no legado

Eureka!

Você já ouviu a exclamação "Eureka!"?

Conta-se um episódio envolvendo o filósofo Arquimedes, da cidade de Siracusa (Itália), cerca de 200 anos antes de Cristo. Nessa época, a Filosofia englobava conhecimentos e reflexões que hoje estão espalhadas por diversas áreas, como a Ciência e a Matemática.

O rei Herão teria encomendado uma coroa de ouro e dado a quantidade necessária do mineral para fazê-la. Quando recebeu a coroa, ele desconfiou da pureza do ouro, apesar de ter o

Gravura de Arquimedes na banheira.

mesmo peso que o ouro fornecido por ele. Herão desconfiou de que uma parte do ouro havia sido trocada por prata. Assim, incumbiu a Arquimedes o desafio de descobrir a verdade.

Naquela época, já se sabia dos padrões do ouro. Um deles é que um mesmo volume de ouro tem sempre a mesma massa quando é pesado – o que atualmente chamamos de densidade. Assim, Arquimedes precisava descobrir como medir o volume de material que havia na coroa para comparar com a quantidade de ouro entregue pelo rei.

Em dado dia, enquanto tomava banho, Arquimedes percebeu que quando entrava na banheira, a altura da água subia. Então, conta a lenda, ele saiu em trajes de banho pelas ruas da cidade gritando: "Eureka! Eureka!", que significa: "Encontrei! Encontrei!".

1. Como Arquimedes relacionou a subida da altura da água da banheira com o modo de medir o volume da coroa?

2. Podemos usar a ideia de Arquimedes e outras características dos minerais, além da densidade, para identificá-los e até mesmo descobrir se a amostra é pura ou não.

   Imagine uma peça de ferro, como a da figura abaixo. Como você descobriria se ela é pura?

Um peso para balança feito de ferro.

Ampliar

Museu de Minerais, Minérios e Rochas Heinz Ebert
https://museuhe.com.br

Trata-se de um portal com conteúdo bastante completo sobre rochas e minerais, com imagens, atividades e muita informação.

Experimentar

Identificando minerais

A ideia de Arquimedes pode ser útil em diversas situações.

Junte-se aos colegas. Você vai investigar qual é o mineral que compõe cada amostra trazida pelo professor com o auxílio de uma tabela de características. Identifique-as e anote cada etapa de sua investigação até a conclusão.

Material:

- amostras de minerais;
- água;
- proveta ou béquer graduado;
- balança.

Procedimentos

1. Coloque o mineral na balança para determinar a massa dele. Anote-a, pois será usada depois.
2. Encha a proveta ou o béquer com água até a metade. Anote o volume inicial da água, em mL.
3. Insira uma amostra de mineral na proveta ou béquer e observe a quantidade de água que subiu. Anote a posição da água em mL.
4. Subtraia o valor medido inicialmente do valor medido depois de inserir a amostra e anote o resultado.
5. Divida o valor da massa, determinado na etapa 1, pela diferença entre as medidas de volume, calculada na etapa 4. Anote o valor obtido.

Agora responda.

1. A que corresponde o valor obtido na etapa 4? E o obtido na etapa 5?

2. Compare as características da amostra com os dados do quadro a seguir e identifique de qual mineral se trata. Não é necessário usar todas as colunas.

Mineral	Cor	Brilho	Densidade (g/mL)
Prata	prateada		10,5
Ouro	amarela		19,3
Cobre	vermelha		8,9
Talco	de branca a verde-clara	gorduroso	2,8
Pirita	amarela		5
Hematita	cinzenta		5,2
Quartzo	incolor, branca, amarela, rosa, azul ou violeta	vítreo a gorduroso	2,65

208

Tipos de rochas

Como vimos na página 203, existem três tipos de rochas: magmáticas, sedimentares e metamórficas. Cada um tem características próprias, consequência do processo pelo qual se formaram, o que veremos com mais detalhes a seguir.

As imagens desta página não estão representadas na mesma proporção.

O Arquipélago de Fernando de Noronha foi formado há cerca de 12 milhões de anos, proveniente da lava resfriada, emitida por um conjunto de vulcões que, atualmente, estão inativos no oceano a aproximadamente 4 mil metros de profundidade. Pernambuco, 2012.

Glossário

Pressão: é quando a superfície de algo sofre a ação de uma força. Quanto maior a força, maior a pressão. No interior da Terra, com a grande força exercida pelo peso das camadas superiores, a pressão é bastante elevada.

Rochas magmáticas

As **rochas magmáticas** (ou ígneas), como diz o nome, se originam no magma encontrado no interior do planeta Terra. Elas são formadas de dois modos: por meio do rápido resfriamento da lava dos vulcões quando esta chega à superfície, como ocorre com o basalto, ou pelo resfriamento que o magma pode sofrer ainda no interior da crosta terrestre. No segundo caso, somente podemos encontrar essas rochas sob a superfície, por meio de escavações, como é o caso do granito.

As faixas escuras de alguns calçamentos, como o famoso calçadão de Copacabana, são formadas por basalto, tipo de rocha magmática.

Rochas metamórficas

As **rochas metamórficas** (do grego, *meta* = mudar, *morfo* = forma) são chamadas assim porque foram transformadas, passaram de um tipo de rocha para outro devido ao aumento de **pressão** e temperatura a que foram submetidas. Por exemplo, o calcário é uma rocha sedimentar que, quando submetido a pressões e temperaturas altas na natureza, transforma-se em mármore.

As rochas magmáticas são muito empregadas no interior de construções. O granito, por exemplo, é utilizado em pias, pisos e soleiras de porta.

Rochas sedimentares

As **rochas sedimentares** são formadas da compactação de fragmentos de outras rochas, gerados por diferentes processos que ocorrem na natureza.

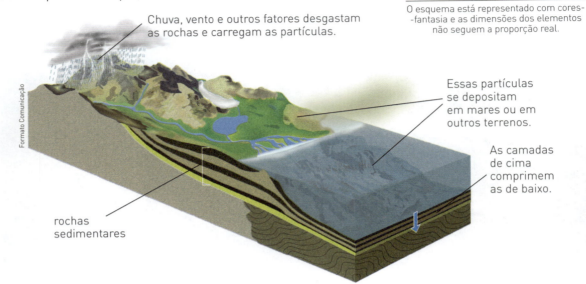

O esquema está representado com cores-fantasia e as dimensões dos elementos não seguem a proporção real.

Chuva, vento e outros fatores desgastam as rochas e carregam as partículas.

Essas partículas se depositam em mares ou em outros terrenos.

As camadas de cima comprimem as de baixo.

rochas sedimentares

Esquema simplificado de formação das rochas sedimentares.

Observando o esquema de formação da rocha sedimentar acima, vemos que as rochas sedimentares se originam de outras rochas, que sofreram desgaste ao longo de muito tempo. Os fragmentos são arrancados da rocha de origem pelos ventos, pelas chuvas, pela correnteza dos rios ou pelo impacto das ondas do mar. Esses fragmentos são arrastados e acabam depositados em locais baixos, como no fundo de mares e lagos.

> **zoom** Observe as rochas existentes nos locais que você frequenta. Repare nos calçamentos, pisos, revestimentos, louças, ou use o painel de rochas da seção **Conviver** (página 204). Verifique as imagens do painel e classifique as rochas em magmáticas, metamórficas ou sedimentares. Se necessário, observe diretamente as rochas e pesquise na internet exemplares desses tipos de rochas para facilitar a classificação.

Este processo ocorre continuamente ao longo de milhares de anos e, como novos fragmentos vão sempre sendo depositados uns sobre os outros, a pressão aumenta, compactando os fragmentos a ponto de formar uma nova rocha: a rocha sedimentar.

O desgaste das rochas das quais os sedimentos são retirados faz com que elas apresentem formas interessantes, como podemos ver nas imagens a seguir.

As imagens desta página não estão representadas na mesma proporção.

O desgaste pelo vento e pela chuva esculpiu uma forma de taça na rocha. Parque Estadual de Vila Velha, Ponta Grossa (PR), 2018.

O impacto das ondas e o escoamento da água do mar desgasta as rochas, formando paredões chamados falésias. Praia de Cacimbinhas, Tibau do Sul (RN), 2013.

O ciclo das rochas

Assim como as rochas sedimentares, as rochas metamórficas e as magmáticas também passam por um contínuo processo de formação ao longo da história da Terra.

O gnaisse é o tipo de rocha metamórfica que forma a maior parte dos morros da cidade do Rio de Janeiro. Essa rocha é proveniente do granito, uma rocha magmática originada pelo resfriamento do magma que fica no interior do planeta. Agora, imagine quanta pressão essas rochas sofreram ao longo da história da Terra a ponto de formar morros tão altos! Já o Cristo Redentor é feito em pedra-sabão, nome popular da rocha esteatito, uma rocha metamórfica formada principalmente do mineral talco.

As rochas metamórficas também podem se formar das sedimentares, como o mármore, vindo do calcário. O importante é que o processo de formação dessas rochas é sempre o mesmo: a rocha de origem sofre muita pressão e aumento de temperatura, mas não a ponto de **fundir**.

Quando ocorre a fusão da rocha, ela volta a se tornar magma e, depois do resfriamento, a nova rocha será do tipo magmática. A pressão e a temperatura necessárias para fundir uma rocha só são encontradas no interior do planeta.

Por isso, podemos imaginar uma outra rocha transformando-se em magmática pelo processo descrito a seguir.

A rocha do Morro do Corcovado, na cidade do Rio de Janeiro (RJ), é constituída por gnaisse, uma rocha metamórfica. Já o Cristo Redentor foi recoberto com pastilhas de pedra-sabão.

Representação simplificada em cores-fantasia e tamanhos sem escala.

magmática

metamórfica

sedimentar

fragmentação e compactação

resfriamento

fusão

pressão e calor

Representação do ciclo de transformação das rochas.

Glossário

Fundir: é o processo daquilo que sofre fusão, ou seja, a mudança do estado sólido para líquido devido à alta temperatura e pressão.

Uma rocha sofre desgaste e, de seus fragmentos, forma-se uma rocha sedimentar. Com o passar do tempo, essa rocha sedimentar é submetida a um aumento de pressão por causa das camadas de sedimentos que estão acima dela e, com o aumento da temperatura, transforma-se em rocha metamórfica. Se esse processo de aquecimento e aumento de pressão continuar, a rocha poderá fundir, tornando-se líquida e passando a fazer parte do magma. Ao ser novamente resfriada, torna-se uma rocha magmática.

Perceba que os tipos de rochas vão se transformando uns nos outros por meio de processos que nunca param de ocorrer, no chamado ciclo das rochas.

211

Pontos de vista

Mineração: benefícios e malefícios para a sociedade

A mineração é a atividade de extração de minerais da natureza para serem usados como matéria-prima na produção de diversos materiais presentes no nosso dia a dia. Porém, como toda atividade de exploração de recursos naturais, a mineração gera uma série de impactos ambientais que devem ser levados em conta.

Hematita (minério de ferro) proveniente de Ouro Preto (MG). Museu de Geociências USP/MUGEO-USP, 2012.

Veja a seguir diferentes pontos de vista sobre o assunto.

Das máquinas modernas às mais simples presentes em nosso cotidiano, passando pelos materiais que edificam nossas casas, os minerais estão presentes em praticamente todos os bens duráveis produzidos na atualidade. Em seus mais de 8,5 milhões de quilômetros quadrados, o Brasil possui uma grande diversidade de formações geológicas, o que lhe confere uma grande diversidade de minérios. Produzimos 72 substâncias minerais, incluindo minerais metálicos, não metálicos e energéticos. [...]

Com o Brasil entre os três maiores produtores do mundo para o minério de ferro, com 430 milhões de toneladas em 2017, por exemplo, tem-se a matéria-prima do aço, que está nas estruturas dos prédios, no saneamento básico, em qualquer meio de transporte [...], em quase todos os eletrodomésticos e eletrônicos e tudo o que tem o ferro em sua composição. O ouro, que tem 95 toneladas produzidas anualmente no Brasil, vai muito além das joias e adornos, com diversas aplicações na indústria eletrônica, de comunicação e aeroespacial. [...]

O gigantesco mercado da mineração produzirá US$ 32 bilhões em 2018, apenas no Brasil, segundo estimativa do Instituto Brasileiro de Mineração (IBRAM), que também prevê investimentos privados de US$ 19,5 bilhões para o setor nos próximos 5 anos (2018-2022). E não são apenas as grandes mineradoras que se beneficiam, mas toda a cadeia produtiva da mineração. [...]

Mineração. *Instituto Brasileiro de Mineração – Brasília: Ibram*, 2018. 105 p.
Eleições 2018: Políticas Públicas para Indústria Mineral, 2018

Os projetos de mineração de chumbo, zinco, cobre, titânio e outros minerais em uma área que vai da **bacia** do rio Camaquã até São José do Norte, caso sejam implantados, provocarão um colapso social e ambiental na região, afetando comunidades tradicionais de pescadores artesanais e agricultores familiares. O alerta é de Márcio Zonta, integrante da coordenação nacional do Movimento pela Soberania Popular na Mineração que esteve no Estado na semana passada para participar da manifestação organizada por moradores de São José do Norte contra o projeto de mineração de titânio numa área entre a Lagoa dos Patos e o Oceano Atlântico.

Glossário

Bacia: área por onde correm as águas de chuvas e de cursos d'água de regiões mais altas em direção ao um rio principal.

[...] "Considerando as características do **lençol freático** da região de São José do Norte e da bacia do Camaquã, a possibilidade de contaminação é gigantesca. Além de problemas de saúde como câncer, abortos espontâneos e má formação de fetos temos os econômicos. Quem é que vai comer pescado ou alimentos contaminados? E a pesca vai continuar existindo depois que a mineração começar? Como é que fica a agricultura em caso de contaminação ou de falta da água?" – questiona.

Marco Weissheimer. Projetos de mineração provocarão colapso social e ambiental na metade sul do RS. *Sul21*. Disponível em: <www.sul21.com.br/areazero/2018/02/projetos-de-mineracao-provocarao-colapso-social-e-ambiental-na-metade-sul-do-rs> Acesso em: 20 set. 2018.

Glossário

Lençol freático: reservatório de água subterrânea, que acumula água em fendas rochosas e rochas porosas.

Fotografia de mineradora de ouro feita por drone. Poconé (MT), 2018.

Analise os dois textos apresentados e discuta com os colegas.

1. Considerando os diferentes usos dos minerais, apresentados no primeiro texto, seria possível imaginar a sociedade sem a mineração? Por quê?

2. Os principais problemas ambientais provocados pela mineração ocorrem porque as tecnologias usadas atualmente para a extração de minerais ainda são bastante agressivas para a natureza. Por exemplo, uma grande preocupação ambiental demonstrada na segunda reportagem é a contaminação do ambiente com substâncias tóxicas, o que ocorre porque a extração de minérios muitas vezes requer a utilização de métodos de separação para que sejam purificados. Um exemplo é a mineração do ouro, que precisa ser tratado com mercúrio (uma substância altamente tóxica) para ser separado, o que acaba contaminando rios, o solo e até mesmo o ar.

Com base nessas informações, reflita e responda: Você acha que seria possível explorar os recursos minerais sem prejudicar o ambiente?

Viver

Mineração

As imagens desta página não estão representadas na mesma proporção.

A mineração é uma atividade fundamental para a sociedade. Ela é a base, por exemplo, da metalurgia, da indústria química e da construção.

A metalurgia produz todos os metais utilizados em nossos objetos. Já a indústria química usa os minerais para fabricar remédios, fertilizantes, corantes etc. E na área da construção? A mineração fornece a areia, os tijolos, os pisos e outros materiais.

A extração dos minerais pode ser feita por meio de máquinas, como é mais comum atualmente, ou manualmente, o que chamamos de "garimpo". Damos o nome de "mina" ao local em que ocorre a extração. As minas são instaladas nas jazidas minerais, uma espécie de depósito dos minérios.

A humanidade tem extraído os minérios da crosta terrestre com uma velocidade muito maior do que o tempo necessário para que esses minérios sejam formados pelo planeta.

A mineração é uma atividade muito importante no Brasil, mas, devido a seus impactos, requer diversos cuidados em sua prática. O descumprimento das exigências pode provocar desastres e cenas como as vistas em Mariana (MG), em 2015.

Local no distrito de Bento Rodrigues atingido pelo vazamento de lama e rejeitos da barragem de Fundão. Mariana (MG), 2015.

A onda de lama e rejeitos percorreu diversas cidades até atingir o Oceano Atlântico, onde também causou estragos.

Impactos ambientais do acidente em Mariana (MG)

O rompimento da barragem do Fundão liberou o equivalente a 25 mil piscinas olímpicas de resíduos. A mistura, que era composta [...] por óxido de ferro, água e muita lama, não era tóxica, mas capaz de provocar muitos danos. [...]

A liberação da lama provocou a pavimentação de uma grande área. Isso acontece porque a lama seca e forma uma espécie de cimento, onde nada cresce. [...] A enxurrada de lama atingiu o Rio Gualaxo – afluente do Rio Carmo, que deságua no Rio Doce, que, por sua vez, segue em direção ao Oceano Atlântico, no Espírito Santo. [...] Além da morte de peixes, microrganismos e outros seres vivos também foram afetados, o que destruiu completamente a cadeia alimentar em alguns ambientes atingidos. [...] Como a lama afetou o Rio Doce e seguiu em direção ao Espírito Santo, também houve impacto ambiental nos ecossistemas marinhos do litoral. [...]

Vanessa Sardinha dos Santos. Impactos ambientais do acidente em Mariana (MG). Brasil Escola. Disponível em: <https://brasilescola.uol.com.br/biologia/impactos-ambientais-acidente-mariana-mg.htm>. Acesso em: 5 ago. 2018.

Agora responda.

1. Quais são os impactos sociais do desastre descritos nesta seção? E os impactos ambientais?
2. Reflita e pesquise como a ciência e a tecnologia podem ajudar a combater esses impactos.

As rochas e a história da Terra

As rochas sedimentares são especiais. Como elas se originam do depósito de sedimentos, podemos deduzir que as rochas mais profundas são mais antigas do que as que estão mais próximas da superfície. Assim, as escavações em rochas sedimentares nos trazem informações de como era o clima em diferentes momentos do passado e de como eram as espécies de seres vivos, graças aos fósseis nelas encontrados.

Fósseis são restos ou vestígios (como as pegadas de um dinossauro, por exemplo) de espécies animais e vegetais que viveram em épocas geológicas anteriores e que ficaram preservados na rocha. Em conjunto com a **estratificação** das rochas sedimentares, eles ajudaram a humanidade a construir a linha do tempo geológico da Terra, ou seja, a contar a história de nosso planeta por meio dos eventos geológicos.

Glossário

Estratificação: processo pelo qual as rochas sedimentares adquirem, em corte, colorações diferentes na forma de faixas. Ela é originada pela pausa na sedimentação ou por uma alteração brusca nas condições ambientais da região – um novo estrato é formado quando a sedimentação se restabelece.

Representação simplificada em cores-fantasia.

É possível ver a estratificação das rochas na região do Grand Canyon, nos Estados Unidos, graças ao desgaste natural causado pela força dos ventos e das águas, 2016.

Representação do pterossauro. Esse grupo de répteis voadores é parente próximo dos dinossauros.

Analisando os fósseis, sabemos que os dinossauros viveram ao longo de três **períodos geológicos**. Os pterossauros, répteis voadores e parentes próximos dos dinossauros, surgiram no final do Triássico, há cerca de 228 milhões de anos. Já o diplodoco apareceu há pouco mais de 150 milhões de anos, no Jurássico, e o tiranossauro, no Cretáceo, há 66 milhões de anos.

Os períodos em que a Terra era dominada pelos dinossauros (Triássico, Jurássico e Cretáceo) formam a Era Mesozoica.

Enquanto nossa vida é dividida em anos, a vida da Terra é dividida em éons, eras, períodos e épocas. Isso porque a Terra tem cerca de 4 bilhões e 600 milhões de anos! Essa divisão foi criada com base no estudo de diferentes tipos de rochas e de fósseis, que possibilitaram que conhecêssemos as primeiras formas de vida, os primeiros peixes, os primeiros mamíferos e os ancestrais diretos de nossa espécie.

Glossário

Período geológico: divisão de tempo usada para contar a história da Terra, cada uma com duração de milhões de anos.

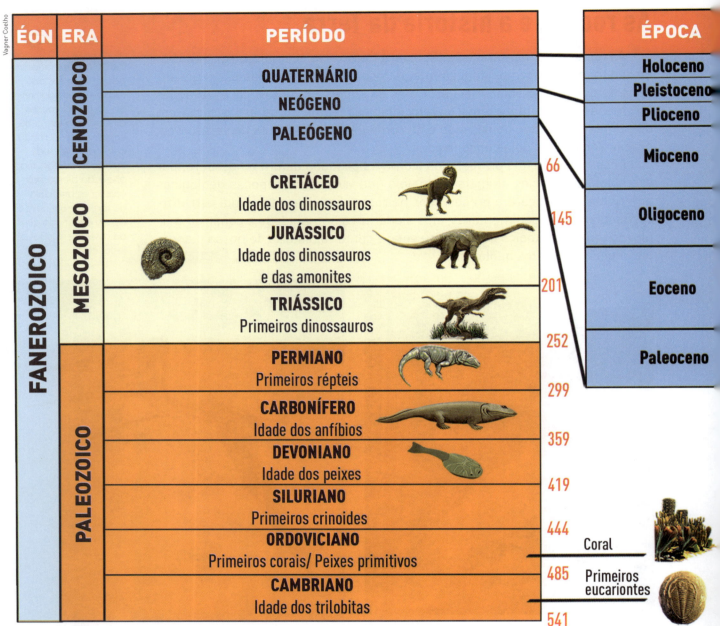

Divisões da idade da Terra – os períodos geológicos.

O esquema está representado com cores-fantasia e as dimensões dos elementos não seguem a proporção real.

Observando a figura dos períodos geológicos, vemos que existem dois **éons** – que são grandes intervalos de tempo. O mais antigo, chamado Pré-Cambriano, recebe esse nome porque pouco se sabe das formas de vida nele existentes. O segundo, Fanerozoico, é o mais recente e é o período no qual podemos afirmar a existência de vida abundante no planeta.

O Éon Fanerozoico, como abrange a origem da vida, a diversificação e a evolução das espécies, passa a ser dividido em **eras**, cada uma associada a um grande evento relacionado à evolução das espécies.

Observe a imagem dos períodos geológicos e responda:
- Quando surgiu o ser humano moderno, o *homo sapiens sapiens*?
- Quando os dinossauros foram extintos e quando surgiram os primeiros mamíferos? Esses dois grupos de animais viveram ao mesmo tempo?
- Qual é a idade do fóssil mais antigo encontrado?

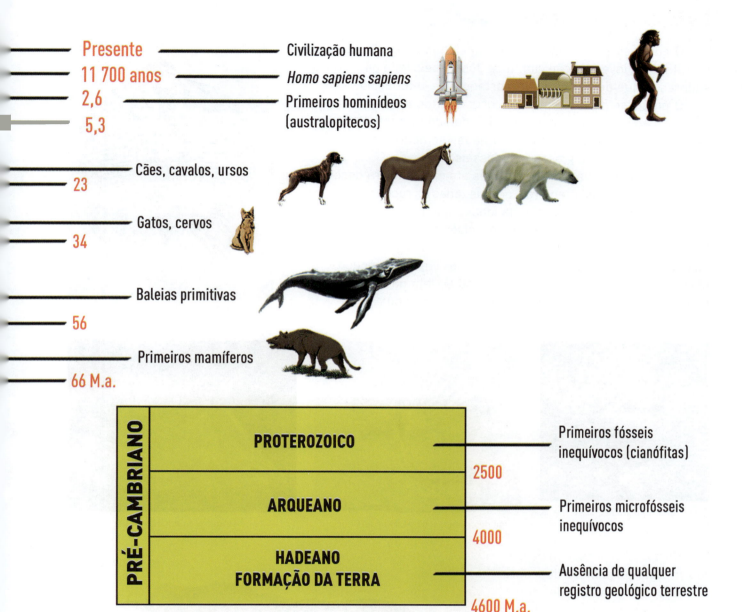

O esquema está representado com cores-fantasia e as dimensões dos elementos não seguem a proporção real.

Assim, temos a Era Paleozoica, na qual surge grande diversidade de seres vivos mais complexos (peixes, anfíbios e répteis); a Mesozoica, dos dinossauros; e a Cenozoica, na qual apareceram os mamíferos e nossos ancestrais diretos.

E as eras também são divididas! Considerando a era Cenozoica, mais atual, ela é dividida em três **períodos**: o Paleógeno (surgimento dos grandes mamíferos), o Neógeno (surgimento do primeiro ancestral direto da espécie humana) e o Quaternário (compreende a evolução do ser humano).

Estamos vendo que as divisões são feitas sempre com o objetivo de marcar, ao longo da história do planeta, um grande evento relacionado à vida. O Período Neógeno, mais recente, ainda é dividido em duas **épocas**: o Pleistoceno, em que ocorreu a última era glacial e a extinção da megafauna de mamíferos, e o Holoceno, a época atual, marcada pela expansão da civilização humana.

Os fósseis e as rochas

As imagens desta página não estão representadas na mesma proporção.

O conhecimento dos eventos relacionados à vida na Terra é resultado da investigação científica dos fósseis feita pelos pesquisadores, o que demonstra a importância de estudá-los.

O processo de fossilização ocorre quando os organismos, ao morrer, são soterrados por camadas de sedimentos. Com o passar de milhares de anos, essas camadas se acumulam e, em determinadas condições, geram os fósseis.

Assim, os fósseis podem ser úteis até mesmo para descobrir a idade das rochas sedimentares, porque todas as rochas com o mesmo tipo de fósseis têm a mesma idade. Mas não é qualquer fóssil que pode ser usado para isso. As espécies a que pertencem esses fósseis devem ter sido abundantes em vários lugares do planeta, além de terem aparecido e sido extintas do planeta em pouco tempo. Mas lembre-se: "pouco tempo", quando se fala na idade da Terra, pode ser um intervalo maior que 100 milhões de anos!

Fóssil de trilobitas, do período Paleozoico.

Fóssil de braquiópodes, dos períodos Siluriano e Devoniano.

Fóssil de crinoides, do período Jurássico.

Fóssil de belemnites, do período Cretáceo.

Portanto, a presença de certos fósseis possibilita descobrir a idade das rochas de determinada região. No Brasil, por exemplo, foram localizados fósseis de dinossauros na região de Agudo, no Rio Grande do Sul. De acordo com os fósseis encontrados lá, as rochas existentes são da Era Mesozoica, do período Triássico, formadas há cerca de 200 milhões de anos.

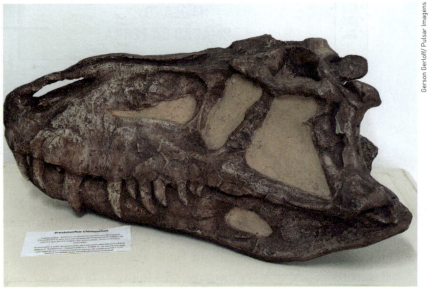

Fóssil de dinossauro encontrado em rocha sedimentar na Formação Santa Maria (RS).

Paleontologia em foco

Como se formam os fósseis?

A paleontologia é a ciência que estuda as espécies de seres vivos ao longo de toda a história do planeta Terra, descobrindo quais eram e como essas espécies interagiam com o ambiente no qual viviam. Por isso, essa ciência usa os fósseis em suas pesquisas.

Fósseis são restos ou vestígios de animais e vegetais preservados em rochas. Restos são partes do animal (ex.: ossos, dentes, escamas) ou planta (ex.: troncos) e vestígios são evidências de sua existência ou de suas atividades (ex.: pegadas).

Geralmente ficam preservadas as estruturas mais resistentes do animal ou planta, as chamadas partes duras, como dentes, ossos, conchas. As partes moles (vísceras, pele, vasos sanguíneos etc.) preservam-se com muito mais dificuldade. Pode ocorrer também o caso ainda mais raro de ficarem preservadas tanto as partes duras quanto as moles, como no caso de mamutes lanudos que foram encontrados intactos no gelo, e de alguns insetos que fossilizam em **âmbar**.

Considera-se fóssil aquele ser vivo que viveu há mais de 11 000 anos, ou seja, antes do Holoceno, que é a época geológica atual. Restos ou evidências com menos de 11 000 anos, como os **sambaquis**, são classificados como subfósseis.

[...] A fossilização resulta da ação combinada de processos físicos, químicos e biológicos. Para que ela ocorra, ou seja, para que a natural decomposição e desaparecimento do ser que morreu sejam interrompidos e haja a preservação, são necessárias algumas condições, como rápido soterramento e ausência de ação bacteriana, que é a responsável pela decomposição dos tecidos. [...]

Pérsio de Moraes Branco. Serviço Geológico do Brasil, 18 ago. 2014. Disponível em: <www.cprm.gov.br/publique/cgi/cgilua.exe/sys/start.htm?infoid=1048&sid=129>. Acesso em: 7 set. 2018.

Glossário

Âmbar: resina produzida por vegetais, principalmente pinheiros, que, com o passar do tempo, solidificou-se, tornando-se bastante rígida e resistentes ao tempo e à água.

Sambaqui: monte composto de moluscos (de origem marinha, terrestre ou de água salobra), esqueletos de seres pré-históricos, ossos humanos, conchas e utensílios feitos de pedra ou ossos. É resultado da ação humana, ou seja, são montes artificiais, com dimensões e formas variadas.

A história do mamute lanudo é representada na animação *A Era do Gelo*.

O filhote de mamute lanudo, conhecido como Lyuba, é o fóssil mais bem preservado dessa espécie. Ele foi conservado em gelo naturalmente, mantendo-se quase intacto ao longo de mais de 40 mil anos.

Pseudoescorpião em âmbar, datado do período do Eoceno Superior, com cerca de 35 milhões de anos. Espécime de Kaliningrado (na Rússia).

As imagens desta página não estão representadas na mesma proporção.

Responda. no caderno

① Por que dificilmente há registros fósseis das partes moles?

② Qual é a importância do estudo dos fósseis?

Atividades

1. Qual é a diferença entre o solo e o subsolo?
2. O que a Geologia estuda? Como essa ciência faz suas investigações?
3. Qual é a importância dos estudos da Geologia?
4. O que é uma rocha? O que é um mineral?
5. Os minerais extraídos da natureza passam pelas indústrias e viram objetos que compramos. Anote o nome de cinco objetos feitos de minerais ou que os contenham.
6. Reflita sobre os episódios históricos relacionados à mineração e escreva a respeito dos valores que nós, como sociedade, priorizamos, em sua opinião. Estamos mais interessados no ganho econômico com a extração das gemas, na segurança e dignidade dos trabalhadores ou nos impactos ambientais negativos?
7. Como são formadas as rochas sedimentares?

Gruta no Parque Nacional da Serra das Confusões. Caracol (PI), 2013.

As imagens desta página não estão representadas na mesma proporção.

8. Qual é a origem das rochas magmáticas?
9. Por que as rochas metamórficas recebem esse nome?
10. Considerando o ciclo das rochas e os fósseis, podemos afirmar que as rochas contam histórias? Explique.
11. Escreva o que é uma gema mineral.
12. Como a Ciência atua no processo de classificação das gemas?
13. Cite dois exemplos de cada tipo de rocha.
14. Escreva o nome de três minerais.

Estátua feita de mármore que representa Asclépio, o deus da Medicina na mitologia greco-romana.

15 Anote o nome de cinco períodos geológicos que você achou mais interessante, e explique por quê.

16 Por que os fósseis são encontrados em rochas sedimentares e não em rochas magmáticas e metamórficas?

17 Por que os fósseis e as rochas sedimentares são importantes para investigar a idade da Terra?

18 Imagine que uma pessoa vivesse em média 100 anos. Calcule aproximadamente quantos ascendentes você teve desde o surgimento dos *homo sapiens sapiens*.

19 Conhece o ditado: "Água mole em pedra dura tanto bate até que fura"? Explique o que ele significa no dia a dia e se está cientificamente correto.

Pedra Furada. Jericoacoara (CE), 2011.

20 Localize, perto de onde você mora ou estuda, cinco objetos que sejam feitos de rochas. Escreva os nomes deles.

Dica: observe os pisos e os revestimentos, as peças de cozinha e de banheiro.

21 Qual é a importância da mineração para a humanidade? Essa atividade pode causar danos ao ambiente e à sociedade? Cite exemplos.

22 Os minérios existentes nas rochas ou diretamente na natureza podem acabar? Que medidas podemos tomar em relação a isso?

23 Crie, com os colegas, um esquema representativo de um ciclo com a participação dos três tipos de rocha que justifique o fato de ele ser chamado "ciclo das rochas".

Ampliar

Planeta Terra: cavernas
Direção: Alastair Fothergill. Reino Unido, 2006, 60 min.

Parte de uma série de documentários sobre os ambientes na Terra, esse episódio mostra diversas cavernas explicando suas formações e algumas das formas de vida ali existentes.

Brasil do samba... qui!
http://chc.org.br/brasil-do-sambaqui

Mais um dino com penas
http://chc.org.br/mais-um-dino-com-penas

Reportagens sobre os sambaquis e sobre um dinossauro conservado em âmbar podem ser lidas no portal Ciência Hoje das Crianças.

Museu de Zoologia da USP
Av. Nazaré, 481, Ipiranga - São Paulo (SP).
Tel.: (11) 2065-8100.
www.mz.usp.br/?page_id=214

O museu, administrado pela Universidade de São Paulo (USP), tem uma seção dedicada à paleontologia.

CAPÍTULO 12

Um planeta chamado Terra

Observando o Sol, a Terra, a luz e a sombra

Você já deve ter ouvido falar que a Terra é redonda ou visto imagens que abordam esse aspecto de nosso planeta. E um globo terrestre, você já viu ou manuseou algum? Ao longo dos capítulos anteriores, essa ideia foi abordada várias vezes, mas será que é possível confirmarmos que a Terra é redonda por nós mesmos, sem depender de fotografias do espaço sideral?

Fotos da Terra vista do espaço só foram possíveis depois de 1950, com o início das primeiras viagens espaciais. Mas, desde muito antes, já sabíamos do formato de nosso planeta. Na verdade, ao longo da história da humanidade, alguns pensadores concebiam que a Terra era redonda apenas usando o raciocínio, enquanto outros consideravam fenômenos observáveis como evidências científicas, comprovando experimentalmente seu ponto de vista.

Algumas investigações, por exemplo, foram realizadas com base na observação dos efeitos entre a luz solar e as sombras na Terra.

Você também já pode ter observado a luz do Sol entrando por uma janela, por exemplo.

A Terra tem forma esférica.

zoom

Você certamente já brincou com sombras. Vamos fazer isso novamente, só que, desta vez, com um olhar científico, refletindo sobre as seguintes questões:

A sombra de um objeto se move quando ele se move? E quando a fonte de luz se move?

O que precisa ser feito para que a sombra mude de tamanho?

Já percebeu que essa luz se move conforme passa o dia?

Poderia explicar o motivo desse movimento? Os pensadores da Antiguidade valiam-se apenas dessas observações para elaborar teorias em relação ao formato da Terra.

Desse modo, vamos nos aprofundar um pouco na história, acompanhando e realizando algumas investigações para compreender melhor nosso planeta no espaço sideral.

Imagem produzida quando a luz do Sol adentra a janela.

A história do formato da Terra

A ideia de que o formato da Terra é redondo é muito antiga. Pensadores da Grécia Antiga, como Platão e Aristóteles, já a concebiam. Eles viveram em Atenas, uma cidade grega, há aproximadamente 2 400 anos. São alguns dos pensadores antigos que escreveram várias observações sobre os fenômenos naturais, entre outros assuntos.

Naquele contexto, havia pessoas que eram consideradas cidadãs, as que não eram (mulheres, crianças, estrangeiros) e as escravas. E só algumas delas, tidas como mais nobres, recebiam educação semelhante à que conhecemos hoje.

Tudo era muito diferente do que é atualmente, especialmente as condições materiais. Não existia a eletricidade, os únicos meios de transporte terrestre eram por tração animal, as construções eram feitas com pedras ou madeira. Mesmo assim, os conhecimentos que eles desenvolveram são utilizados até hoje.

Sócrates não deixou **obras** escritas; já Platão e Aristóteles escreveram muitas e, sobre temas variados. Platão falou sobre o formato da Terra no livro *Fédon*, mas a ideia foi atribuída a Sócrates no texto. Fédon era o nome de um dos discípulos de Sócrates, assim como o próprio Platão. No

Mapa da Grécia atual, no qual é possível ver a localização de Atenas, onde viveram os primeiros grandes pensadores do Ocidente.

Fonte: *Atlas geográfico escolar*. 7. ed. Rio de Janeiro: IBGE, 2016. p. 43.

livro, estão registradas conversas de Sócrates com diversas pessoas, um pouco antes de ele falecer bebendo um veneno chamado cicuta. Sócrates foi condenado à morte porque foi acusado de não aceitar os deuses gregos e de corromper os jovens.

Leia o trecho de *Fédon* que aborda a forma da Terra.

— Mas que queres dizer, Sócrates? – perguntou Símias.

— Já tenho ouvido dizer muitas coisas a propósito da terra, mas, confesso, nenhuma parecida com a de que falas. Teria, pois, muito prazer em te ouvir a esse respeito.

[...] Em primeiro lugar, estou convencido de que a terra, sendo redonda e estando colocada no centro da **abóbada celeste**, não precisa nem do ar nem de qualquer outra matéria para não cair. Ao contrário, a uniformidade existente em cada parte do céu, dum lado, e, de outro, o próprio equilíbrio da terra são suficientes para sustentá-la. [...] Se alguém escalasse a parte superior da terra, ou voasse com asas, esse alguém haveria de contemplar o que existe por lá, e se sua natureza fosse bastante forte para lhe permitir uma observação prolongada, verificaria que aqueles é que são o céu verdadeiro, a luz verdadeira e a terra verdadeira.

Platão. *Fédon*. Disponível em: <https://projetoaletheia.files.wordpress.com/2014/05/os-pensadores-platc3a3o.pdf>. Acesso em: 15 set. 2018.

Glossário

Abóbada celeste: formato curvado que se acreditava, na época, que o céu e o Universo tivessem. Atualmente a expressão é usada para se referir ao espaço de céu que enxergamos do lugar onde estamos na Terra.

Obra: aquilo que resulta de um trabalho, de uma ação; produção de um artista, de um escritor.

223

Os jovens que estudavam nas escolas gregas nem sempre se tornavam pensadores como seus mestres. Alexandre, por exemplo, era o príncipe da Macedônia, reino ao norte de Atenas, e teve Aristóteles como mestre. Entretanto, ao se tornar rei da Macedônia, passou a liderar campanhas militares e foi dominando um grande território. Mas Alexandre, o Grande, como ficou conhecido, não se esqueceu de seus estudos com Aristóteles, tanto que passou a disseminar a cultura grega por todo o território dominado.

Ao conquistar o Egito, escolheu um lugar próximo à junção do Rio Nilo com o Mar Mediterrâneo e fundou uma cidade chamada Alexandria, um grande farol em uma ilha próxima do continente e portos para as embarcações atracarem, pois os barcos à vela eram a forma de locomoção mais rápida naquela época.

Reprodução do Farol de Alexandria, uma das Sete Maravilhas do Mundo Antigo. Hoje não existe mais, pois acabou desabando devido a terremotos.

Depois da morte de Alexandre, foi fundada uma grande biblioteca na cidade de Alexandria. Todo barco que atracava no porto da cidade, se trouxesse algum texto, era obrigado a emprestá-lo aos **escribas** da biblioteca, que o copiavam e arquivavam a cópia. Assim, graças à localização e ao porto, em Alexandria havia mais materiais que nas escolas de Atenas, por exemplo, o que atraía muitos estudiosos.

Glossário

Escriba: profissional que copiava manuscritos ou escrevia textos ditados.

Como foi dito, a cidade de Alexandria atraiu muitos pensadores de todo o mundo, tornando-se um centro cultural. Além disso, importantes pensadores também nasceram na cidade, como Cláudio Ptolomeu. Ele viveu aproximadamente do ano 90 ao ano 168 da nossa era, e sua obra ficou conhecida como *Almagesto*.

Nessa época, Alexandria já estava sob o domínio do Império Romano. Essa dominação só prejudicou a biblioteca, porque não existia mais incentivo financeiro do império à área da cultura, tendo sido este um dos principais motivos para o acervo de Alexandria ir se deteriorando.

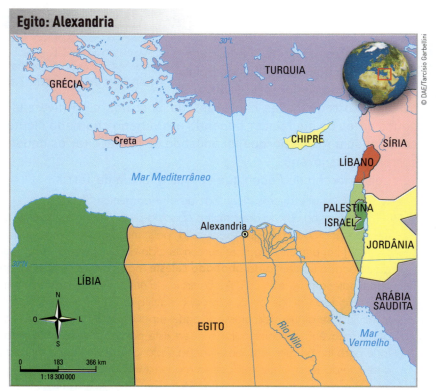

Atual localização de Alexandria, no delta (quando o rio alcança o mar) do rio Nilo.
Fonte: *Atlas geográfico escolar*. 7. ed. Rio de Janeiro: IBGE, 2016. p. 32.

Experimentar

A sombra do meio-dia

Entre os pensadores atraídos pelo **acervo** da Biblioteca de Alexandria estava Erastótenes, vindo de Cirene, onde atualmente é a Líbia (país africano ao lado do Egito). Ele nasceu há cerca de 1 300 anos, estudou em Atenas e trabalhou na Biblioteca de Alexandria. Foi em um dos materiais da biblioteca que leu a informação de que na cidade de Syene (atual Assuan – distante 800 km de Alexandria), uma vareta fincada no solo não produzia sombra ao meio-dia do dia 21 de junho. Assim, ele resolveu observar o que acontecia nesse mesmo dia em Alexandria.

Você acha que a sombra vista por Erastótenes foi igual à da cidade de Assuan? E se fosse em outro dia, elas seriam iguais ou diferentes?

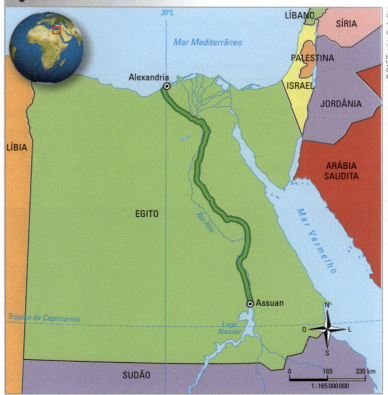

Fonte: *Atlas geográfico escolar.* 7. ed. Rio de Janeiro: IBGE, 2016. p. 45.

Material:

- um palito de churrasco;
- um pedaço de 50 cm de barbante ou linha de costura;
- uma borracha.

Glossário

Acervo: grande quantidade de bens que pertencem a alguém ou a algum lugar.

Procedimentos

1. Escolha um local aberto, plano e que receba iluminação direta do Sol.
2. Faça a montagem do experimento antes do meio-dia.
3. No local escolhido, enterre uma parte do palito de churrasco até que ela fique "em pé".
4. Amarre uma das extremidades da linha na borracha.
5. Use a linha com a borracha amarrada para verificar se a vareta está realmente na vertical. Segure a linha pela extremidade livre e deixe a borracha pendente do lado do palito de churrasco enterrado.
6. Espere parar de balançar. Movimente o palito, sem desenterrá-lo, até que esteja paralelo à linha.
7. Ao meio-dia, verifique se o palito faz sombra ou não.
8. Veja, em horários diferentes, se ocorreu alguma mudança na sombra do palito.
9. Anote os resultados no caderno.

Analise suas anotações e responda:

1. Ao meio-dia, o palito projetou alguma sombra?
2. Ocorreu alguma mudança em horários diferentes?
3. Você saberia dizer porque na cidade de Assuan, no dia 21 de junho, não havia projeção de sombra?

225

Ao longo desse domínio, os árabes conservaram o que havia restado do conhecimento da Biblioteca de Alexandria. Entre os materiais, a obra de Ptolomeu, que, em uma tradução do grego, teria o nome de *A grande coleção*; do árabe, seria *A máxima coleção*, ou apenas *A máxima*, de onde deriva seu nome atual: *Almagesto*.

Desse modo, só temos conhecimento do *Almagesto* e de outras obras porque foram conservadas ao longo do tempo, enquanto muitas outras, talvez tão ou até mais importantes, foram perdidas.

> **zoom**
> Quais são os argumentos que Ptolomeu usou para explicar o formato esférico da Terra? Você já pôde observar se eles realmente se confirmam? Escreva em que ocasiões fez essas observações.

No *Almagesto*, Ptolomeu fala sobre o formato da Terra. Ele a descreve como sensivelmente esférica, e que isso pode ser notado com base em algumas considerações. O Sol e a Lua, não nascem e se põem simultaneamente para todos os que estão sobre a Terra, mas nascem mais cedo para aqueles que estão mais a Leste. Outra consideração é que se navegarmos em direção às montanhas, elas vão aparecendo aos poucos, como se estivessem saindo do mar, e isso se deve a curvatura da superfície da água.

A linha desenhada representa o que uma pessoa vê quando está observando uma embarcação se aproximando da costa. Quando estamos em um barco, a terra firme aparece "de cima para baixo"; quando estamos em terra firme, as embarcações desaparecem de "baixo para cima".

O esquema está representado com cores-fantasia e as dimensões dos elementos não seguem a proporção real.

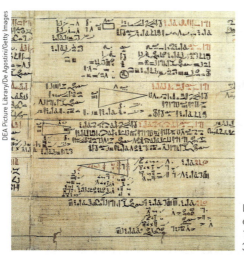

Com o fim do Império Romano, iniciou-se um período conhecido como Idade Média, por volta dos anos 500, e nela o conhecimento ficou restrito aos religiosos dentro dos **mosteiros** – e sob o domínio dos árabes.

Apesar de não haver amplo acesso ao conhecimento, a ideia de que a Terra é esférica permanecia e era reafirmada por pessoas importantes da Igreja Católica.

> **Glossário**
> **Mosteiro:** estabelecimento onde os monges vivem isolados do restante do mundo; convento.

Imagem de parte de um papiro descoberto pelo escocês Rhind no Egito. O papiro data de cerca de 1650 a.C. e mede 5,5 metros de comprimento por 32 centímetros de largura.

Ciência em foco

Mulheres na ciência

Existe uma tela famosa chamada *A escola de Atenas*. Ela foi pintada por Rafael Sanzio (de 1509 a 1511) numa das paredes da sala onde o Papa Júlio II trabalhava.

Nessa imagem, Rafael representa vários pensadores e personalidades da Antiguidade. Apesar de o pintor não ter confirmado, é possível identificar alguns deles. Sobre outros, há apenas hipóteses, entre eles, uma pessoa olha para nós, os observadores da pintura. Há dúvidas se seria o próprio Rafael ou a única mulher representada na figura – Hipátia de Alexandria.

Rafael Sanzio. *A escola de Atenas* (1509-1511). Afresco. 5 m × 7,7 m.

Ampliação de *A escola de Atenas*.

1: Alexandre, o Grande
2: Hipátia
3: Sócrates
4: Heráclito
5: Platão
6: Aristóteles

Nascida em 370 da nossa era, ela era filha de Theon, diretor de um dos museus de Alexandria. Por isso, nasceu e cresceu nesse ambiente intelectual e tornou-se mestra, ensinando diversos assuntos, como direito, filosofia, matemática e astronomia.

Na época, o Império Romano já havia decretado o cristianismo como religião de todo o império, por isso grupos de pessoas que professavam outra fé eram perseguidos, como os judeus e aqueles que acreditavam nos deuses gregos. Nesse contexto, Hipátia também atuava politicamente, procurando pacificar os conflitos que, muitas vezes, acabavam de forma violenta.

Acredita-se que, por esse motivo, acabou sendo assassinada em 415. Trata-se da única mulher pensadora da Antiguidade de que temos conhecimento atualmente.

① Que outras mulheres pensadoras e cientistas você conhece?

② Pesquise e escolha uma delas como tema de um pequeno texto. Compartilhe sua pesquisa com a turma.

Olhando para o céu

Vimos que, ao longo da história, nem sempre as ideias usadas para defender a forma arredondada da Terra partiram de evidências, sendo, algumas vezes, apenas resultado da imaginação.

Por outro lado, vários pensadores olharam para o céu como uma estratégia para descobrir mais informações sobre a Terra, desenvolvendo raciocínios com base no que observaram. Do mesmo modo, vamos observar o céu também?

Veja a imagem ao lado. Você sabe do que se trata?

Na imagem, é possível perceber que há uma sombra cobrindo a Lua. Essa sombra tem o formato do objeto que a produz. O que será que está projetando essa sombra?

Nem sempre é possível vermos a Lua. Muitas vezes, o céu está encoberto pelas nuvens. O interessante é que, em algumas épocas, a Lua pode ser vista no céu durante o dia, facilitando sua observação. Assim, seja dia, seja noite, escolha um momento para contemplá-la.

Como ela surge e desaparece do céu? Você sabe explicar por que isso ocorre?

Lua no decorrer do eclipse.

Montagem com fotografias do Sol ao longo do dia.

Na imagem, vemos fotografias tiradas do Sol ao longo de algumas horas do dia. Será que se tirássemos fotografias da Lua, teríamos algo semelhante? E no caso do Sol, você sabe explicar por que é possível fazer montagens como essa? O Sol se move?

Nosso cotidiano e o das outras espécies dependem dos ciclos de dia e noite. Você já imaginou sua vida se dia e noite não existissem? Como vimos anteriormente, o modo com que as constelações se formam no céu, assim como a posição da Lua e do Sol, nos dão pistas da forma do nosso planeta. Se ele fosse plano, por exemplo, o Sol nasceria ao mesmo tempo no mundo todo, e não conforme a Terra gira em torno de si mesma.

Viver

Satélites

Lançado por um foguete em outubro de 1958, o Sputnik – "satélite", em russo – tinha como função medir a violência dos impactos de meteoroides – corpos menores que um asteroide e que estão em constante movimento no espaço – que se chocavam com a sua superfície, além de transmitir sinais de rádio.[...]

Como um satélite é lançado para fora da atmosfera terrestre? E por que ele não cai? Quem explica é o físico Martín Makler, do Centro Brasileiro de Pesquisas Físicas: "Para falar sobre o lançamento do foguete, precisamos falar de gravidade. Ela é uma força que age sobre toda a superfície da Terra e 'puxa' os corpos para baixo. O foguete deve superar essa força para não cair", explica ele. Mas como isso é feito?

Para tanto, o satélite é levado para fora da atmosfera da Terra por um foguete muito veloz, que se move a mais de 20 mil quilômetros por hora. "Ele segue para o alto o bastante para 'sair' do planeta, e depois se inclina um pouco, como se fosse girar junto com a Terra", explica Martín. Nesse ponto, a cerca de 400 quilômetros acima de nossas cabeças, o foguete libera o satélite. [...]

Você acabou de aprender que o Sputnik foi o primeiro satélite artificial enviado ao espaço. Chamamos de "artificial" porque foi feito pelas mãos humanas. Mas qualquer outra coisa que esteja na órbita da Terra – ou seja, se movimentando ao redor do planeta – pode ser considerado seu satélite. Assim, a Lua é um enorme satélite da Terra.

Um aniversário especial. *Ciência Hoje das Crianças*. Disponível em: <http://chc.org.br/um-aniversario-espacial/>.Acesso em: 15 set. 2018.

Representação simplificada em cores-fantasia e tamanhos sem escala.

Esquema que mostra como um satélite artificial é enviado ao espaço. Veja que são três estágios até o satélite entrar em órbita.

Ampliar

Google Earth
www.google.com/earth/
O Google Earth apresenta um modelo tridimensional do globo terrestre, permitindo visualizar diferentes localidades do planeta, além de oferecer um recurso chamado Google Sky, que possibilita visualizar o espaço.

Stellarium
https://stellarium.org/pt/
Software livre de Astronomia para simulação dos fenômenos que ocorrem no céu. Com excelente qualidade técnica e gráfica, é muito realista, e disponibiliza uma ferramenta que possibilita simular a passagem do tempo numa velocidade maior que a real, facilitando a observação dos fenômenos.

1 Explique com suas palavras por que os satélites artificiais recebem esse nome e como eles são lançados. Você sabe quais os usos de um satélite desse tipo?

Olhando para o chão

Você já viu algum relógio de sol? Observe a imagem a seguir e explique como esse relógio funciona.

As imagens desta página não estão representadas na mesma proporção.

Que horas são? Em qual sentido (norte, sul, leste ou oeste) a sombra é projetada?

Gnômon e sua sombra projetada.

Os primeiros relógios usavam o Sol como orientação. Esse sistema funcionava porque, como vimos, existe relação entre a sombra dos objetos, a luz solar e o movimento aparente do Sol.

Assim, desde o início usamos a posição do Sol no céu para nos orientarmos quanto à hora, e é muito mais seguro olhar para sombras no chão do que diretamente para o Sol, o que pode levar à cegueira.

O relógio de sol usa um elemento chamado gnômon para projetar a sombra do Sol. Uma versão simples desse elemento é uma estaca fincada no chão em um ângulo de 90 graus.

Existem relógios solares cujo gnômon é inclinado em relação ao solo, e essa inclinação deve corresponder à **latitude** da cidade na qual ele está. Se colocarmos o relógio inclinado, a marcação das horas seguirá um padrão diferente da marcação feita pelo gnômon vertical, que tem ângulo reto.

 **Glossário**

Latitude: distância angular entre a linha central da Terra, a Linha do Equador e a localidade de referência.

O espaçamento entre as horas é regular quando o relógio fica inclinado e diferente quando o relógio é apoiado sobre o chão.

Agora, vamos observar sombras projetadas sobre um relógio de sol em diferentes dias do ano e em duas cidades diferentes. Vamos usar o relógio inclinado a seguir.

Representação simplificada em cores-fantasia.

Relógio de sol com gnômon inclinado.

Nas imagens a seguir, temos um relógio de sol colocado na cidade de Maringá (PR), que fica aproximadamente a 23 graus ao sul, sobre o Trópico de Capricórnio.

Sombra marcada ao meio-dia do dia 21 de junho.

Sombra marcada ao meio-dia do dia 21 de dezembro.

Sombra marcada ao meio-dia do dia 21 de março.

Observe as imagens acima: Qual é a diferença entre elas? Alguma está marcando o horário errado? Qual é sua hipótese para explicar a diferença entre a posição das sombras?

Anteriormente observamos que em um relógio de sol a sombra muda ao longo do dia, mas nem sempre atentamos às diferenças entre as sombras projetadas no mesmo horário em diferentes dias do ano. Por exemplo, no dia 21 de dezembro começa o verão no Brasil, estação mais quente do ano, enquanto em junho se inicia o inverno. Será que existe relação entre a estação do ano e as diferenças entre as sombras?

Quando o relógio de sol mostra sombras maiores, isso significa que o Sol está em posição mais inclinada no céu, ou seja, mais longe do topo, da parte mais alta. E quando ele produz sombras menores, é porque está mais ao alto. Verifica-se ausência de sombra quando ele se encontra exatamente no ponto mais alto do céu.

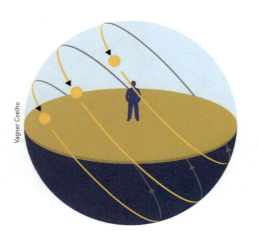

Representação simplificada em cores-fantasia.

O movimento aparente do Sol em diferentes meses do ano. Como seria a sombra do homem em cada caso? Qual sombra ficaria maior? Qual seria menor?

E será que há diferenças se observarmos as sombras do mesmo relógio, agora colocado do lado norte do planeta? Vamos colocá-lo sobre o Trópico de Câncer, que fica também na latitude aproximada de 23 graus, mas ao norte. Cidades como Assuan, no Egito, estão nessa latitude, aproximadamente.

Sombra marcada ao meio-dia do dia 21 de junho.

Sombra marcada ao meio-dia do dia 21 de dezembro.

Sombra marcada ao meio-dia do dia 21 de março.

Existem semelhanças e diferenças entre essas sombras e as anteriores? Quando é verão e quando é inverno em Assuan?

Comparando as sombras projetadas nas duas cidades, vemos que em ambos os locais o Sol sempre nasce a leste e se põe a oeste. Isso porque a Terra gira em torno de si mesma, fazendo um movimento de rotação, que origina o dia e a noite. Como o planeta gira como um todo, o Sol sempre se movimenta na mesma direção, de leste para oeste, em qualquer lugar do planeta, independentemente de estarmos no norte ou no sul.

Agora, observando novamente as sombras do norte e do sul do planeta, muita coisa parece trocada. Por exemplo, a sombra no **Hemisfério** Sul é projetada em direção ao polo sul, enquanto no Hemisfério Norte a sombra é sempre projetada para o norte. E quando temos, no mês de dezembro, verão no Brasil, no Hemisfério Norte é inverno. Mas qual é o motivo dessa diferença?

Ilustração que mostra a Terra recebendo luz do Sol. A linha tracejada superior representa o Trópico de Câncer e a inferior, o Trópico de Capricórnio.

Glossário

Hemisfério: metade do planeta Terra.

Em dias de verão, o percurso aparente do Sol é mais longo no céu, e em dias de inverno o percurso dele é mais curto. Desse modo, enquanto o Sol faz trajetos longos no Hemisfério Sul, faz trajetos curtos no Hemisfério Norte. Mas como isso é possível?

Já vimos que nosso planeta faz o movimento de rotação em torno de si mesmo, mas o ano está relacionado ao movimento que o planeta faz em torno do Sol, chamado de movimento de translação. Esse movimento é um dos fatores que possibilitam as estações do ano.

Na imagem abaixo: O eixo da Terra no movimento de rotação está inclinado se comparado com sua posição no movimento de translação? Agora veja a Terra no dia 21 de junho. Qual trópico está mais iluminado pelo Sol: o de Câncer (norte) ou o de Capricórnio (sul)? Isso tem relação com a inclinação?

O único modo de explicar o fato de o Sol aparentemente fazer um caminho curto no Hemisfério Sul e longo no Hemisfério Norte, ao mesmo tempo, é porque nosso planeta gira inclinado! Já sabemos que, na verdade, trata-se do movimento de rotação da Terra, que acabamos não sentindo porque estamos girando junto com o planeta. Assim, é só aparentemente que o Sol faz movimentos diferentes ao mesmo tempo; como nosso planeta gira inclinado e essa inclinação não muda ao longo do ano, ora temos um hemisfério do planeta recebendo luz solar por mais tempo (que parece o caminho mais longo), ora o outro (que parece o caminho mais curto).

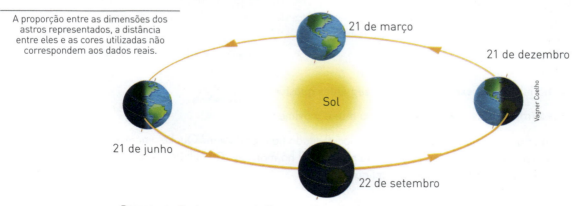

A proporção entre as dimensões dos astros representados, a distância entre eles e as cores utilizadas não correspondem aos dados reais.

Representação do percurso da Terra em torno do Sol em quatro momentos diferentes ao longo do ano, dando origem às quatro estações.

233

Conviver

Outras ideias sobre a forma da Terra

A ideia da Terra como uma esfera é comumente aceita pelas pessoas. Os mapas-múndi apresentam bordas arredondadas para nos lembrar de que a Terra é redonda, maquetes de nosso planeta são chamadas de globos terrestres. No entanto, há pessoas que acreditam que a Terra é plana. Você acredita nisso ou conhece alguém que acredita?

Quem são e o que pensam os brasileiros que acreditam que a Terra é plana

"Globalista, Terraplanista ou neutro?". "Você consegue provar que a Terra é um globo, uma bola?". "Você tem conhecimento de que o Sol e a Lua estão próximos da nossa Terra e 'dentro' da nossa atmosfera, (ou no firmamento) e são menores, bem menores que a Terra?"

É com perguntas como estas que grupos brasileiros de «terraplanistas" – pessoas que acreditam que a Terra é plana – [...] avaliam a solicitação de entrada de um novo membro no fórum virtual. Na rede social, há pelo menos 30 grupos do tipo em português.

Há também diversas páginas sobre o tema [na internet] – a maior delas, "A Terra é plana", tem mais de 77 mil membros. Os terraplanistas também estão [nas plataformas de compartilhamentos de vídeos], com vários canais dedicados a mostrar experimentos e discutir o que chamam de "falácias" dos "globalistas" – e versões alternativas para a explicação de fenômenos como fusos horários, estações e eclipses.[...]

Ilustração da Terra segundo a visão dos terraplanistas, na qual o Sol, a Lua e as estrelas estão sob o domo, uma cúpula que cobre o planeta e que contém a atmosfera.

Representação simplificada em cores-fantasia e tamanhos sem escala.

Apesar de discordâncias internas nestes grupos, em geral, os terraplanistas acreditam que a Terra é coberta pelo "firmamento", em formato de **domo**; Sol e Lua fariam seus percursos dentro deste espaço, e seriam corpos muito menores do que acreditam os "globalistas"; já a Antártida ocuparia as bordas do disco da Terra [...]

Glossário

Domo: cobertura arredondada, cúpula.

[...] Egípcios, maias, gregos, romanos, incas, praticamente todas as civilizações extintas falavam em Terra plana. Estamos tentando reconstruir esses conhecimentos. Todo mundo que tenta provar que a Terra é um globo vira terraplanista, porque não tem prova. A única comprovação do globo seriam fotos da Nasa. Isso é fé, você está acreditando na teoria deles. Seja sua própria autoridade", sugere Trovão.

BBC. Disponível em: <www.bbc.com/portuguese/brasil-41261724>. Acesso em: 15 set. 2018.

Com base na leitura do texto, responda às seguintes questões:

1. Para os terraplanistas, como é o Sol, a Lua e seus movimentos?

2. Há quantos grupos sobre o assunto na rede social citada na reportagem? Qual é o número de participantes do maior grupo? Considerando que na rede social há mais de 100 milhões de perfis, você acha que muitas pessoas acreditam na ideia? Explique.

1. Qual é o formato da Terra mais defendido pelos pensadores/cientistas ao longo da história da humanidade?

2. Anote quais evidências você estudou e descreva como elas mostram que o planeta Terra é esférico.

3. O nascer e o pôr do Sol estão relacionados ao movimento de rotação ou ao de translação da Terra?

4. Explique com suas palavras qual é a origem dos termos inverno e verão.

5. Desenhe no caderno um navio desaparecendo no horizonte. Depois, explique por que ele desaparece do modo como você desenhou.

6. Leia a tirinha:

Com base nos seus estudos, escreva um texto apontando os erros na fala do pai de Calvin ao responder às perguntas feitas pelo garoto.

7. (**Pisa**) Leia as informações abaixo e responda às questões que se seguem.

Duração do dia em 22 de junho de 1998

Hoje, enquanto o Hemisfério Norte celebra seu dia mais longo, os australianos viverão o seu dia mais curto. Em Melbourne*, Austrália, o sol nascerá às 7:36 h e se porá às 17:08 h, totalizando nove horas e 32 minutos de claridade. Compare o dia de hoje com o dia mais longo do ano no Hemisfério Sul, esperado para 22 de dezembro, quando o sol nascerá às 5:55 h e se porá às 20:42 h (horário de verão), totalizando 14 horas e 47 minutos de claridade. O presidente da Sociedade de Astronomia, Sr. Perry Vlahos, disse que a existência de mudanças nas estações entre os Hemisférios Norte e Sul estava ligada à inclinação de 23 graus da Terra.

*Melbourne é uma cidade no sul da Austrália a uma latitude de cerca de 38 graus ao Sul do equador.

a) Qual é a afirmação que explica por que a claridade e a escuridão ocorrem na Terra?

I. A Terra gira em torno do seu eixo.

II. O Sol gira em torno do seu eixo.

III. O eixo da Terra é inclinado.

IV. A Terra gira em torno do Sol.

b) Reproduza a figura 1 no caderno. Ela demonstra os raios de luz do Sol incidindo sobre a Terra. Suponha que seja o dia mais curto em Melbourne. No caderno, mostre o eixo da Terra, o Hemisfério Norte e o Hemisfério Sul na figura 1.

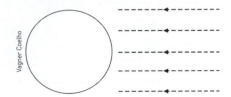

235

Retomar

1. Identifique as três partes que formam o planeta Terra e explique as características de cada uma delas.

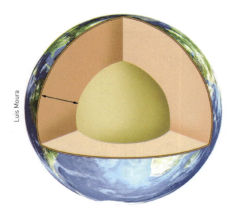

2. Identifique as camadas atmosféricas representadas na imagem a seguir. Qual delas é a troposfera, a exosfera e a mesosfera? Cite uma característica de cada.

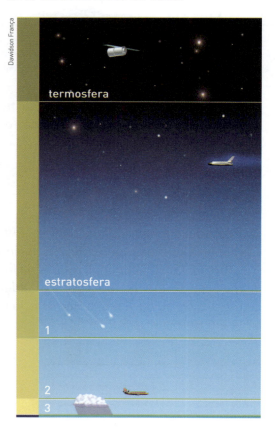

3. Leia a tirinha a seguir e responda às questões.

a) Em qual parte da atmosfera está a camada de ozônio? Em qual camada as nuvens se formam?

b) Com base nas respostas anteriores, você diria que a tirinha é realista? Justifique.

4. Escreva com suas palavras como o ser humano tem afetado a atmosfera terrestre.

5. Sabemos que o ser humano já foi ao espaço, chegou à Lua, que astronautas permanecem na órbita terrestre por longos períodos, que temos satélites para explorar outros planetas e astros. Porém, o interior da Terra ainda se mantém relativamente desconhecido. Como você justifica as dificuldades de explorar as camadas internas da Terra?

6. Explique a diferença entre rochas, minerais e gemas.

7. Leia o trecho de reportagem a seguir e responda:

Cientistas perfuram poço e encontram magma incandescente

Pela primeira vez na história, pesquisadores norte-americanos atingiram uma camada de rocha incandescente, após terem perfurado experimentalmente a crosta terrestre. O magma é normalmente observado durante as erupções vulcânicas, mas essa é a primeira vez que uma equipe de perfuração atinge a camada magmática.

Apolo11.com. Disponível em: <www.apolo11.com/vulcoes.php?posic=dat_20090105-081148.inc>. Acesso em: 1º set. 2018.

Que tipo de rocha será formado quando o magma se resfriar? Explique.

8 De que formas as rochas e os minerais são utilizados pela sociedade? Como eles são obtidos? Quais são as consequências desses usos para o ambiente?

9 Explique o ciclo das rochas. Como as rochas magmáticas, sedimentares e metamórficas se transformam umas nas outras?

10 Explique com suas palavras como os fósseis são formados, relacionando-os ao tipo de rocha em que podem ser encontrados.

11 (**Pisa**) O Grand Canyon está localizado em um deserto nos Estados Unidos. Ele é um cânion grande e profundo formado por muitas camadas de rochas. No passado, os movimentos na crosta terrestre ergueram estas camadas. Atualmente, o Grand Canyon apresenta 1,6 km de profundidade em determinadas partes. O Rio Colorado percorre todo o fundo do cânion. Veja a foto abaixo do Grand Canyon tirada da margem sul. Várias camadas diferentes de rochas podem ser vistas nas paredes do cânion.

Calcário A
Argila xistosa A
Calcário B
Argila xistosa B
Xistos e granito

a) Qual a causa da grande profundidade do Grand Canyon?

b) O xisto é uma rocha metamórfica. As rochas sofrem metamorfoses (modificações) quando submetidas a temperaturas elevadas e/ou fortes pressões. Qual é a causa da temperatura elevada e/ou da alta pressão?

c) Existem muitos fósseis de animais marinhos, como mexilhões, peixes e corais na camada de calcário A do Grand Canyon. O que aconteceu há milhões de anos para que esses fósseis se encontrassem nessa camada?

I. Povos antigos transportavam frutos do mar do oceano para essa área.

II. Antigamente, os oceanos eram muito mais agitados e ondas gigantes levavam os animais marinhos para a terra.

III. Naquela época, um oceano cobriu essa área e, mais tarde, retrocedeu.

IV. Alguns animais marinhos viviam na terra antes de migrarem para o oceano.

12 A Terra gira em torno de si mesma com um movimento denominado de rotação. O eixo imaginário de rotação da Terra determina dois pontos muito importantes sobre ela: o polo Norte e o Polo Sul. Regiões próximas a esses polos sempre estão cobertas por camadas de neve. Procure uma explicação para isso.

13 Na situação representada na imagem a seguir, em qual paralelo o movimento aparente do Sol no céu será mais longo? Explique o motivo.

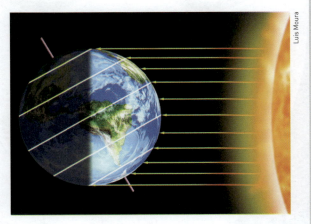

14 Se o eixo imaginário de rotação da Terra não fosse inclinado, existiriam as estações do ano? Justifique a sua resposta.

Visualização

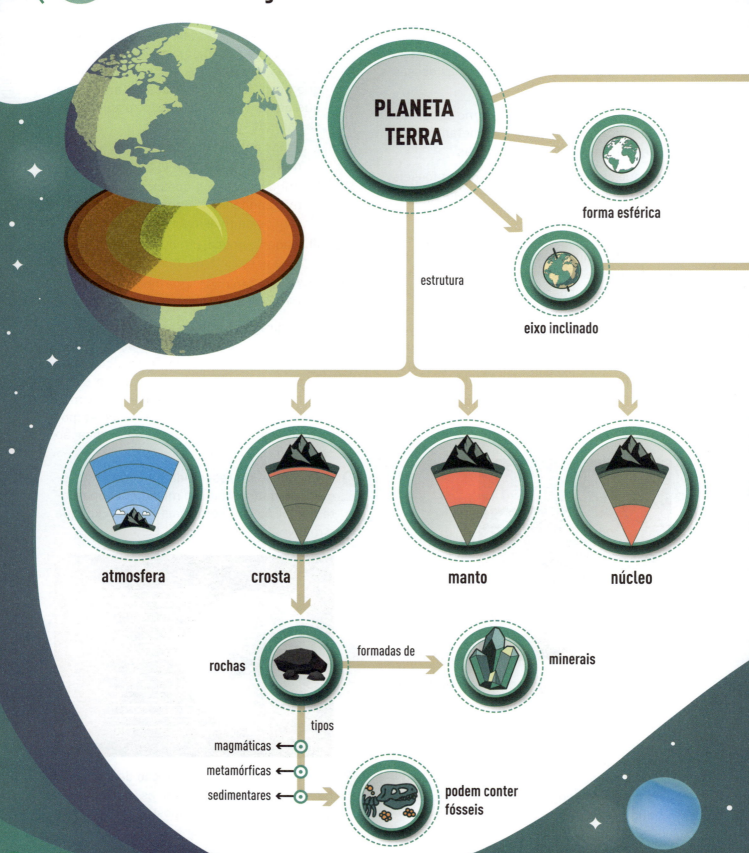

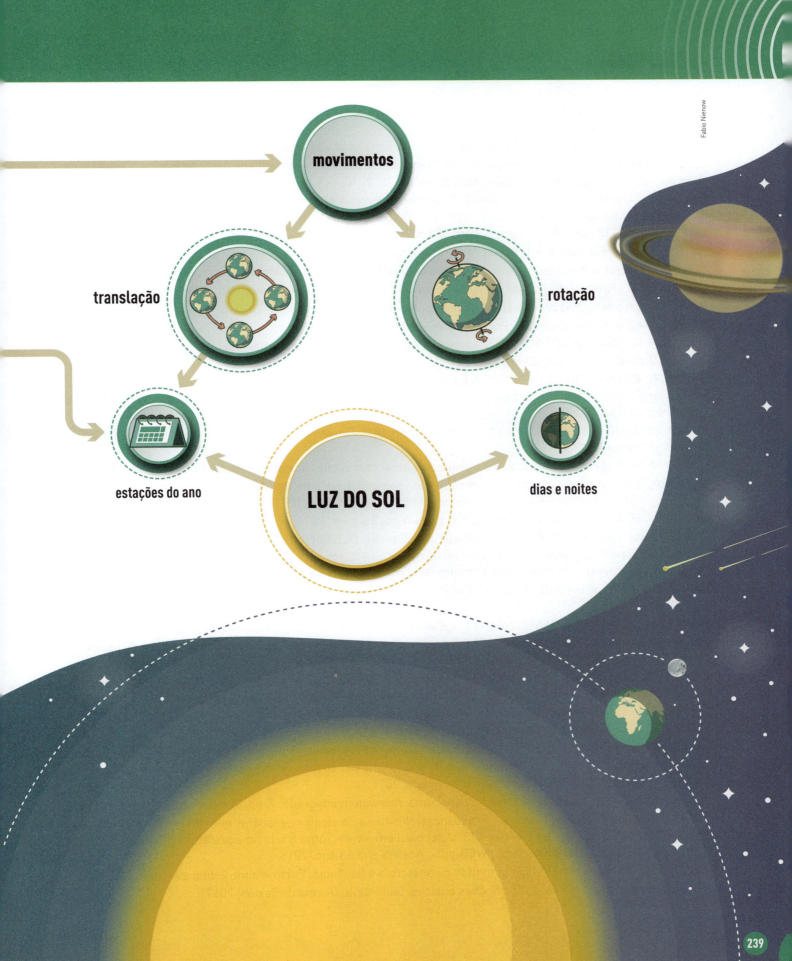

Referências

BRASIL. Lei nº 8.069, de 13 de julho de 1990. Estatuto da Criança e do Adolescente (ECA). Brasília, DF.

_____. Presidência da República. Lei nº 9.394, de 20 de dezembro de 1996. Estabelece as Diretrizes e Bases da Educação Nacional. Brasília, DF.

_____. Ministério da Educação. *Base Nacional Comum Curricular*. 3. versão. Brasília: MEC, 2017.

_____. Ministério da Saúde. Secretaria de Atenção à Saúde. Departamento de Atenção Básica. *Cadernos de Atenção Básica* (Saúde sexual e saúde reprodutiva), n. 26, 2010.

CALDEIRA, Ana Maria de Andrade (Org.). *Ensino de Ciências e Matemática*: temas sobre a formação de conceitos. São Paulo: Cultura Acadêmica, 2009. v. II. Disponível em: <http://books.scielo.org/id/htnbt/pdf/caldeira-9788579830419.pdf>. Acesso em: 13 ago. 2018.

CURTIS, Helena. *Biologia*. 2. ed. Rio de Janeiro: Guanabara Koogan, 2011.

GLEISER, Marcelo. *A dança do Universo*: dos mitos de criação ao Big-Bang. São Paulo: Companhia das Letras, 1997.

GUYTON, A. C.; HALL, J. E. *Tratado de fisiologia médica*. Filadélfia: Elsevier Saunders, 2006.

HAWKING, Stephen. *Uma breve história do tempo*. Rio de Janeiro: Intrínseca, 2015.

HEWITT, Paul G. *Física conceitual*. Porto Alegre: Bookman, 2007.

HICKMAN JR., Cleveland P.; ROBERTS, Larry S.; LARSON, Allan. *Princípios integrados de Zoologia*. 11. ed. Rio de Janeiro: Guanabara Koogan, 2004.

INSTITUTO BRASILEIRO DE GEOGRAFIA E ESTATÍSTICA. Atlas de saneamento 2011. Brasília: IBGE, 2011. Disponível em: <https://biblioteca.ibge.gov.br/index.php/biblioteca-catalogo?view=detalhes&id=253096>. Acesso em: 13 ago. 2018.

LEVY, Matthew N.; KOEPPEN, Bruce M.; STANTON, Bruce A. *Fundamentos de Fisiologia*: Berne e Levy. 4. ed. Rio de Janeiro: Elsevier, 2006.

LONGHINI, Marcos Daniel. *Ensino de astronomia na escola*: concepções, ideias e práticas. Campinas: Átomo, 2014.

MOREIRA, Marco Antônio. O professor-pesquisador como instrumento de melhoria do ensino de Ciências. In:
_____; AXT, R. *Tópicos em ensino de Ciências*. Porto Alegre: Sagra, 1991.

NETTER, F. H. *Atlas de anatomia humana*. Rio de Janeiro: Elsevier, 2011.

PAIVA, Denise de Assis; CARVALHO, Keityelle dos Santos; OLIVEIR, Cristina Almada de. Experimentar para demonstrar. *Revista Brasileira de Educação Básica*, ano 2, n. 6, nov.-dez. 2017. Disponível em: <https://rbeducacaobasica.com.br/experimentar-para-demonstrar>. Acesso em: 13 ago. 2018.

RAVEN, Peter H.; EICHHORN, Susan E.; EVERT, Ray F. *Biologia vegetal*. 8. ed. Rio de Janeiro: Guanabara Koogan, 2014.

REVISTA BRASILEIRA DE PESQUISA EM EDUCAÇÃO EM CIÊNCIAS. [S.L.]: Associação Brasileira de Pesquisa em Educação em Ciências (Abrapec), 2018. Disponível em: <https://seer.ufmg.br/index.php/rbpec>. Acesso em: 13 ago. 2018.

RIBEIRO, Jair Lúcio P. Uma atividade experimental sobre sombras inspirada em um cartum. *Revista Brasileira de Ensino de Física*, v. 37, n. 3, jul.-set. 2015. Disponível em: <www.scielo.br/scielo.php?script=sci_arttext&pid=S1806-11172015000300507&lng=en&nrm=iso&tlng=pt>. Acesso em: 13 ago. 2018.

SAGAN, Carl. *Cosmos*. Rio de Janeiro: Francisco Alves, 1983.

SASSERON, Lúcia Helena; CARVALHO, Anna Maria Pessoa de. Alfabetização científica: uma revisão bibliográfica. *Investigações em Ensino de Ciências*, v. 6, n. 1, p. 59-77, 2011. Disponível em: <www.if.ufrgs.br/ienci/artigos/Artigo_ID254/v16_n1_a2011.pdf>. Acesso em: 13 ago. 2018.

SILVERTHORN, Dee Unglaub. *Fisiologia humana*: uma abordagem integrada. 7. ed. Porto Alegre: Artmed, 2017.

TAMAIO, Irineu. *Educação ambiental & mudanças climáticas*: diálogo necessário num mundo em transição. Brasília: Ministério do Meio Ambiente, 2013. Disponível em: <www.mma.gov.br/images/arquivo/80062/Livro%20EA%20e%20Mudancas%20Climaticas_WEB.pdf>. Acesso em: 13 ago. 2018.

TORTORA, G. J. *Corpo humano*: fundamentos de anatomia e fisiologia. Porto Alegre: Editora Artmed, 2010.

YNOUE, Rita Yuri et al. *Meteorologia*: noções básicas. São Paulo: Oficina de Textos, 2017.